Für Gymnasien
und Gesamtschulen

Band 1

von
Pilar Martos Villa
Wolfgang Menzel
Torsten Nilsson
Dr. Ada Rohde
Doris Schuckay

Diesterweg

Für Gymnasien und Gesamtschulen

Band 1

Erarbeitet von
Pilar Martos Villa, Rinteln
Wolfgang Menzel, Hamburg
Torsten Nilsson, Hamburg
Dr. Ada Rohde, Hamburg
Doris Schuckay, Hamburg

Beratende Mitwirkung:
Marita Benito, Auetal
Ana Cano Gómez, Bremen
sowie Isabel Fernández Fernández, Darmstadt
Friede Gebhard, Alsbach
Isabel Grasa Vilallonga, Frankfurt
Ute Kalter, Köln
Ana Rosa Martín Ruiz, Rüsselsheim
Carmen Mencía Martínez, Frankfurt

Zusatzmaterialien
zum vorliegenden Schülerbuch

Schülermaterialien
- Cuaderno de actividades 1 (978-3-425-16011-5)
- Multimedia-Sprachtrainer 1 (978-3-425-16816-6)
- Audio-CD 1 für Schüler (978-3-425-16806-7)

Lehrermaterialien
- Guía didáctica 1 (978-3-425-16901-9)
- Audio-CD 1 für Lehrer (978-3-425-16801-2)
- Lehrer-Software 1 (978-3-425-16911-8)
- Folien 1 (978-3-425-16921-7)
- Lernerfolgskontrollen 1 (978-3-425-16811-1)

© 2006 Bildungshaus Schulbuchverlage
Westermann Schroedel Diesterweg
Schöningh Winklers GmbH, Braunschweig
www.diesterweg.de

Das Werk und seine Teile sind urheberrechtlich geschützt. Jede Nutzung in anderen als den gesetzlich zugelassenen Fällen bedarf der vorherigen schriftlichen Einwilligung des Verlages. Hinweis zu § 52a UrhG: Weder das Werk noch seine Teile dürfen ohne eine solche Einwilligung gescannt und in ein Netzwerk eingestellt werden. Dies gilt auch für Intranets von Schulen und sonstigen Bildungseinrichtungen.
Auf verschiedenen Seiten dieses Buches befinden sich Verweise (Links) auf Internet-Adressen. Haftungshinweis: Trotz sorgfältiger inhaltlicher Kontrolle wird die Haftung für die Inhalte der externen Seiten ausgeschlossen. Für den Inhalt dieser externen Seiten sind ausschließlich deren Betreiber verantwortlich. Sollten Sie bei dem angegebenen Inhalt des Anbieters dieser Seite auf kostenpflichtige, illegale oder anstößige Inhalte treffen, so bedauern wir dies ausdrücklich und bitten Sie, uns umgehend per E-Mail davon in Kenntnis zu setzen, damit beim Nachdruck der Verweis gelöscht wird.

Druck A^9 / Jahr 2013
Alle Drucke der Serie A sind im Unterricht parallel verwendbar.

Redaktion: Sandra Scotti-Rosin
Redaktionelle Mitarbeit: Antje Wittmann
Herstellung: Harald Thumser, Frankfurt
Konzeption und Realisation: RSRDesign Reckels & Schneider-Reckels, Wiesbaden
Illustrationen: Andrea Naumann, Aachen
Vokabelanhang: Dr. Wißner Verlag, Augsburg
(Redaktion: Doris Bos und Sandro Engelmann, Satz: Dr. Michael Friedrichs)
Druck und Bindung: westermann druck GmbH, Braunschweig

ISBN 978-3-425-**16001**-6

Índice

Themen	Kommunikation	Grammatik	Arbeitstechniken	Seite
Un rally				11
			· Mit *¿Qué pasa?* arbeiten	
Empezamos				12
Las vacaciones en Ribadesella **El país y la gente** · Asturias	· jemanden begrüßen · sich und andere vorstellen · sich verabschieden · das spanische Alphabet · einen Namen buchstabieren · beschreiben, was man mit den Ferien verbindet	· *me llamo, te llamas* · *Éste/Ésta es ...* · der bestimmte Artikel im Singular und Plural · der unbestimmte Artikel im Singular · Singular und Plural der Substantive · das Verb *ser* · die Fragenpronomen *¿cómo?* und *¿de dónde?*		
Unidad				18
¿Dónde está Miguel? **El país y la gente** · spanische Nachnamen	· nach dem Namen, dem Alter, der Telefonnummer und der Herkunft fragen und darauf antworten · fragen, wo jemand ist, und darauf antworten	· *está, se llama* · das Verb *tener* · die Fragepronomen *¿dónde?* und *¿cuánto/-a?* · die Zahlen von 0 bis 15	· Texte lesen: Mit dem Lektionstext arbeiten · Sprechen · Texte hören: Bestimmte Informationen heraushören und aufschreiben	
Unidad				26
La vuelta a casa **El país y la gente** · duzen und siezen · spanische Essenszeiten	· nach dem Befinden fragen und darauf antworten · fragen, wie etwas ist oder war, und darauf antworten · Möbel und Gegenstände in einem Zimmer benennen · die Uhrzeit erfragen und angeben · sich zu einer Uhrzeit an einem Ort verabreden	· das Verb *estar* · der Gebrauch von *ser* und *estar* · *¿Qué tal?* + Substantiv · die regelmäßigen Verben auf *-ar* · die Personalpronomen im Nominativ · die Zahlen von 16 bis 99 · die Uhrzeit	· Texte lesen: Mit dem Lektionstext arbeiten · Sprechen · Mit dem Wörterbuch arbeiten · Vokabellernen · Texte hören: Bestimmte Informationen heraushören und aufschreiben · Gesprochene Texte im Allgemeinen verstehen oder das Thema heraushören	

tres **3**

Inhalt

Themen	Kommunikation	Grammatik	Arbeitstechniken	Seite
3 Unidad				34
En el instituto	· den Klassenraum beschreiben · nach Gegenständen im Klassenraum fragen und darauf antworten · angeben, wem etwas gehört · sagen, dass man etwas nicht verstanden hat, und um Wiederholung bitten · Anweisungen geben und darauf reagieren	· *hay* · die Artikelverschmelzung: *del* · die regelmäßigen Verben auf *-er* und *-ir* · die Verneinung *no* und *no ... nada* · das Indefinitpronomen *algo* · der bejahte Imperativ der zweiten Person Singular und Plural	· Vokabellernen · Texte lesen: Mit dem Lektionstext arbeiten · In einem Text bestimmte Informationen heraussuchen · Sprechen	
El país y la gente · das spanische Schulsystem				
R1 Repaso				44
4 Unidad				46
Una compañera nueva	· fragen, wer jemand ist, und darauf antworten · fragen, wie etwas ist, und darauf antworten · fragen, wie jemand ist oder aussieht, und darauf antworten · Eigenschaften angeben · ein Gedicht oder Lied schreiben · angeben, ob man von etwas viele oder wenige Exemplare besitzt · jemanden interviewen · eine E-Mail schreiben	· die Adjektive · die Fragepronomen *¿cuántos/-as?, ¿quién?, ¿qué?* · die Indefinitbegleiter *mucho* und *poco*	· Vokabelnetz · Texte hören: Gesprochene Texte im Allgemeinen verstehen oder das Thema heraushören · Notizen anfertigen · Schreiben: Einen Text schreiben · Mit dem Wörterbuch arbeiten	
El país y la gente · Sprachen in Lateinamerika und Spanien				

4 cuatro

Índice

I

Themen	Kommunikation	Grammatik	Arbeitstechniken	Seite
5 Unidad				54
Nuestro barrio **El país y la gente** · spanische Klingelschilder an Haus-eingängen	· nach der Lage von Orten, Dingen und Personen fragen und darauf antworten · die Mitglieder einer Familie benennen · sagen, wohin jemand geht oder fährt · fragen, welche Verkehrs-mittel jemand ver-wendet, und darauf antworten · fragen, ob jemand einverstanden ist, und darauf antworten · ein Stadtviertel/eine Straße genauer beschreiben	· die unregelmäßigen Verben *decir* und *saber* · *hay* und *estar* · die Präpositionen des Ortes · die Possessivbegleiter · das Verb *ir* mit den Präpositionen *en* und *a* · die Artikelverschmel-zung: *al* · das Fragepronomen *¿adónde?*	· Texte lesen: Mit dem Lektionstext arbeiten · Texte hören: Den Hörverstehenstext einem Bild zuordnen · Texte lesen: In einem Text bestimmte Informa-tionen heraussuchen · Schreiben: Einen Text schreiben	
6 Unidad				62
Un e-mail para Clara **El país y la gente** · spanische Unter-richtszeiten · Privatschulen in Spanien	· über den Schultag/ Stundenplan sprechen · nach den Schulfächern fragen · jemanden nach den Vorlieben fragen · sagen, was einem gefällt oder nicht gefällt · über Freizeitaktivitäten sprechen · einen Zungenbrecher nachsprechen · die Wochentage angeben · eine SMS schreiben	· die unregelmäßigen Verben *hacer* und *ver* · Verben mit Vokalspal-tung *e–ie (empezar)* und *u–ue (jugar)* · die Konjunktion *y* vor *i-/hi-* · der Gebrauch von *jugar* und *tocar* · das Verb *gustar* · *(no) me gusta(n) mucho/ (no) me gusta(n) nada* · die unbetonten Personalpronomen im Dativ: *me* und *te* · das betonte Personal-pronomen im Dativ: *a mí* · das direkte Objekt bei Personen mit *a* · das Fragepronomen *¿cuándo?*	· Unbekannte Wörter verstehen · Texte lesen: Mit dem Lektionstext arbeiten · Texte hören: Richtig- oder Falsch-Übungen lösen · Vokabellernen · Texte hören: Den Hörverstehenstext einem Bild zuordnen	

cinco 5

Inhalt

Themen	Kommunikation	Grammatik	Arbeitstechniken	Seite
7 Unidad				70
De compras en Madrid	• sagen, welche Kleidungs-stücke jemand trägt • Farben benennen • fragen, welche Kleidung jemandem gefällt, und darauf antworten • fragen, wie einem ein Kleidungsstück steht, und sagen, wie jemandem etwas steht • nach Preisen fragen und darauf antworten • etwas vorschlagen • etwas begründen • nach Plänen fragen und darauf antworten	• Verben mit Vokal-spaltung *o–ue (costar)* • die Demonstrativ-begleiter und -pronomen • *¿por qué?* und *porque* • die betonten und unbetonten Personal-pronomen im Dativ • die nahe Zukunft (*ir a* + Infinitiv) • die Zahlen von 100 bis 1000	• Schreiben: Einen Text schreiben • Texte hören: Den Hörverstehenstext einem Bild zuordnen • Texte lesen: In einem Text bestimmte Informa-tionen heraussuchen • Texte hören: Gesprochene Texte im Allgemeinen verstehen oder das Thema heraushören	
El país y la gente • beliebte spanische Comicserien				
R2 Repaso				80
F Unidad facultativa				82
¡Bienvenidos a Madrid!	• Sehenswürdigkeiten von Madrid beschreiben • Aktivitäten in Madrid planen und präsentieren		• Texte lesen: In einem Text bestimmte Informationen heraus-suchen	
8 Unidad				86
En el campo	• Wünsche und Absichten äußern • jemanden auf etwas hinweisen • sagen, dass etwas getan werden kann/muss • jemanden ermuntern/ motivieren • jemanden um Geduld bitten • jemanden zur Vorsicht mahnen • Tiere beschreiben • die Tierkreiszeichen benennen	• das Relativpronomen *que* • die Modalverben *tener que, poder, querer* • die Präposition *para* (+ Infinitiv) • *venir, dar*	• Mit dem Wörterbuch arbeiten • Texte hören: Bestimmte Informa-tionen heraushören und aufschreiben • Sprachmittlung • Unbekannte Wörter verstehen • Sprechen • Schreiben: Einen Text schreiben	
El país y la gente • spanische Bauernhöfe und *granjas escuela*				

6 seis

Índice

Themen	Kommunikation	Grammatik	Arbeitstechniken	Seite
9 Unidad				94
Una noche de miedo	· Tiere, Gegenstände und Orte näher beschreiben · ausdrücken, was gerade passiert · Furcht und Erschrecken ausdrücken · jemanden beruhigen · den Tagesablauf beschreiben und jemanden danach fragen · über das Wetter sprechen und eine Wetterkarte lesen	· die Konjunktionen *por eso* und *porque* · das Relativpronomen *donde* · die Verlaufsform: *estar + gerundio* · die unregelmäßigen Verben *salir* und *poner* · die Spaltungsverben *querer, encender, dormir, volver, jugar, poder* · die reflexiven Verben	· Texte lesen: Mit dem Lektionstext arbeiten · Texte hören: Bestimmte Informationen heraushören und aufschreiben · Schreiben: Einen Text schreiben	
10 Unidad				102
Preparar una fiesta	· erzählen, was man heute gemacht hat · Lebensmittel einkaufen · im Geschäft etwas verlangen · Mengenangaben zu Lebensmitteln machen · fragen, wie viel der Einkauf insgesamt kostet · nach Öffnungszeiten fragen und darauf antworten · über ein Rezept sprechen	· die Fragepronomen *¿con quién?, ¿a quién?* · das *pretérito perfecto* der regelmäßigen Verben · Mengenangaben mit *de* · *coger*	· Texte hören: Bestimmte Informationen heraushören und aufschreiben · Schreiben: Einen Text zusammenfassen · Sprachmittlung · Unbekannte Wörter verstehen	
El país y la gente · Öffnungszeiten spanischer Geschäfte				
R3 Repaso				112

siete **7**

Inhalt

Themen	Kommunikation	Grammatik	Arbeitstechniken	Seite
11 Unidad				114

¡Un cumpleaños fantástico!	• sagen, was man heute gemacht hat
	• die Häufigkeit einer Tätigkeit angeben
	• nach dem Geburtstag fragen und darauf antworten
	• zum Geburtstag gratulieren
	• ein Geburtstagslied singen
	• Begeisterung und Überraschung ausdrücken
		• das *pretérito perfecto* der unregelmäßigen Verben *ver, decir, poner, volver, escribir, hacer* und *abrir*
		• der Indefinitbegleiter *todo*
		• die doppelte Verneinung *no...nada/nunca/nadie*
		• *traer*
			• Vokabelnetz
			• Texte lesen:
			  Mit dem Lektionstext arbeiten
			• Schreiben:
			  Einen Text schreiben
			• Texte hören:
			  Bestimmte Informationen heraushören und aufschreiben	

El país y la gente • ein spanisches Fest	• Meinungen äußern • die Monate angeben • ein Datum angeben			

Apéndice Anhang			**124**
Ⓐ **El alfabeto**	Das Alphabet		124
Ⓐ **Acentuación y ortografía**	Betonung/Akzentsetzung/Rechtschreibung		125
Ⓥ **Verbos**	Verben		126
Ⓖ **Gramática**	Grammatik		128
Ⓔ **Expresiones útiles en clase**	Nützliche Redewendungen für den Unterricht		145
Ⓘ **Indicaciones para los ejercicios**	Übungsanweisungen		146
Ⓟ **Personas y lugares**	Personen und Orte		147
Estrategias	Arbeitstechniken		152
Ⓥ **Vocabulario**	Vokabular		160
Ⓜ **Minidiccionario** • **español–alemán** • **alemán–español**	Miniwörterbuch • Spanisch–Deutsch • Deutsch–Spanisch		 187 197

Mapas Karten	
• **España** (Innenumschlag vorne)	
• **El español en Latinoamérica** (Innenumschlag hinten)	

Erläuterung der Symbole, Verweise und Rubriken

Symbole

 Diesen Text kannst du dir auf CD anhören.

 Hier arbeitest du mit einem Mitschüler/einer Mitschülerin.

 Hier arbeitest du in der Gruppe.

 Diese Übung ist besonders anspruchsvoll (Differenzierung).

 Diese Übung unterstützt dich bei deiner Arbeit mit dem *Europäischen Portfolio der Sprachen.* In deinem Portfolio-Ordner kannst du im Laufe des Schuljahres besonders gelungene Texte sammeln.

Verweise

 Auf dieser Seite der Verbliste kannst du nachschauen, wie das Verb konjugiert wird, das in dieser Übung vorkommt.

 Auf dieser Seite der Grammatik kannst du die grammatikalischen Regeln nachschlagen, die für die Übung wichtig sind.

 Bevor du die Übung machst, solltest du auf dieser Seite des Anhangs unter **Estrategias** nachlesen, welche Lern- oder Arbeitstechnik dir beim Lösen der Aufgabe hilft.

Rubriken

 Unter dieser Überschrift findest du am Ende des Lektionstextes interessante Informationen zu Spanien und Lateinamerika.

 Die Übersicht fasst wichtige sprachliche Mittel und Redewendungen der Lektion zusammen.

 Hier werden wichtige grammatikalische Regeln des Spanischen verkürzt wiedergegeben.

 Am Ende jeder Lektion wird zusammengefasst, was du schon alles auf Spanisch sagen kannst.

Bild- und Textnachweis

Bildnachweis

Umschlag

age fotostock/mauritius images: o. li. (vorne)
Agentur Focus/Navia/Network/José Manuel: o. re. (vorne)
IFA-Bilderteam, Frankfurt/Fueste Raga: o. re. (hinten)
laif, Düsseldorf/Celentano: 2. v. li. (vorne)
Nordqvist Productions, Alicante: u. (vorne)
picture-alliance/dpa: 2. v. re. (vorne)
Scotti-Rosin, Sandra, Frankfurt: o. Mi., o. li. (hinten)

Innenumschlag

Zwick, Joachim, Gießen (vorne u. hinten)

Alamy Digital-Archiv/Robert Fried, Abingdon: S. 112 2
L´Aquàrium de Barcelona: S. 113
Benito, Marita, Auetal: S. 32 2., 3. v. li.
Box News Comunicación S. L., DOO, Número 52, 09/2005, pág. 29 y 31: S. 76 o.
Cano Gómez, Ana, Bremen: S. 109 1., 4. v. li.
CartoTravel Verlag, Bad Soden: S. 207
Corbis, Düsseldorf: S. 65 5 (Rob Lewine), S. 65 9 (RF), S. 69 u. li. (zefa/E. Klawitter), S. 112 3 (Keith Dannemiller)
El Corte Inglés (Plano de Madrid): S. 80
Cover agency, Madrid: S. 18 o. li., S. 82 1 (Rodriguez de Lu), S. 82 4 (Oronoz), S. 83 5, S. 83 5 u. re. (Carlos Muina),
S. 83 7 (Estanis Nuñez), S. 83 9, S. 122 o. li., S. 122 Mi. li. (Navia Fotografía), S. 122 Mi. re. (Joaquín Llenas Llenas),
S. 122 o. re. (Oronoz)
Dietsche, Swantje, Königstein: S. 162 u.
Ediciones B: S. 73 1. v. o. (El Capitán Trueno, V. Mora), S. 73 2. v. o. (Superlópez, J. López), S. 73 3. v. o. (Zipi Zape, J. Escobar),
S. 73 4. v. o. (Mortadelo y Filemón, F. Ibáñez)
Das Fotoarchiv/JohnPowell, Essen: S. 65 1, 3
Hallmark Cards, Inc.: S. 120 Mi.
IFA-Bilderteam, Frankfurt/Arakaki: S. 82 2
laif, Düsseldorf: S. 43 (Klein), S. 120 u. (Hahn)
Lichtblick Journalisten, Bochum: S. 65 7, 8
Madrid/Comunidad de Madrid, Consejería de Transportes e Infraestructuras, Abril 2005: S. 61 o. re.
Martos Villa, Pilar, Rinteln: S. 72 o. re., S. 82 3, S. 83 8 li., S. 83 10 li., S. 110
mauritius images, Mittenwald: S. 65 2 (Wolfgang Weinhäupl), S. 65 4 (Manus), S. 65 6 (Stock Images)
MEV Digital-Archiv: S. 25 5 (Mike Witschel), S. 112 1, S. 180
Mora García, J. L., Madrid: S. 37, S. 46 o. li., S. 46 Mi., S. 46 u. re.
Naumann, Andrea, Aachen: S. 36, S. 46 o. re., S. 61 o. li., S. 102 u. 4., 5. v. re.
Nordqvist Productions, Alicante: S. 25 1-4, S. 44, S. 49/S. 60 u. (V. Reyes/C. Bazán)
Oficina Municipal de Turismo, Ribadesella/Asturias: S. 12 o. li., S. 12 Mi. li., S. 12/13 Mi.
Paperclip International Publishing BV/Leendert Jan Vis: S. 120 o. re.
Patronato de Turismo, Madrid: S. 115
picture-alliance: S. 32 5. v. li. (Glyn Genin), S. 52 A (epa Pressensbild, Delden), S. 52 B (Keystone Warner Bros.),
S. 52 D (Abaca Khayat)
Pixathlon, Primera Division, Hamburg: S. 15, S. 52 C
Oroz, César (http://www.retena.es/personales/mpascallo/news_Marzo2006.html): S. 122 u. re.
Sánchez, M. J., Madrid: S. 14, S. 161, S. 162 o.
Schuckay, Doris, Hamburg: S. 12 u. re., S. 13 o. li., S. 13 o. re., S. 28, S. 42, S. 67, S. 71
Scotti-Rosin, Sandra, Frankfurt: S. 16, S. 18 o. re., S. 19, S. 22, S. 32 1., 4., 6. v. li., S. 54 u., S. 55, S. 60 o., S. 72 o. li., S. 73 u. li.,
S. 75, S. 78, S. 79, S. 83 8 re., S. 83 10 re., S. 84, S. 87, S. 93, S. 100, S. 102 o.; u. 1., 2., 3., 6., 7., 8. v. li., S. 104 u., S. 105, S. 108,
S. 109 2., 3., 5., 6. v. li., u. re.
Skopnik, Bernhard, Kassel: S. 135-144
Süß, Kurt, Erlangen: S. 83 6
Thumser, Harald, Frankfurt: S. 101 re.
Wittmann, Antje, Straubing: S. 162 Mi.

Textnachweis

Albareda, R.: Si nos manda a una tienda..., S. 103
El Canto del Loco (www.elcantodelloco.com): S. 76 u.
Gomringer, Eugen: Avenidas (Vorlage für El instituto), S. 49
León, Rosa: Vengan a ver mi granja, S. 89

Nicht alle Copyrightinhaber konnten ermittelt werden; deren Urheberrechte werden hiermit vorsorglich und ausdrücklich anerkannt.

Eine Rallye **Un rally**

Um euch gleich zu Beginn mit dem Buch vertraut zu machen, könnt ihr an einer Rallye teilnehmen. Die folgenden Aufgaben führen euch kreuz und quer durch das Buch.

1. Das Buch beginnt mit einer Einstiegslektion. Wie heißt sie?
2. Es gibt insgesamt elf Lektionen. Was heißt Lektion auf Spanisch?
3. Einer der Lektionstexte ist ein Comic. Um welche Lektion handelt es sich?
4. In allen Lektionen findet ihr Text- und Übungsseiten. Welche Überschrift haben die Übungsseiten?

5. Wie heißen die drei Lektionen, in denen ihr Gelerntes wiederholen könnt?
6. Der Anhang ist ein wichtiges "Fundbüro" für euch. Nennt drei unterschiedliche Teile.
7. Wie heißt die Rubrik, die in fast jeder Lektion auftaucht und euch Informationen zu Land und Leuten gibt?
8. In jeder Lektion findet ihr Kästchen mit dem Namen "Así se dice". Was lernt ihr hier?
9. Welches Symbol zeigt, dass ihr einen Text anhören könnt?
10. Was ist der Unterschied zwischen ⇥⇤ und ✳ ?
11. Auf was macht euch die Glühbirne 💡 aufmerksam?
12. Worum geht es in der Lektion, die den Buchstaben **F** trägt, und wofür steht das F?
13. Für die Vokabeln gibt es zwei verschiedene Wörterbücher. Worin liegt der Unterschied? Auf welchen Seiten findet ihr zum Beispiel die Übersetzung des spanischen Wortes *helado*?
14. Im Laufe des Schuljahres könnt ihr auf Spanisch Informationen über euch zusammentragen und in einem Portfolio-Ordner sammeln. Welches Symbol gehört zu den entsprechenden Übungen?
15. Was verbirgt sich hinter dem Symbol **[i]** ?
16. Die Seitenzahlen findet ihr überall auch ausgeschrieben. Was heißt 90 auf Spanisch?
17. In welchem Teil des Anhangs gibt euch ein umgekehrtes spanisches Ausrufezeichen Hinweise und Tipps?
18. Bevor ihr nun beginnt, schaut euch doch schon einmal an, wie einige der Hauptfiguren heißen!

once 11

Empezamos

Las vacaciones en Ribadesella

Hola, me llamo Lucía. Soy de Madrid. Para mí las vacaciones son Ribadesella, las montañas y los amigos. Y éste es Miguel.

Hola, yo soy Miguel, el hermano de Lucía. Soy de Madrid. Para mí las vacaciones son la playa, los helados, comer y comer.

Hola, me llamo Raúl. Soy un amigo de Lucía y soy de Madrid. ¿Las vacaciones? Para mí son el deporte, una playa y los amigos.

El país y la gente

Ribadesella ist eine Kleinstadt mit einem historischen Stadtkern und ist umgeben von Bergen, Meer und einer Steilküste. Sie liegt im Norden Spaniens, in Asturien **(Asturias)**. Asturien ist eine der 17 autonomen Regionen **(comunidades autónomas)**, in die Spanien unterteilt ist.
Weißt du, wie viele Bundesländer Deutschland hat?

12 | doce

Actividades

1 ¿Cómo te llamas?

a) Pregunta y contesta. Frage und antworte.

Ejemplo:
- Hola, ¿cómo te llamas?
- Me llamo Lucía. / Soy Lucía.
- ¿De dónde eres?
- Soy de Madrid.

b) Haced diálogos.
Erstellt Dialoge. Begrüßt euch, stellt euch und eine/einen Mitschüler/in vor und verabschiedet euch.

¡Adiós!
Hola, ¡buenos días! Soy …
¡Hasta luego!
¡Hola! ¿Cómo te llamas?
¿Y tú, cómo te llamas?
Éste/Ésta es …
Me llamo …
¡Hasta mañana!
Soy …

Así se dice

So begrüßt man sich:
- ¡Hola …! / ¡Hola!
- ¡Buenos días!
- ¡Buenas tardes!
- ¡Buenas noches!

So stellt man sich vor:
- Soy …
- Me llamo …
- Soy de …

So stellt man jemanden vor:
- Éste/Ésta es …

So verabschiedet man sich:
- Adiós.
- Hasta luego.
- Hasta mañana.

2 El alfabeto

Escucha y repite. Höre zu und sprich die Buchstaben und Wörter nach.

a	A	**a**lfabeto	jota	J	**j**irafa	ere	R	nomb**r**e
be	B	**b**ar	ka	K	**k**ilo	erre	RR	e**rr**or
ce	C	**c**afé **c**entro	ele	L	**l**ocomotora	ese	S	**s**impático
che	CH	**ch**ampiñón	elle	LL	Ma**ll**orca	te	T	**t**aza
de	D	**d**octor	eme	M	**m**andarina	u	U	**u**niforme
e	E	**e**lefante	ene	N	**n**úmero	uve	V	**v**ocablo
efe	F	**f**amilia	eñe	Ñ	Espa**ñ**a	uve doble	W	**w**indsurf
ge	G	**g**anso **g**igante	o	O	**o**céano	equis	X	**x**ilófono
hache	H	**h**otel	pe	P	**p**irata	i griega	Y	**y**ogur
i	I	**i**dea	cu	Q	**qu**iosco	zeta	Z	**z**oo

3 Ciudades

a) Escucha y escribe las ciudades en tu cuaderno.
Höre zu und schreibe die Städtenamen in dein Heft.

b) En parejas buscad las ciudades en el mapa de España.
Sucht zu zweit die Städte auf der Spanienkarte im Einband.

4 Tu nombre

a) Escucha el alfabeto y fíjate en las letras de tu nombre.
Höre noch einmal das Alphabet und konzentriere dich auf die Buchstaben deines Namens.

b) Deletrea tu nombre.
Buchstabiere deinen Namen.

¿Cómo se escribe …?

c) Deletrea el nombre de una persona famosa.
Buchstabiere den Namen einer berühmten Person. Deine Mitschüler/innen müssen die Person herausfinden.

quince 15

Actividades

5 Hache, i, jota, ka...

Escucha y canta. Höre zu und singe das Lied. Erfinde eine Bewegung dazu.

Agáchate y vuélvete a agachar,
que los agachaditos no saben bailar:
Hache, i, jota, ka, ele, elle, eme, o,
que si tú no me quieres,
otro amigo tengo yo.
Chocolate, molinillo,
corre, corre, que te pillo ...

6 ¿Cómo es el artículo?

1, 2, S. 129

Completa con el artículo determinado.
Ergänze den bestimmten Artikel.

El idioma [i]

Wörter, die auf **-o** enden, sind fast immer männlich. Der Artikel heißt dann **el** (bestimmt) oder **un** (unbestimmt).
Wörter, die auf **-a** enden, sind fast immer weiblich. Der Artikel heißt dann **la** (bestimmt) oder **una** (unbestimmt).
Alle anderen Wörter lernst du am besten gleich mit dem Artikel.

- ～ música
- ～ chicas
- ～ sol
- ～ fiesta
- ～ helado
- ～ vacaciones
- ～ hermano
- ～ discotecas
- ～ amigos

El idioma [i]

Im Spanischen ist der Plural einfach zu bilden. Die meisten spanischen Wörter enden auf einen Vokal (Selbstlaut), also auf **a, e, i, o** oder **u**. Um den Plural zu bilden, wird ein **-s** an das Wort angehängt. So wird **el helado** zu **los helados**.
Bei Wörtern, die auf einen Konsonanten (Mitlaut) enden, wird die Endung **-es** angehängt. So wird **el hotel** zu **los hoteles**.

7 Vacaciones

Completa con el artículo indeterminado.
Ergänze den unbestimmten Artikel.

16 dieciséis

8 El plural

Di el plural. Sage den Plural.

Singular	Plural	Singular	Plural
el amigo		el helado	
la chica		la playa	
el restaurante		el hotel	

9 Diálogos

1, S.126

Completa con la forma correcta del verbo *ser*. Ergänze die richtige Form des Verbes **ser**.

1. Laura: Hola, ¿ ⁓ Lucía?
   Clara: No, ⁓ Clara. ¿Y tú, cómo te llamas?
   Laura: ⁓ Laura.

2. Laura: ¿Tito ⁓ de Madrid?
   Lucía: No, Tito ⁓ de Ribadesella. ¿Y tú, de dónde ⁓ ?
   Laura: ⁓ de Oviedo.

3. Raúl: ¿Qué ⁓ para ti las vacaciones?
   Tito: ¿Las vacaciones? Para mí ⁓ el deporte y el sol.

soy   eres   es   son

10 ¡Hola!

 Ahora tú. Preséntate.
Jetzt bist du dran.
Stelle dich vor und beschreibe, was die Ferien für dich sind.
Schreibe in dein Heft.

Unidad 1

¿Dónde está Miguel?

Raúl: ¡Hola chicas!, ¿qué tal?
Lucía: Bien, ¿y tú?
Raúl: Bien también. Oye, ¿y Miguel?
Lucía: Miguel, eh, eh … ¿Dónde está Miguel?
Clara: ¿Miguel? No está aquí.

¡Miguel! ¡Miguel! ¿Dónde estás? ¡Miguel!

Socorrista: ¿Qué pasa, chicos?
Lucía: Busco a mi hermano.
Socorrista: ¿Cómo es tu hermano y cuántos años tiene?
Lucía: Es pelirrojo, gordito y tiene nueve años.
Socorrista: ¿Cómo se llama tu hermano?
Lucía: Se llama Miguel.
Socorrista: El nombre completo, por favor.
Lucía: Miguel García Serrano.
Socorrista: Un momento, y tú tranquila. Ribadesella es un pueblo pequeño.

18 dieciocho

El país y la gente

Alle Spanier haben zwei Nachnamen (**apellidos**). Der erste Name stammt vom Vater und der zweite von der Mutter. Bei einer Heirat behält man die eigenen Namen. In Gesprächen wird meistens nur der erste Nachname genannt. Wie würdest du in Spanien mit vollem Namen heißen?

¡Atención, atención! Miguel García Serrano. Tu hermana te busca. Por favor, ven a la torre de socorrismo.

25

Lucía:	¡Miguel!
Miguel:	Mmm, ¡qué rico!
	Toma Lucía, tengo dos helados.
	Uno es para ti.
30 Lucía:	No, gracias.
Miguel:	¡Guay! Entonces los dos
	son para mí.

diecinueve **19**

Actividades

1 ¿Es correcto?

 1a, S. 152

Lee las frases y busca la frase correcta. Lies die Sätze und suche die richtige Aussage.

1. a. Clara no está en la playa.
   b. Miguel no está en la playa.
   c. Raúl no está en la playa.

2. a. Lucía busca a Miguel.
   b. Miguel busca a Lucía.
   c. Clara busca a Raúl.

3. a. El socorrista está en un café.
   b. El socorrista está en la playa.
   c. El socorrista está en el hotel.

4. a. La pizza es para Miguel.
   b. La limonada es para Miguel.
   c. Los dos helados son para Miguel.

5. a. Miguel tiene ocho años y su nombre completo es Miguel García Serrano.
   b. Miguel tiene nueve años y su nombre completo es Miguel García Serrano.
   c. Miguel tiene nueve años y su nombre completo es Miguel Serrano García.

2 ¿Dónde está …?

En parejas preguntad y contestad. Arbeitet zu zweit. Fragt und antwortet.

Ejemplo: • ¿Dónde está Clara? • Clara está en el hotel.

3 Miguel, Lucía y los amigos

Escribe el ejercicio en tu cuaderno y completa con *es* o *son*.
Schreibe die Übung in dein Heft und ergänze **es** oder **son**.

1. Miguel ～ gordito y pelirrojo. 2. El nombre completo de Miguel ～ Miguel García Serrano. 3. Los dos helados ～ para Miguel. 4. Lucía ～ la hermana de Miguel. 5. Raúl ～ el amigo de Lucía. 6. Clara ～ la prima de Lucía y Miguel. 7. Miguel y Lucía ～ de Madrid. 8. Tito ～ de Ribadesella. 9. Para Clara las vacaciones ～ Tito y los cafés.

20 | veinte

4 Los números

Escucha y repite los números. Höre zu und wiederhole laut die Zahlen.

0 – cero	**4** – cuatro	**8** – ocho	**12** – doce
1 – uno	**5** – cinco	**9** – nueve	**13** – trece
2 – dos	**6** – seis	**10** – diez	**14** – catorce
3 – tres	**7** – siete	**11** – once	**15** – quince

5 ¡A calcular!

a) Lee y di la solución.
Lies die Aufgaben vor
und sage die Lösungen.

*Ocho más siete
son quince.*

+	→	más
−	→	menos
:	→	dividido entre
x	→	por
=	→	es/son

Ejemplo: $8 + 7 = 15$

1. $13 - 7 =$ **4.** $11 + 3 =$ **7.** $15 - 13 =$ **10.** $15 - 7 - 8 =$
2. $15 : 3 =$ **5.** $7 \times 2 =$ **8.** $4 + 9 =$ **11.** $0 + 11 =$
3. $3 \times 4 =$ **6.** $9 : 3 =$ **9.** $2 \times 5 =$ **12.** $12 : 4 =$

b) Lee y completa el número que falta.
Lies die Aufgaben vor und ergänze die fehlende Zahl.

1. $1 + 3 + 4 +$ ____ $= 15$ **4.** $15 - 9 + 5 +$ ____ $= 15$ **7.** $2 + 0 +$ ____ $= 15$
2. $7 - 5 + 8 +$ ____ $= 15$ **5.** $9 + 0 + 3 +$ ____ $= 15$ **8.** $14 - 11 +$ ____ $= 15$
3. $12 - 10 + 3 +$ ____ $= 15$ **6.** $8 - 3 + 9 +$ ____ $= 15$ **9.** $3 + 12 +$ ____ $= 15$

c) Inventa problemas de matemáticas para tus compañeros.
Erfinde mathematische Aufgaben für deine Mitschüler/innen.

veintiuno **21**

Actividades

6 ¿Tienes teléfono?

→ 2 b, S. 153

a) Escucha y escribe los números en tu cuaderno.
Höre zu und schreibe die Zahlen in dein Heft.

b) En parejas preguntad y contestad.
Fragt nach euren Telefonnummern und antwortet.

Ejemplo: • ¿Tienes teléfono?   • Sí, es el …

7 Un elefante

Escucha y lee la canción. Höre zu und lies den Liedtext mit.
Ab der zweiten Strophe kannst du bestimmt schon mitsingen!

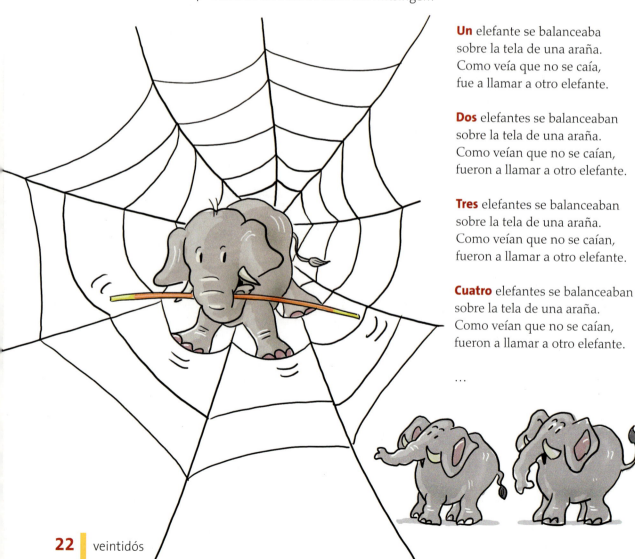

Un elefante se balanceaba
sobre la tela de una araña.
Como veía que no se caía,
fue a llamar a otro elefante.

Dos elefantes se balanceaban
sobre la tela de una araña.
Como veían que no se caían,
fueron a llamar a otro elefante.

Tres elefantes se balanceaban
sobre la tela de una araña.
Como veían que no se caían,
fueron a llamar a otro elefante.

Cuatro elefantes se balanceaban
sobre la tela de una araña.
Como veían que no se caían,
fueron a llamar a otro elefante.

…

22 veintidós

El idioma [i] → V 4, S.127

Das Verb **tener** bedeutet *haben* oder *besitzen*. Im Spanischen wird es aber auch benutzt, um zu sagen, wie alt man ist. So heißt **¿Cuántos años tienes?** wörtlich übersetzt *Wie viele Jahre hast du?* Du kannst jetzt also nicht nur sagen, was du besitzt, sondern auch angeben, wie alt du bist.

8 ¿Cuántos años tiene …?

a) En parejas preguntad y contestad. Arbeitet zu zweit. Wechselt euch mit dem Fragen und Antworten ab.

Ejemplo: • ¿Cuántos años tiene Raúl?   • Raúl tiene doce años.

b) En parejas preguntad por la edad. Fragt euch gegenseitig nach eurem Alter.

Ejemplo: • ¿Cuántos años tienes?   • Tengo … años.

9 Frases

Escribe frases en tu cuaderno.
Schreibe möglichst viele sinnvolle Sätze in dein Heft.

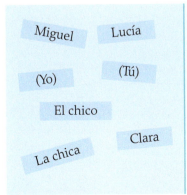 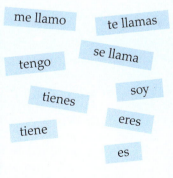

veintitrés **23**

Actividades

Así se dice

So erkundigt man sich nach jemandem:

- ¿Cómo se llama?
- ¿Cuántos años tiene?
- ¿De dónde es?

So kann man darauf antworten:

- Se llama ... / Es ...
- Tiene ... años.
- Es de ...

10 ¿Cómo se llama?

 S.156

Die beiden Freunde im Hintergrund tauschen sich in der Pause über eine neue Schülerin und einen neuen Schüler aus.
En parejas inventad un diálogo.
Erfindet zu zweit einen Dialog und verwendet die Redemittel aus "Así se dice".

11 ¿Cómo se escribe?

Escucha las palabras. Höre dir die Wörter an.
In allen Wörtern steckt ein [k]. Wann schreibt man dafür ein **c** und wann schreibt man ein **qu**? Formuliere die Regel.

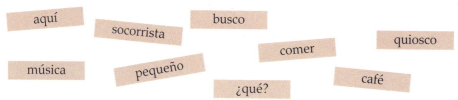

24 veinticuatro

12 Chicas y chicos

a) Escucha y toma apuntes. Contesta a las preguntas.
Höre zu und mache dir Notizen. Beantworte die Fragen.

→ 2 b, 3, S.153

- ¿Cómo se llama?
- ¿Cuántos años tiene?
- ¿De dónde es?
- ¿Tiene hermanos o amigos?
- ¿Qué son para él/ella las vacaciones?

b) ¿Tienes todo? Si no, pregunta a tus compañeros. Konntest du alles verstehen? Wenn nicht, frage deine Mitschüler/innen auf Spanisch danach.

Ejemplos: ¿Cómo se llama el número uno?
¿Cuántos años tiene el número cuatro?
…

c) Escribe textos cortos.
Schreibe Kurzporträts über die fünf Jugendlichen.

13 ¡Soy yo!

Escribe un texto sobre ti mismo.
Schreibe einen Text über dich selbst.
Du kannst dazu auch ein Bild von dir malen oder ein Foto einkleben.
Die folgenden Fragen helfen dir beim Schreiben.

- ¿Cómo te llamas?
- ¿Cuántos años tienes?
- ¿De dónde eres?
- ¿Tienes hermanos/hermanas?
- ¿Tienes teléfono?

Ya sé …

- jemanden begrüßen
- mich vorstellen und verabschieden
- jemanden vorstellen
- (m)einen Namen buchstabieren
- zwei spanische Lieder singen
- beschreiben, was ich mit den Ferien verbinde
- jemanden nach dem Namen, dem Alter, der Telefonnummer und der Herkunft fragen und darauf antworten
- fragen, wo jemand ist, und darauf antworten
- bis 15 zählen

Unidad 2

🔴 La vuelta a casa

	Carmen:	¡Hola, Miguel! ¡Hola, Lucía!
	Miguel:	¡Hola, Carmen!
	Lucía:	¡Buenas tardes, Carmen!
	Carmen:	¿Qué tal? ¿Cómo estáis, chicos?
5	Miguel:	Muy bien, pero estoy cansado del viaje.
	Lucía:	Sí, yo también.
	Carmen:	Claro, es normal. Riba…, Riba…
	Miguel:	¡Ribadesella!
	Carmen:	¡Eso es! Ribadesella. ¿Dónde está Ribadesella?
10		Está en la costa de Asturias, ¿verdad?

El país y la gente

Lucía und Miguel duzen ihre Nachbarin und reden sie mit dem Vornamen an. Gesiezt wird in Spanien nur in sehr formellen Situationen.

	Madre:	¡Ah! ¡Buenas tardes, Carmen! ¿Qué tal aquí en Madrid?
	Carmen:	Bueno, como siempre. En Madrid el verano es horrible. Y vosotros,
15		¿qué tal las vacaciones en Ribadesella?
	Madre:	¡Fenomenal! Ribadesella es muy agradable, con la playa, las montañas y …
	Padre:	Sí, sí, y la costa y la comida …
	Miguel:	¡Mmm…, comida!
20		Papá, mamá, yo tengo hambre. ¿A qué hora comemos?
	Carmen:	¡Ay, Miguel! Tú siempre tienes hambre.
	Madre:	Bueno, Carmen, pues ¡hasta luego!
		¡Vamos, niños! Ahora yo preparo la comida,
25		papá compra el pan, vosotros lleváis las maletas a la habitación y a las tres comemos.
	Lucía:	No, yo hablo con Patricia.
	Madre:	No, Lucía, tú ayudas a Miguel.
	Carmen:	Bien, bien. Pues entonces, ¡hasta luego
30		y bienvenidos!

¡Qué bien estoy en mi habitación y en mi cama! El armario con el póster del Real Madrid, el escritorio con el ordenador, la estantería con los coches y juguetes.

Lucía:
Hola, Patricia, soy Lucía. ¿Qué tal?
(…)
Muy bien. Muy bien. Ribadesella es genial. Y con Raúl muy bien. Pero con Clara y Tito, ¡qué aburrido! Siempre hablan de tonterías.
(…)
¿Cuándo? ¿Quedar hoy? Hoy no. ¿Por qué no quedamos mañana?
(…)
¿Hay una película nueva?
(…)
¿A las cinco menos cuarto o a las seis y veinte en el cine "Coliseo"? Entonces, ¿hablamos mañana?
(…)
¡Vale! ¡Adiós, Patricia!

El país y la gente

In Spanien isst man viel später als in Deutschland. So wird zwischen 14 und 16 Uhr zu Mittag und zwischen 21 und 23 Uhr zu Abend gegessen. Mittags und abends gibt es ein warmes Essen, das meistens aus einer Vorspeise, einem Hauptgericht und einem Nachtisch besteht. Dazu isst man immer Weißbrot.

veintisiete | 27

Actividades 2

1 Es falso

 1a, S. 152

Corrige las frases en tu cuaderno. Berichtige die Sätze in deinem Heft.

Ejemplo: Ribadesella está en la costa de Galicia.
→ No, Ribadesella está en la costa de Asturias.

1. El verano en Madrid es agradable.
2. Ribadesella es horrible.
3. Lucía tiene hambre.
4. El padre compra el helado.
5. La madre y Miguel llevan las maletas a la habitación.
6. Lucía habla con Adela.
7. Clara y Tito siempre hablan de fiestas.
8. Hoy Lucía está con Patricia.

2 ¿Qué tal las vacaciones?

 Representad el diálogo en clase.
Spielt den Dialog zwischen den Nachbarn in der Klasse vor.

 S. 156

3 ¿Cómo es? ¿Dónde está?

 8.8, S. 140

Escribe el ejercicio en tu cuaderno y completa con *es* o *está*. Schreibe die Übung in dein Heft und ergänze **es** oder **está**. Achte auf die Fragen im Titel dieser Übung.

1. Carmen ～ en Madrid.
2. Ribadesella ～ muy agradable.
3. El verano en Madrid ～ horrible.
4. Miguel ～ gordito.
5. El ordenador ～ en la habitación.
6. Ribadesella ～ en la costa.
7. Miguel ～ pelirrojo.
8. Clara ～ en el coche.
9. Tito ～ en la playa.
10. ～ normal.

El idioma

Im Spanischen gibt es zwei Verben für das deutsche *sein*: **ser** und **estar**.

Das Verb **ser** dient der Beschreibung von Personen, Sachen und Orten.
   Miguel *es* gordito. El póster *es* genial. Madrid *es* agradable.

Das Verb **estar** steht unter anderem bei der Angabe des Ortes.
   Miguel *está* en Madrid.

veintiocho

Así se dice

So fragt man, wie es jemandem geht:
- ¿Cómo estás?
- ¿Qué tal (estás), Miguel/Lucía?

So kann man antworten:
- 😊 • Estoy (muy) bien./(Muy) bien.
- 😐 • Así, así./Regular./Como siempre.
- ☹️ • Estoy (muy) mal./(Muy) mal.

So fragt man, wie etwas ist oder war:
- ¿Qué tal en Madrid?
- ¿Qué tal el viaje/el verano?

So kann man antworten:
- 😊 • (Muy) bien./Fenomenal./Genial.
- 😐 • Regular./Como siempre.
- ☹️ • (Muy) mal./Horrible.

4 ¿Qué tal...?

¿Carmen?

¿el verano?

¿las chicas?

¿Miguel?

¿la película?

¿Tito?

a) En parejas preguntad y contestad.
Arbeitet zu zweit. Fragt und antwortet. Verwendet die Redemittel aus "Así se dice".

b) Einige Schüler stellen sich vor die Klasse und zeigen durch ihre Mimik, wie es ihnen geht. Beschreibt ihren Zustand.

Ejemplos:
- ☹️ Anna está mal.
- 😊 Max está muy bien.

El idioma [i]

Estar verwendest du auch, wenn du sagen möchtest, wie es dir gerade geht. ***Estoy* bien.**

➡ V 1, S. 126

Actividades 2

5 Diálogos

Escribe los diálogos en tu cuaderno y completa con la forma correcta del verbo *tener*.
Schreibe die Dialoge in dein Heft und ergänze die richtige Form von **tener**.

1. Miguel: ¡Mamá, yo ~ hambre!
   Madre: Tú siempre ~ hambre.
2. Laura: ¿Tito ~ teléfono?
   Lucía: Sí, es el 985602451.
3. Tito: Clara, ¿cuántos años ~?
   Clara: ~ 13 años.
4. Ramón: ¿Cuántos hermanos ~ Miguel?
   Laura: Miguel ~ una hermana.
5. Ramón: ¿Y tú? ¿Cuántos hermanos ~?
   Laura: ~ dos hermanos.

6 ¿Qué tiene Miguel en la habitación?

a) **Mira el dibujo. ¿Qué tiene Miguel?**
Sieh dir die Zeichnung von Miguels Zimmer an. Was befindet sich dort?
Ejemplo: Miguel tiene un ordenador.

b) **¿Y tú? ¿Qué tienes en la habitación?**
Und du? Was hast du in deinem Zimmer? Schreibe in dein Heft. Schlage noch zwei weitere Gegenstände oder Möbel im Wörterbuch nach.
Ejemplo: Tengo un/una …

➔ 2, S. 158

7 Los verbos en -ar

a) **Escribe la tabla en tu cuaderno. Busca en el texto de la Unidad las formas de los verbos y escríbelas en las casillas coloreadas.** Schreibe die Tabelle in dein Heft. Suche die Formen der Verben auf **-ar** im Lektionstext und schreibe sie in die farbigen Kästchen.

	hablar	comprar	preparar	llevar	ayudar
(yo)					
(tú)					
papá					
Patricia y yo					
(vosotros/-as)					
Clara y Tito					

b) **Completa la tabla.** Vervollständige die Tabelle.

El idioma

➔ G 3.2, S. 130

Im Spanischen erkennst du die Person an der Verb-Endung. Du brauchst normalerweise keine Personalpronomen vor dem Verb.
hablo **hablamos**
ich spreche wir sprechen

Nur wenn du die Person besonders betonen möchtest oder kein Verb im Satz benutzt, verwendest du das Personalpronomen.
***Nosotros* somos de Hamburgo y *ellos* son de Madrid. ¿Y *tú*?**
Wir sind aus Hamburg und sie sind aus Madrid. Und du?

30 treinta

8 Frases y frases

Forma por lo menos ocho frases. Bilde mindestens acht Sätze.
Ejemplo: Preparo la comida.

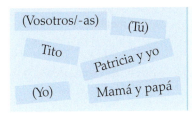  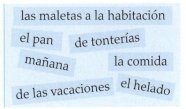

→ V 2, S.126

9 Verbos y verbos

Jede Vierergruppe benötigt 36 Karten für sechs verschiedene Verben. Auf jeweils sechs Karten schreibt ihr denselben Infinitiv sowie eine der konjugierten Formen. Alle sechs Formen müssen vorkommen. Mischt die Karten und verteilt sie. Ziel ist es, alle konjugierten Formen eines Infinitivs zu bekommen.

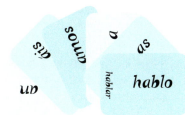

A: ¿Tienes *hablo*?   **B:** Sí./No.

Bei **sí** gibt B seine Karte ab und A darf weiterfragen. Antwortet B mit **no**, fragt der/die Nächste. Gewonnen hat, wer die meisten vollständigen Konjugationen vorweisen kann.

10 Números

a) **Escucha y repite los números.** Höre zu und wiederhole laut die Zahlen.

b) **En parejas escribid un número en la espalda del/de la compañero/-a.**
Schreibt euch mit dem Finger abwechselnd eine Zahl auf den Rücken und erratet sie.

S.156/157

→ G 10.2, S.144

c) **Completa con los números correctos.** Ergänze die richtigen Zahlen.
1. 21, 31, 41, ～ , ～ , ～
2. 15, 30, 45, ～ , ～ , ～
3. 22, 33, 44, ～ , ～ , ～
4. 99, 90, 81, ～ , ～ , ～

d) **Inventa un ejercicio como en c) para un compañero/una compañera.**
Erfinde für einen Mitschüler/eine Mitschülerin eine Übung wie in c).

11 ¿Carmen tiene 68 años?

Escucha y escribe los números en tu cuaderno.
Höre zu, konzentriere dich auf die Zahlen und schreibe sie in dein Heft.

2 b, S.153

treinta y uno **31**

Actividades 2

12 ¿Qué hora es?

a) Arbeitet zu zweit. Seht euch die Uhr an und findet das Prinzip heraus. Lest danach die Uhrzeit und ergänzt die fehlenden Angaben.

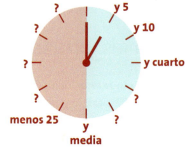

13:00 Uhr: Es la una.
13:05 Uhr: Es la una y cinco.
13:10 Uhr: Es la una y diez.
13:15 Uhr: Es la una y cuarto.
13:20 Uhr: ___.

13:25 Uhr: ___.
13:30 Uhr: ___.
13:35 Uhr: Son las dos menos 25.
13:40 Uhr: ___.
13:45 Uhr: ___.

13:50 Uhr: ___.
13:55 Uhr: ___.
14:00 Uhr: Son las dos.
15:00 Uhr: Son las tres.

→G 10.1, S. 143

b) **En parejas preguntad por la hora y contestad.**
Arbeitet zu zweit. Fragt nach der Uhrzeit und antwortet.

Ejemplo: • ¿Qué hora es?
• Son las cinco.

1.   2.   3.   4.   5.   6.   7.   8.

13 ¿A qué hora quedamos?

 →G 10.1, S. 143

Du möchtest dich mit einem Freund/einer Freundin verabreden.
En parejas preguntad dónde y cuándo quedáis hoy o mañana.
Arbeitet zu zweit. Fragt, wo und zu welcher Uhrzeit ihr euch heute oder morgen trefft.

Ejemplo:
• ¿Dónde quedamos mañana?
• ¿Quedamos en el restaurante Bilbao?
• Vale. ¿A qué hora?
• A las dos y media.

El idioma

Nach der Uhrzeit fragst du: **¿Qué hora es?**
Nach einem Zeitpunkt fragst du:
¿A qué hora?

32 treinta y dos

14 ¿Qué pasa?

Escucha las situaciones. ¿Dónde están las personas?
Höre dir die Situationen an. Wo befinden sich die Personen?

2a, S.152/153

15 Un paquete para Lucía

Escribe el diálogo en tu cuaderno. Schreibe den Dialog zwischen Paco, dem Ehemann von Carmen, und Víctor, dem Vater von Lucía und Miguel, in dein Heft.

Paco	El padre de Lucía y Miguel
Paco begrüßt Víctor. Er fragt ihn, wie es ihm geht.	Der Vater antwortet, dass es ihm gut geht, er aber müde von der Reise ist.
Er fragt, wie die Ferien in Ribadesella waren.	Er antwortet, dass Ribadesella mit dem Strand und den Bergen sehr angenehm ist.
Er fragt, wo Lucía ist.	Er antwortet, dass sie die Koffer auf das Zimmer bringt.
Er sagt, dass er ein Paket für Lucía hat.	Er bedankt sich und nimmt das Paket mit. Er sieht auf die Uhr und sagt, dass es 15:20 Uhr ist und dass sie um 15:30 Uhr essen. Er verabschiedet sich.

Ya sé ...

- fragen, wie es jemandem geht, und darauf antworten
- fragen, wie etwas ist oder war, und darauf antworten
- Möbel und Gegenstände in meinem Zimmer benennen
- die Uhrzeit erfragen und angeben
- mich zu einer Uhrzeit an einem Ort verabreden
- bis 99 zählen

treinta y tres | **33**

Unidad 3

En el instituto

1 la pizarra	**5** el alumno	**9** la profesora	**12** la silla	**16** el bolígrafo	**19** la ventana
2 la tiza	**6** el libro	(la profe)	**13** la mesa	(el boli)	**20** la calculadora
3 la papelera	**7** el cuaderno	**10** el estuche	**14** el mapa	**17** la pared	**21** la carpeta
4 la alumna	**8** la pluma	**11** la mochila	**15** el lápiz	**18** el suelo	

34 treinta y cuatro

En la clase 3

1 ¿Qué es?

En parejas mirad el dibujo. Preguntad y contestad. Seht euch zu zweit das Klassenraumbild an. Fragt und antwortet wie im Beispiel.

Ejemplo:
- El número uno, ¿qué es?
- El número uno es una pizarra.

2 ¿Qué hay en …? 8.8, S. 140

a) **En parejas preguntad por las cosas en el dibujo y contestad.**
Arbeitet zu zweit. Fragt nach den Dingen in dem Klassenraumbild und antwortet darauf.

Ejemplo:
- ¿Qué hay en la mesa?
- En la mesa hay un estuche.

El idioma [i]

Hay steht mit dem unbestimmten Artikel, Mengenangaben, Zahlen und Substantiven ohne Artikel und bedeutet *es gibt, es ist* oder *es sind*.

b) **En parejas mirad vuestra clase. Preguntad y contestad.** Seht euch zu zweit euren Klassenraum an. Fragt und antwortet.

Ejemplo:
- ¿Qué hay en la pared?
- En la pared hay una pizarra.

3 El vocabulario  S. 156/157

Schreibt die neuen spanischen Wörter der Lektion auf Zettel und befestigt diese an den jeweiligen Objekten in eurem Klassenraum. Zwei Schüler/innen vertauschen anschließend die Zettel. Die anderen müssen sie so schnell wie möglich wieder richtig anordnen.

treinta y cinco | 35

Unidad 3

En el instituto

Son las ocho y media. Los alumnos de la clase de alemán están en la clase. Hay 28 alumnos. La profesora de alemán, Fátima Fernández, entra. En las mesas están los libros de los alumnos.

Profesora:	¡Buenos días y bienvenidos!
Los alumnos:	¡Buenos días!
Profesora:	Me llamo Fátima Fernández y soy la profesora de alemán. ¿Tenéis los libros en la mesa? A ver, y tú, ¿cómo te llamas?
Felipe:	Felipe López Castro.
Profesora:	¿Es tu libro, Felipe?
Felipe:	No. Es el libro de Sergio. No tengo mi libro aquí, está en casa, profe.
Profesora:	¡Pues, empezamos bien! Mañana está aquí, ¿vale? Bueno, ahora escuchad, por favor: *Guten Morgen!* ¡Repetid en coro: *Guten Morgen!*
Los alumnos:	*Guten Morgen!*

Profesora:	Felipe, ¿comes algo?
Felipe:	No, no como nada.
Profesora:	Ah, un chicle. Mira, allí hay una papelera. Tira el chicle, por favor.
Lucía:	Profe, tengo una pregunta.
Profesora:	Sí, dime.
Lucía:	¿Necesitamos algo especial para la clase de alemán?
Profesora:	Sí, necesitáis un cuaderno para los deberes, naturalmente el libro de alemán, una carpeta para las hojas de actividades, un cuaderno pequeño para el vocabulario, dos bolígrafos y un lápiz.

36 treinta y seis

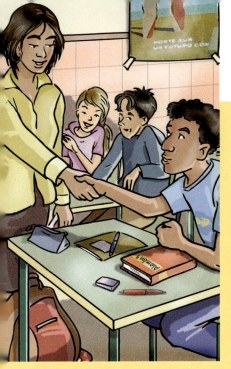

Profesora:	Bien, entonces continuamos. *Guten Morgen! Ich heiße Fátima Fernández, und du?*
Omar:	No comprendo nada. ¿Cómo se dice? Más despacio, por favor.
Profesora:	Repite, por favor: *Ich heiße ...*
Omar:	¿Cómo? *Ich heiße ...*
Profesora:	Muy bien, y ahora tu nombre, pero más alto.
Omar:	Omar.
Profesora:	No, hombre. La frase completa.
Omar:	*Ich heiße Omar.*
Profesora:	¡Fenomenal!
Lucía:	¡Ah, pues no es difícil, es muy fácil!
Profesora:	Bien, repetid, por favor: *Ich heiße ..., und du?*

Profesora:
Ahora abrid el libro en la página tres. Escuchad primero el texto del libro, después leed el diálogo en parejas. Y Felipe, el chicle, por favor.

El país y la gente

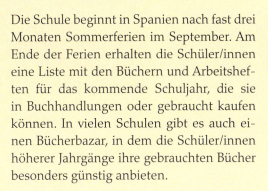

Die Schule beginnt in Spanien nach fast drei Monaten Sommerferien im September. Am Ende der Ferien erhalten die Schüler/innen eine Liste mit den Büchern und Arbeitsheften für das kommende Schuljahr, die sie in Buchhandlungen oder gebraucht kaufen können. In vielen Schulen gibt es auch einen Bücherbazar, in dem die Schüler/innen höherer Jahrgänge ihre gebrauchten Bücher besonders günstig anbieten.

Das spanische Schulsystem ist anders gegliedert als das deutsche. Es setzt sich aus sechs Jahren Grundschule **(Educación Primaria)** und vier Jahren einer gemeinsamen Mittelstufe **(Educación Secundaria Obligatoria – ESO)** zusammen. Danach können die Schüler/innen einen zweijährigen berufsbildenden Zweig **(Formación Profesional)** oder weitere zwei Jahre die Oberstufe besuchen, um das Abitur **(Bachillerato)** abzulegen.

treinta y siete **37**

Actividades 3

4 En el instituto

1a, b, S. 152

Busca las respuestas correctas para las preguntas. Escribe las combinaciones en tu cuaderno y lee las preguntas y respuestas. Suche die richtigen Antworten zu den Fragen. Schreibe die Kombinationen in dein Heft und lies sie vor.

1. ¿La profesora se llama Conchi García?
2. ¿Es profesora de matemáticas?
3. ¿El libro de Felipe está en la mesa?
4. ¿Felipe come un chicle?
5. ¿Los alumnos necesitan un mapa?
6. ¿Repiten *Auf Wiedersehen*?
7. ¿Para Lucía, el alemán es fácil?

a. No, los alumnos necesitan cuadernos, el libro de alemán y una carpeta.
b. Sí, el alemán es fácil.
c. No, se llama Fátima Fernández.
d. No, repiten *Ich heiße* y *Guten Morgen*.
e. Sí, come un chicle.
f. No, es profesora de alemán.
g. No, el libro está en casa.

5 El libro de Sergio

¿de? ¿del? ¿de la? ¿de las? ¿de los?

Mira los dibujos. Escribe frases como en el ejemplo en tu cuaderno.
Sieh dir die Zeichnungen an und schreibe Sätze wie in dem Beispiel in dein Heft.

Ejemplo: **1** Aquí hay una silla.
→ Es la silla *de la* profesora.

6.1, S. 135

Así se dice

So kann man reagieren, wenn man etwas nicht verstanden hat:
- ¿Cómo?
- No comprendo (nada).
- Tengo una pregunta.
- ¿Cómo se dice … en alemán / en español?

So bittet man um Wiederholung:
- ¡Repite, por favor!
- ¡Más despacio, por favor!
- ¡Más alto, por favor!

6 ¿Cómo? S. 156

Du bist in Madrid auf einer Party und lernst jemanden kennen. Die Musik ist sehr laut! Erstellt zu zweit nach den Vorgaben und "Así se dice" einen kurzen Dialog. Tragt ihn in der Klasse vor. Achtet auf euren Stimmeinsatz.

A	B
Du begrüßt dein Gegenüber und fragst, wie er/sie heißt und woher er/sie kommt.	Du grüßt zurück, sagst deinen Namen und dass du aus Granada kommst.
Du antwortest, dass du nicht verstehst und bittest um Wiederholung.	Du wiederholst deinen Namen und dass du aus Granada kommst.
Du hast immer noch nicht verstanden und bittest B, lauter und etwas langsamer zu sprechen.	Du wiederholst lauter und langsamer deinen Namen und dass du aus Granada kommst. Dann fragst du nach dem Namen und der Herkunft von A.
Du sagst deinen Namen und dass du aus Hamburg (Hamburgo) kommst.	Du hast nicht genau verstanden, was A gesagt hat, und bittest A ebenfalls darum, etwas lauter zu sprechen.
Du wiederholst laut deinen Namen und woher du kommst.	Jetzt hast du dein Gegenüber verstanden. Du verabschiedest dich.
Du verabschiedest dich ebenfalls.	

treinta y nueve **39**

Actividades 3

7 Un helado de terminaciones

 Aus der Lektion 2 kennt ihr bereits die Endungen der regelmäßigen Verben auf **-ar** (z.B. **hablar**). Sucht zu zweit für die einzelnen Personen im Singular und Plural die richtigen Endungen der Verben auf **-er** und **-ir**.
Schreibt die Verbformen in der richtigen Reihenfolge in eine Tabelle in euer Heft.

com - **er**	abr - **ir**

8 Más verbos

➔ **V** 2, S. 126

Ein/e Schüler/in schreibt die Infinitive von sechs Verben auf **-ar**, **-er**, und **-ir** nummeriert untereinander an die Tafel.
Bildet Vierergruppen. Jede Gruppe benötigt einen Würfel.
Beim ersten Würfeln entscheidet die Zahl über das Verb, das konjugiert wird.
Beim zweiten Würfeln wird die zu konjugierende Personalform ausgewählt.
Kontrolliert euch gegenseitig.

 Unser Verb an dritter Stelle ist z.B. **leer**.

 Die vierte Personalform ist die 1. Person Plural, also: **(nosotros/-as) leemos**.

9 En la clase de alemán

Lee las frases y busca las palabras correctas. Al final lee el texto completo.
Lies die Sätze und suche für die Bilder die passenden Wörter.
Lies am Schluss noch einmal den ganzen Text. Vergiss die Artikel nicht!

1. Los alumnos están en la clase. Entra .
2.  están en ⬜ .
3. Felipe tira el chicle a ⬜ .
4. Un alumno escribe *Guten Morgen* en ⬜ .
5. Lucía busca Hamburgo en ⬜ .
6. Juan busca ⬜ en ⬜ .
7. Los alumnos abren ⬜ .

40 | cuarenta

10 La oveja negra

1	2	3	4	5	6
país	ordenador	instituto	silla	hablar	café
pueblo	profesor	deberes	maleta	tomar	carpeta
ciudad	alumno	alumnos	mesa	buscar	cine
chica	amigo	playa	pizarra	comer	socorrista

a) **Busca la palabra que no pertenece al grupo.**
Suche den Begriff, der nicht zur Gruppe gehört.

b) **Trabajad en grupos de cuatro y buscad grupos de cuatro palabras con una oveja negra.**
Arbeitet zu viert und sucht neue Begriffsgruppen, die aus jeweils vier Wörtern bestehen.
Eure Mitschüler/innen müssen das schwarze Schaf herausfinden.

c) Schreibt zu viert einen Text (z.B. eine kurze Geschichte oder ein Gedicht) und verwendet so viele Wörter wie möglich aus der Tabelle.
Lest den anderen Gruppen euren Text vor. Welche Gruppe benutzt die meisten Wörter?

11 La pronunciación

a) **Escucha las palabras y repite.** Höre die Wörter und sprich sie nach.

[tʃ]	[k]	[θ]	[X]
mochila	café	necesitar	pareja
chicle	carpeta	fácil	Sergio
ocho	qué	habitación	pelirrojo
estuche	comida	entonces	hoja de actividades
escuchad	clase	gracias	página

b) **Formula una regla para la pronunciación y escríbela en tu cuaderno.**
Formuliere eine Aussprachregel und schreibe sie in dein Heft.

Das [tʃ] wie in **mochila** spricht man aus wie ein deutsches ⌒ ,
  z.B. in dem deutschen Wort ⌒ .
Das [k] wie in **café** wird wie ein deutsches ⌒ ausgesprochen.
  Beispiel: ⌒ .
Das [θ] wie in **fácil** wird ausgesprochen wie das englische ⌒ .
  Beispiel: ⌒ .
Das [X] wie in **página** entspricht dem deutschen ⌒ . Beispiel: ⌒ .

cuarenta y uno | 41

Actividades 3

12 ¡No es difícil!

Compara el dibujo con el de la página 34/35. Usa la negación y corrige.
Vergleiche die Zeichnung mit dem Klassenzimmer auf S. 34/35.
Achte auf die Gegenstände.
Verneine und korrigiere die Sätze.

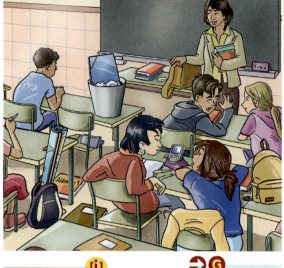

Ejemplo: El estuche *no* está en la mesa, está en la silla.

El idioma
→ G 9.3, S. 142

Die Verneinung mit **no** steht immer vor dem ersten konjugierten Verb.
No kann *nicht*, *nein* oder *kein* bedeuten.

13 Muchas cosas

a) Versteckt unter einer Decke möglichst viele Gegenstände aus dem Klassenraum. Ein Mitschüler/Eine Mitschülerin greift unter die Decke und nimmt einen Gegenstand in die Hand. Die anderen fragen danach.

Ejemplo:
- ¿Es un bolígrafo?
- No, no es un bolígrafo.
- ¿Es un/a …?
- No, no …/ Sí, es un/a …

b) Ein/e Schüler/in platziert unter einer Decke mindestens zehn verschiedene Gegenstände, die sich die Klasse 30 Sekunden lang ansehen darf. Danach werden die Gegenstände wieder verhüllt. Wer konnte sich die meisten Dinge merken und sie auf Spanisch benennen?

14 ¿Algo o nada?

En grupos de tres preguntad con los verbos y contestad usando la negación. Arbeitet zu dritt.
Fragt mit den Verben und antwortet mit der Verneinung.

Ejemplo:
- ¿Comes algo?
- No, no como nada.

- ¿Coméis algo?
- No, no comemos nada.

leer | comer | comprar | buscar | comprender | necesitar

15 El vocabulario del profesor/de la profesora

Escucha y repite lo que dice el profesor/la profesora.
Höre zu und wiederhole, was der Lehrer/die Lehrerin sagt.

- Escucha/Escuchad.
- Abre/Abrid el libro en la página … .
- Cierra/Cerrad el libro.
- Lee el texto/el diálogo.
- Leed el texto/el diálogo en parejas.
- Escribe/Escribid un texto/un diálogo.
- Haz/Haced el ejercicio … .
- Haz/Haced preguntas.
- Repite la palabra/la frase.
- Repetid en coro.
- Saca/Sacad el cuaderno.

- Höre zu! Hört zu!
- Öffne/Öffnet das Buch auf Seite …!
- Schließe/Schließt das Buch!
- Lies den Text/den Dialog!
- Lest den Text/den Dialog zu zweit!
- Schreibe/Schreibt einen Text/Dialog!
- Mache/Macht die Übung …!
- Stelle/Stellt Fragen!
- Wiederhole das Wort/den Satz!
- Wiederholt im Chor!
- Hole/Holt das Heft heraus.

16 La clase del robot Marimandón

Escucha lo que dice el robot Marimandón y reacciona.
Packe alle Materialien und Bücher in deinen Rucksack. Höre zu, was der Roboter sagt, und reagiere darauf.

17 ¡Abre, lee, escribe …!

 8.6, S. 139

En parejas dad órdenes. ¿Os entendéis?
Arbeitet zu zweit. Formuliert Arbeitsaufträge, die ihr im Klassenraum ausführen könnt.

Ejemplo: Silvia, ¡abre la mochila!

Ya sé …

- meinen Klassenraum beschreiben
- nach Gegenständen im Klassenraum fragen und darauf antworten
- angeben, wem etwas gehört
- sagen, dass ich etwas nicht verstehe, und um Wiederholung bitten
- Anweisungen geben und darauf reagieren

Repaso R1

1 ¿Qué palabra es?

Busca los sustantivos escondidos.
Suche die versteckten Substantive. Der Anfangsbuchstabe ist farbig hervorgehoben.

1. oc**ch**i
2. o**h**mearn
3. **h**alode
4. ó**h**ncabtiia
5. ci**v**saacnoe
6. oc**i**stc**d**ea
7. rodnar**o**de
8. golofí**b**ra

2 ¿Quiénes son?

a) Presenta a los chicos. Escribe textos cortos en tu cuaderno.
Stelle die Jugendlichen vor. Schreibe kurze Texte in dein Heft.

Pablo, 15, Barcelona, 3 hermanos | *Sofía, 12, Toledo, 1 hermano* | *Elena, 13, Granada, 2 hermanas* | *Jaime, 8, Valladolid, 4 hermanas* | *Ana, 14, Valencia, 2 hermanos* | *Fernando, 13, Bilbao, 1 hermana*

b) Escribe presentaciones cortas sobre dos compañeros.
Schreibe Kurzvorstellungen über zwei Mitschüler/innen und trage sie in der Klasse vor.

3 Más palabras

a) Schreibe die Tabelle in dein Heft und trage die Begriffe aus dem Kasten unter dem passenden Oberbegriff ein. Ergänze den bestimmten Artikel. Manche Wörter passen auch in mehrere Kategorien!

la clase	la comida	la habitación	las vacaciones
la mochila			la playa

~~mochila~~ maleta cama alumno helado estuche ~~playa~~ póster montañas libro lápiz armario sol tiza ordenador chicle pizarra pan amigos

b) Completa la tabla con más palabras. Ergänze die Tabelle mit weiteren Wörtern.

4 La pregunta es la pregunta

Forma la pregunta correcta. Bilde zu den Aussagesätzen die passende Frage.
Ejemplo: Me llamo Lucía. → ¿Cómo te llamas?

1. Marcel tiene quince años.
2. Raúl está en el restaurante.
3. En la mesa hay libros.
4. Sí, es el 94 34 90 873.
5. Muy bien, gracias.
6. Son las nueve menos diez.
7. Miguel tiene un póster del Real Madrid.
8. Comemos a las cuatro.

5 Preparar la mochila

a) **Escucha y haz una lista.** Höre zu und mache eine Liste für die Dinge, die Lucía in ihrem Rucksack hat, und die Sachen, die Lucía und Miguel noch fehlen.

b) **¿Y tu mochila?** Liste auf, was du im Rucksack hast.

c) **Comparad vuestras listas.** Vergleicht eure Listen zu zweit.
Ejemplo:
• Tengo tres libros en la mochila. ¿Y tú?
• Yo tengo cuatro libros./Yo no tengo libros.

6 Es falso

Corrige las frases usando la negación. Korrigiere die Sätze und benutze dabei die Verneinung.
Ejemplo: Tito es de Madrid. → No, Tito no es de Madrid. Es de Ribadesella.

1. Lucía busca a Clara en la playa.
2. Miguel compra una pizza para Lucía.
3. En Madrid el verano es fenomenal.
4. Miguel tiene un póster del HSV en su habitación.
5. En la clase de alemán hay 20 alumnos.
6. La profesora de alemán se llama Fátima Famosa.

7 Actividades

llevar   comer   hablar   comprar   leer   escribir

a) **¿Cuál es el verbo correcto?** Finde zu jedem Bild das passende Verb.

b) **Escribe frases con los verbos.** Was machen die Personen? Schreibe mit den Verben Sätze.

8 ¿A qué hora quedamos?

a) **Quedad por teléfono. Escribid un diálogo.** Verabredet euch am Telefon. Schreibt einen Dialog.

1. Begrüßt euch.
2. Fragt euch, wie es euch geht.
3. Verabredet euch.
4. Macht eine Uhrzeit und einen Treffpunkt aus.
5. Verabschiedet euch.

b) **Representad el diálogo en clase.** Spielt den Dialog der Klasse vor.

cuarenta y cinco **45**

Unidad 4

Una compañera nueva

En el recreo Lucía y Raúl están en la cafetería del instituto. Hablan de la clase de alemán de Lucía. Toman algo y comen un bocadillo. Es un instituto bastante grande y la cafetería es muy agradable.
5   En el recreo siempre hay mucha gente en la cafetería.

Raúl: ¿Qué tal el alemán y la profe?
Lucía: ¿La clase de alemán? Pues, muy bien. El alemán es fácil. Ya hablo un poco. Y tenemos una profesora muy simpática. Es morena y tiene el pelo corto. Oye, Raúl, ¿quién es esa chica?
Raúl: ¿Qué chica? ¿La chica morena y alta que habla con el chico rubio?
Lucía: Nooo, la chica morena, delgada y baja que está allí sola.
Raúl: ¡Ah, sí! Está en mi clase y es nueva.

Raúl: Hola, soy Raúl y estoy en tu clase. Y ésta es Lucía, una amiga.
Yolanda: Hola, me llamo Yolanda.
Lucía: No eres de aquí, ¿verdad?
Yolanda: No. Soy de Colombia.
Raúl: ¿Tienes hermanos?
Yolanda: Sí, tengo tres hermanos: dos hermanas y un hermano. Yo soy la mayor. ¿Y vosotros?
Raúl: No, yo no tengo hermanos. Vivo solo con mi madre.
Yolanda: Y tú, ¿cuántos hermanos tienes?
Lucía: Pues, yo tengo un hermano pequeño que es como dos.
Yolanda: ¿Cómo? No comprendo.
Raúl: Bueno, el hermano de Lucía es un poco gordito y a veces latoso.
Yolanda: Sí, sí, los hermanos pequeños son siempre unos pesados.

46 cuarenta y seis

Yolanda: ¿Y cómo es el insti?
Lucía: Es un instituto normal. Aquí hay muchos profes simpáticos. Pero a veces las clases son difíciles.
50 Yolanda: ¿Hay muchos deberes?
Raúl: Depende del profesor. Hoy, por ejemplo, tengo pocos deberes.
Yolanda: ¿Y aquí en el instituto hay internet?
Lucía: Sí, mira, aquí hay una sala de
55 ordenadores.
Yolanda: ¿Una? ¿Cuántas salas de ordenadores hay?
Raúl: ¡Tenemos muchas salas! Aquí en esta sala hay pocos ordenadores. Pero en
60 las salas dos y tres tenemos muchos más ordenadores.

Yolanda: ¿Qué es eso que coméis?
Lucía: Es un bocadillo de tortilla con pimientos.
65 Raúl: ¡Toma! ¿Quieres un poco? Es un bocadillo muy rico.
Yolanda: No, muchas gracias.

¡Qué rollo! ¡Qué rápido pasa el recreo! ¡Por suerte hoy sólo tengo pocas clases!

El país y la gente

Yolanda kommt aus Kolumbien. Sie lebt schon seit ein paar Jahren mit ihrer Familie in Spanien und ist neu in Madrid.
Spanisch wird mit einigen Ausnahmen in allen Staaten Lateinamerikas gesprochen. In vielen Gebieten sind auch noch die Sprachen der Ureinwohner erhalten. **Nahuatl** und **quechua** sind zwei dieser Sprachen, die auch heute noch Bedeutung haben und ursprünglich von den Azteken und Inkas als Stammessprachen gesprochen wurden.

Spanisch ist die Muttersprache von ca. 400 Millionen Menschen weltweit. In Spanien gibt es eine Amtssprache, das **castellano**, das du in der Schule lernst. Neben einigen Dialekten werden auch noch drei weitere Sprachen in Spanien gesprochen, deren Gebrauch aber auf wenige **Comunidades Autónomas** beschränkt ist. Dies sind **catalán**, **gallego** und **euskera/vasco**. Sieh auf der Spanienkarte nach, ob du **Comunidades** findest, in denen diese Sprachen gesprochen werden.

cuarenta y siete 47

Actividades

1 ¡Qué confusión!

Ordena las palabras correctamente y escribe las frases en tu cuaderno.
Ordne die Wörter in der richtigen Reihenfolge und schreibe die Sätze in dein Heft.

1. fácil – alemán – El – es
2. es – y – chica –Yolanda – baja – una – morena – delgada
3. Raúl –Yolanda – en – clase – la – está – de
4. Colombia – es – de –Yolanda
5. un – tiene – hermanas –Yolanda – dos – y – hermano
6. no – Raúl – hermanos – tiene
7. es – Miguel – hermano – Lucía – de – el
8. veces – las – A – son – difíciles – clases
9. sala – pocos – En – ordenadores – esta – hay
10. comen – de – Lucía – bocadillo – Raúl – un – y – tortilla – pimientos – con

2 ¡A preguntar!

a) En parejas preguntad y contestad con las frases del ejercicio 1.
Arbeitet zu zweit. Fragt möglichst viel und antwortet mit den Sätzen aus Übung 1.

Ejemplo:
- ¿Cómo es el alemán?
- El alemán es fácil.

¿Cómo ...?

¿Dónde ...?

¿Quién ...?

¿Cuántos/Cuántas ...?

¿De dónde ...?

¿Qué ...?

b) Stelle mit den Fragepronomen weitere Fragen zum Lektionstext.

3 Yolanda

Lee otra vez los diálogos de la Unidad y escribe todo lo que sabes de Yolanda en tu cuaderno. Lies noch einmal die Dialoge der Lektion und schreibe alles, was du über Yolanda weißt, in dein Heft.

Ejemplo: Yolanda es de Colombia. Es una chica ...

4 Una red de vocabulario

 S. 157

a) Haz una red de vocabulario.
Erstelle in deinem Heft ein Vokabelnetz und vervollständige es mit dem Vokabular der Lektionen 3 und 4. Überprüfe im **Minidiccionario** die Schreibweise und die Artikel der Wörter.

b) Escribid un poema o una canción con las palabras de la red de vocabulario.
Lasst eurer Fantasie freien Lauf. Schreibt in Kleingruppen ein Gedicht oder ein Lied mit möglichst vielen Vokabeln aus dem Vokabelnetz und tragt das Ergebnis vor. Ihr könnt euch dazu bewegen!

Ejemplo:
El instituto

instituto
instituto y clases

clases
clases y deberes

instituto
instituto y deberes

instituto y clases y deberes
y una compañera nueva

cuarenta y nueve | **49**

Actividades 4

5 Una chica rubia

a) Busca los adjetivos en el texto de la Unidad y completa la tabla en tu cuaderno. Suche die Adjektive mit den dazugehörigen Substantiven im Lektionstext und vervollständige die Tabelle in deinem Heft.

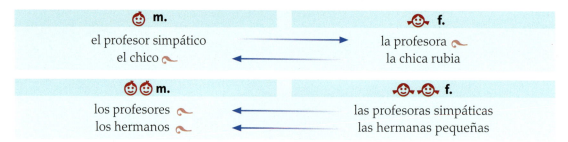

b) Formula una regla para los adjetivos. Formuliere eine Regel für die Bildung der Adjektive, in der die Begriffe männlich/weiblich und Singular/Plural vorkommen.

c) Was ist bei den folgenden Adjektiven anders? Suche die fehlenden Formen aus dem Lektionstext und ergänze deine Regel aus b).

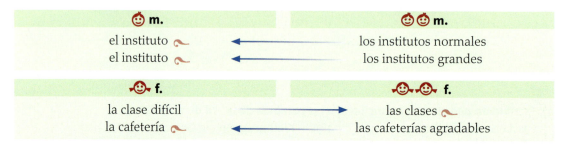

6 ¡Más adjetivos!

4, S. 134

Ya conoces muchos adjetivos de otras unidades. Completa las frases con la terminación correcta del adjetivo. Du kennst bereits viele Adjektive aus anderen Lektionen. Ergänze in den Sätzen die richtige Adjektivendung.

1. Ribadesella es un pueblo tranquil___.
2. Las montañas de Ribadesella son fantástic___.
3. Los deberes son aburrid___.
4. Las clases de alemán son fácil___.
5. Los alumnos necesitan un cuaderno pequeñ___ para el vocabulario.
6. La profesora es muy simpátic___.
7. Yolanda es moren___ y baj___.
8. Los hermanos pequeñ___ son siempre unos pesados.
9. Las clases son difícil___.
10. En el cine hay una película nuev___.

50 cincuenta

Así se dice

So fragt man, wie etwas ist:
- ¿Qué tal el alemán?
- ¿Cómo es el instituto/la cafetería/…?

So kann man antworten:
- El alemán es fácil.
- Es (un instituto) normal.
  A veces las clases son difíciles.
- La cafetería es muy agradable.

So fragt man, wie jemand ist/aussieht:
- ¿Cómo es la profesora/la chica/Miguel/…?

So kann man antworten:
- La profesora es muy simpática.
  Es morena y tiene el pelo corto.
- La chica es morena, delgada y alta.
- Miguel es gordito, bajo y pelirrojo.
  A veces es latoso.

7 Seis amigos

a) ¿Cómo son los amigos? Pregunta y contesta como en "Así se dice" y usa los adjetivos. Escribe en tu cuaderno. Wie sehen die sechs Freunde aus und wie sind sie? Frage und antworte wie in "Así se dice" und verwende die Adjektive. Schreibe in dein Heft.

| alto/-a ≠ bajo/-a | simpático/-a; guapo/-a; latoso/-a; tranquilo/-a; pesado/-a; inteligente | Tiene el pelo largo ≠ corto. Tiene el pelo liso ≠ rizado. |

delgado/-a ≠ gordo/-a   moreno/-a; rubio/-a; pelirrojo/-a

 b) En parejas comparad las descripciones. Vergleicht zu zweit eure Beschreibungen.

Actividades 4

8 En el instituto

a) Nach dem Unterricht spricht Lucía mit Yolanda über die Schule.
Forma frases. Bilde sinnvolle Sätze. Achte auf das Geschlecht der Substantive und darauf, ob sie im Singular oder Plural stehen.

1. Tengo muchas 2. Normalmente hay mucha 3. Nosotros siempre tenemos muchos 4. En la cafetería hay pocas 5. La profesora de alemán siempre tiene muchas 6. En la clase tenemos muchos 7. Hoy hay poca 8. Ahora tengo poco

a. sillas. **b.** tiempo, en casa comemos a las tres. **c.** tortilla en el bocadillo **d.** amigas en el insti. **e.** gente en la cafetería. **f.** deberes en la clase de alemán. **g.** pósteres. **h.** ideas nuevas.

b) In a) fehlen zwei Formen von **poco** und **mucho**. Welche sind es? Was ist der Unterschied zwischen Indefinitbegleitern und normalen Adjektiven?

c) ¿De qué tienes mucho y de qué tienes poco en casa?
Wovon hast du viele, wovon wenige Exemplare zu Hause?

• CD • silla • mesa • póster • libro • juguete • bolígrafo • maleta

Ejemplo: Tengo muchos libros y pocos CD.

→ G 3.6, S. 132

9 Una entrevista

a) Haced entrevistas. Preguntad a tres compañeros.
Interviewt euch.
Befragt drei Mitschüler/innen.
Macht euch Notizen im Heft.

Preguntas	Nombre ...	Nombre ...	Nombre ...
¿De dónde eres?			
¿Cómo eres?			
¿Tienes hermanos? ¿Cómo se llaman?			
¿Y tus padres? ¿Cómo se llaman?			

b) Presenta a un compañero/una compañera de la entrevista. La clase adivina.
Stelle einen Interviewpartner/eine Interviewpartnerin vor.
Die Klasse rät, um wen es sich handelt.

10 ¿Quién es quién? 2a,3, S. 152/153

a) ¿Quién es quién? Wer ist wer? Höre, was die Personen über sich selbst sagen.

b) Höre dir noch einmal die Texte an. Konzentriere dich nur auf eine Person. Schreibe so viele Informationen wie möglich in dein Heft und trage sie anschließend in der Klasse vor.

A

B

C

D

52 | cincuenta y dos

11 ¿Cómo eres?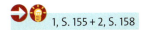

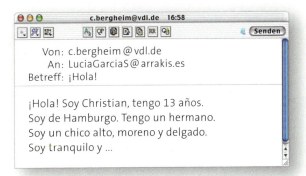

Deine Klasse plant ein Austauschprogramm mit einer spanischen Schule. **Describe en un correo electrónico (emilio) cómo eres.**
Beschreibe dich in einer E-Mail einem/einer spanischen Schüler/in. Du kannst drei neue Vokabeln im Wörterbuch nachschlagen.

12 Lucía habla con su madre

a) **En parejas escribid un diálogo.** Schreibt zu zweit einen Dialog.

La madre de Lucía	Lucía
Lucías Mutter möchte wissen, wie der Deutschunterricht ist.	Lucía sagt, dass Deutsch eine leichte Sprache und die Lehrerin sehr sympathisch ist.
Sie fragt, wie die Lehrerin heißt.	Sie antwortet, dass sie Fátima Fernández heißt.
Sie möchte wissen, wie die Lehrerin aussieht.	Sie sagt, dass sie dunkelhaarig ist und kurze Haare hat.
Sie fragt, wie viele Schüler in der Klasse sind.	Sie sagt, dass 13 Jungen und 15 Mädchen in der Klasse sind.
Sie fragt, was sie alles für den Deutschunterricht brauchen.	Sie sagt, dass sie ein Buch, ein Heft, eine Mappe und ein kleines Vokabelheft braucht.
Sie sagt, dass sie heute das Buch, das Heft, die Mappe und das Vokabelheft kaufen.	Sie ist einverstanden.

Ya sé ...

- fragen, wer jemand ist, und darauf antworten
- fragen, wie etwas ist, und darauf antworten
- fragen, wie jemand ist oder aussieht, und darauf antworten
- Eigenschaften angeben
- ein Gedicht oder Lied schreiben
- angeben, ob ich von etwas viele oder wenige Exemplare besitze
- eine E-Mail schreiben

b) **¿Listos? Entonces representad el diálogo en clase.** Fertig? Dann spielt den Dialog in der Klasse vor.

cincuenta y tres

Unidad 5

Nuestro barrio

Después de las clases Lucía espera a Raúl y a Yolanda delante del instituto.

Lucía:	Hola, ¿vamos? Y tú, Yolanda, ¿dónde vives?	
Yolanda:	Vivo en el barrio La Latina, en la calle Duque de Alba. Y vosotros, ¿dónde vivís?	5
Raúl:	En La Latina también. Lucía y yo vivimos en la misma calle.	
Yolanda:	¿Cómo se llama vuestra calle?	10
Raúl:	Nuestra calle se llama Don Pedro. No está lejos de aquí. ¿Sabes dónde está?	
Yolanda:	No lo sé.	
Lucía:	¿Qué haces ahora, Yolanda? Si tienes tiempo y ganas, te enseñamos nuestra calle y nuestro barrio.	15
Raúl:	Es una buena idea.	
Yolanda:	Chévere, pero primero llamo a mis padres y pregunto cuándo comemos.	20

Lucía:	¿Y? ¿Qué dice tu madre? ¿Cuándo coméis?	
Yolanda:	No hay ningún problema, comemos a las tres. ¿Y cómo vais a casa, a pie o en metro?	25
Raúl:	Yo siempre voy en metro. Pero Lucía va a pie. Y ahora vamos en metro, ¿vale?	30
Lucía:	Vale.	

¿Cuántas estaciones son?

Es sólo una. Ya estamos.

54 cincuenta y cuatro

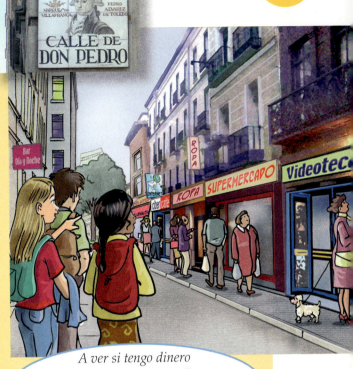

Yolanda: ¡Ay, qué lindo!
35 Lucía: Mira, allí en el número 17 vive Raúl con su madre. Mi portal es el número 5.
Yolanda: ¡Madre mía! ¡Cuántas tiendas! ¿Hay una tienda de ropa por aquí?
40 Lucía: Sí, mira, allí hay una tienda de ropa al lado del cibercafé y a la derecha hay un supermercado.
Yolanda: ¿Dónde?
Lucía: Allí está. A la izquierda del super-
45 mercado hay una tienda pequeña. Es la tienda de ropa. Y a la derecha del supermercado hay una videoteca.
Yolanda: ¿Y dónde está vuestra heladería preferida, la heladería "Valencia"?
50 Raúl: Nuestra heladería preferida está allí enfrente del parque. En este parque Lucía, Miguel y yo quedamos normalmente. ¿Tomamos un helado? ¿Qué decís?
55 Lucía: Yo digo que sí; pero lo siento, estoy sin blanca. ¿Y tú, Yolanda?
Yolanda: No sé, tengo sólo el dinero para el metro, nada más.

El país y la gente

Wenn du in Spanien jemanden besuchen möchtest, brauchst du außer dem Straßennamen und der Hausnummer noch weitere Angaben. An den Klingelschildern findest du nämlich keine Namen, sondern nur Zahlen und Buchstaben. Diese geben an, in welchem Stockwerk und in welcher Wohnung jemand wohnt. 4°B bedeutet zum Beispiel, dass Raúl im Apartment B im 4. Stock wohnt. Ohne diese Informationen bist du bei der Suche verloren!

cincuenta y cinco | 55

Actividades 5

1 ¿Qué pasa en el barrio?

1a, S.152

Lee y corrige el texto. Después escribe el texto correcto en tu cuaderno.

> Lucía espera a Raúl y a Yolanda en la cafetería del instituto. Los tres hablan del barrio La Latina y de sus calles. Después van en autobús a casa. Raúl y Lucía viven en la misma calle. Lucía vive en el número 18 y Raúl en el número 15. Enfrente del parque hay un restaurante. La tienda de ropa está a la derecha del supermercado y la heladería está lejos del parque. Raúl, Yolanda y Lucía van al supermercado y compran una pizza.

2 ¿Dónde está el gato?

1 delante de — 2 detrás de — 3 cerca de — 4 enfrente de — 5 entre — 6 al lado de — 7 a la derecha de — 8 a la izquierda de — 9 lejos de — 10 debajo de — 11 encima de — 12 en

En parejas preguntad y contestad como en el ejemplo. Usad las preposiciones.

Ejemplo: **1** ¿Dónde está el gato? • El gato está *delante del* supermercado.

3 En tu clase

6.8, S. 137

a) Describid la posición de un compañero/una compañera. Usad las preposiciones.

Ejemplo: • Está al lado de Susanne. ¿Quién es? • Es Ina.

b) Vier Schüler/innen stellen sich an vier beliebigen Orten der Klasse auf. Die anderen beschreiben, wo sie sich befinden. Bildet so viele Sätze wie möglich.

Ejemplo: Simon está a la izquierda de la pizarra.

4 ¿Dónde estoy?

2 d, S.153

a) **Mira las dos calles y escucha. ¿De qué calle habla el chico?**

A

B

b) Describe la otra calle y usa las preposiciones.

5 ¿Hay un cine por aquí?

8.8, S.141

Trabajad en parejas. A pregunta por algo o alguien en Madrid. B inventa la respuesta correcta.

Ejemplos:
- ¿*Hay un* cine por aquí, por favor?
- ¿Dónde *está el* cine "Sol", por favor?

- Sí, *hay un* cine a la derecha del supermercado.
- (El cine "Sol") *está* enfrente del parque.

• ¿Hay …? • ¿Dónde está(n) …	• un supermercado • la videoteca "Película" • un museo • Raúl y Lucía • la heladería "Valencia" • el centro de la ciudad • una tienda de ropa • un cine • la estación de metro • la calle de Yolanda • el barrio de La Latina • el cine "Sol"	• por aquí, por favor? • , por favor?
• Sí, hay … • Está(n) … • Lo siento, no lo sé.	• enfrente de … • entre el/la … • a la derecha/izquierda de … • cerca de … • lejos de … • al lado de …	

cincuenta y siete **57**

Actividades 5

6 Una llamada telefónica

C: ¡Sí!
L: ¡Hola Clara! Soy yo, tu prima Lucía.
C: Hola Lucía, ¿qué tal? ¿Cómo estás?
L: Muy bien, ¿y tú?
C: Muy bien, también. ¿Y Miguel y tus padres, cómo están?
L: Bien, bien. Sabes, tengo una amiga nueva. Se llama Yolanda y es de Colombia.
C: ¡Qué bien! ¿Y cómo es?
L: Es morena, bajita y super maja y su familia también. Vive aquí con sus padres y sus hermanos. Está en nuestro insti, pero va a la clase de Raúl.
C: ¿Y cómo son vuestras clases en el insti y vuestros profes? ¿Son simpáticos?
L: Sí, son bastante simpáticos y las clases no son muy difíciles. Y tus clases en el insti, ¿qué tal?
C: Bastante bien. Pero, Lucía, hablamos mañana, ¿vale? Ahora estoy aquí con mis hermanos. Hoy preparamos una tortilla para nuestros padres. Llegan a las ocho y media y ya son las ocho.
L: ¡Vale, vale! Hablamos mañana. Muchos besitos para tus padres y tus hermanos.
C: Igualmente, Lucía. Muchos besitos para ti.

a) Lee el diálogo. Después busca todos los determinantes posesivos (Possessivbegleiter) **y escríbelos en tu cuaderno.**

b) Lies den Text ein zweites Mal und konzentriere dich auf den Gebrauch der Possessivbegleiter. Achte auf die Substantive, die ihnen folgen. Ordne danach alle Possessivbegleiter in einer Tabelle an und ergänze die fehlenden. Vergleicht eure Ergebnisse in der Klasse und besprecht, nach welchen Kriterien ihr sie geordnet habt.

7 Primos y primas

a) En parejas leed las frases y escribid las palabras rojas y las traducciones en el cuaderno. Lest die Sätze und schreibt die roten Wörter und ihre Übersetzung ins Heft.

¿Qué significa …? *¿Cómo se dice "abuela" en alemán?*

1. El padre de mi padre es mi **abuelo**.
2. El hermano de mi madre es mi **tío**.
3. La madre de mi tío es mi **abuela**.
4. El hermano de mi prima es mi **primo**.
5. El **nieto** de mi abuela es mi hermano o mi primo.
6. Mi primo es el **hijo** de mi tío.
7. La madre de mi prima es mi **tía**.
8. Mi prima es la **nieta** de mi abuelo.
9. Mi hermana es la **hija** de mi padre.

b) Preguntad por vuestras familias y contestad como en el ejemplo.

Ejemplo: • ¿Quién es la hermana de mi madre?   • Es tu tía.

cincuenta y ocho

8 Mi familia y mis amigos

3.5, S.132   1, S.155

 Escribe un texto sobre tu familia y/o tus amigos. Usa los determinantes posesivos.

Ejemplo: Tengo dos hermanos. Mi hermano Max tiene 15 años. Sus amigos se llaman Jannik y Marvin …

9 El gato

Busca en el gato las seis formas del verbo *ir*. Escríbelas en una tabla en tu cuaderno.

Das Verb **ir** erfüllt viele Funktionen. In der Verbindung mit der Präposition **a** drückt es eine Richtung aus:
Voy a España (Ich fahre nach Spanien). Mit der Präposition **en** wird das Fahren mit Verkehrsmitteln beschrieben:
Voy en metro (Ich fahre mit der U-Bahn).
Aber: **Voy a pie** (Ich gehe zu Fuß).

10 ¿Adónde van?

¿Adónde van? Forma frases.

Ejemplo: Voy a la playa.

1. Miguel + Raúl

2. (ella)

3. la familia

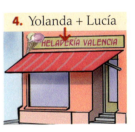
4. Yolanda + Lucía

5. (tú)

6. Tito

7. (nosotras)

8. (vosotros)

6.3, S.136

a + el = al   Voy al supermercado.
Bei Städten, Ländern oder Inseln folgt auf die Präposition **a** in der Regel kein Artikel:
Voy a Madrid. Van a Portugal. ¿Vas a Ibiza?

Actividades 5

11 ¿Cómo vas?

6.2, S.135

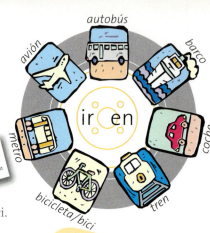

En parejas preguntad y contestad como en los ejemplos.
Ejemplos:
- Y tú, ¿cómo vas al instituto?
- Y vosotros/-as, ¿cómo vais al cine?
- Voy al instituto en bici.
- Vamos en metro.

1. ¿~ España? 2. ¿~ heladería? 3. ¿~ Colombia? 4. ¿~ cibercafé?
5. ¿~ Ribadesella? 6. ¿~ videoteca? 7. ¿~ Barcelona? 8. ¿~ hotel? 9. ¿~ parque?

Así se dice

So fragt man, wo sich etwas in der Stadt befindet:
- Perdón, ¿hay un supermercado/ una heladería/un cibercafé/ … por aquí?

- ¿Dónde está el supermercado "La Latina"/ la heladería "Valencia"/el cibercafé "Pedro"/ …?

So fragt man, wie sich jemand fortbewegt:
- ¿Cómo vas a …?

So fragt man, ob jemand mit etwas einverstanden ist:
- ¿Vale?   • ¿De acuerdo?

So kann man darauf antworten:
- Sí, hay un/a … (allí) a la derecha de …/a la izquierda de …/al lado de …/enfrente de …/ entre …/cerca de …/ …
- No, no hay.

- Está (allí) detrás de …/delante de …/ …
- Está lejos de aquí./Está cerca de aquí.
- Lo siento, no (lo) sé.   • Ni idea.

So kann man antworten:
- Voy a pie/en metro/en bicicleta/ …

Genauso kann man auch darauf antworten:
- Vale.   • De acuerdo.

12 ¿Pero dónde?

Un amigo español/una amiga española pregunta por las tiendas de un barrio en tu pueblo o ciudad.
En parejas haced un diálogo y usad el vocabulario de "Así se dice". Sois el español/la española y el alemán/la alemana. Haced un plano del barrio.

13 Una entrevista en la calle

2 b, S.153

Unos alumnos hacen entrevistas delante de su instituto.
Escucha y contesta a las preguntas.

1. ¿Dónde vive la chica? ¿Cómo va?
2. ¿Vive el chico lejos de aquí? ¿Va a pie?
3. ¿La chica va en coche al insti? ¿Vive lejos del instituto?
4. ¿Cómo va al insti la profesora? ¿Dónde toma el metro?

60 sesenta

14 Ir en metro

a) En Madrid, tomas el metro en Puerta de Toledo.
Ves a un amigo/una amiga.
En parejas haced el diálogo y representadlo en clase.

A	B
Du begrüßt deinen Freund/deine Freundin.	Du erwiderst die Begrüßung und fragst, wie es ihm/ihr geht und wohin er/sie fährt.
Du sagst, dass es dir gut geht und du ins Museum "Reina Sofía" fährst/gehst, und fragst, wohin dein Gegenüber fährt.	Du sagst, dass du mit der U-Bahn ins Kino "Coliseo" fährst, und fragst, ob er/sie weiß, wo das Museum "Reina Sofía" ist.
Du antwortest, dass das Museum gegenüber vom Bahnhof "Atocha" (estación de Atocha) in der Nähe vom Prado (el Prado) ist, und fragst, wo sich das Kino befindet.	Du erklärst, dass das Kino "Coliseo" in der Gran Vía 99 links vom Kleidungsgeschäft "Sol" und rechts vom Restaurant "Tortilla" ist. Du sagst, dass du bis (hasta) zur Station "Callao" fährst.
Du fragst, wie viele Stationen es sind.	Du antwortest, dass es nur drei sind.
Du fragst, ob ihr morgen um 10 Uhr mit deinem Vater im Zug nach Toledo fahrt.	Du stimmst zu und fragst, wann und wo ihr euch trefft.
Du schlägst vor, dass ihr euch um 9:45 Uhr im Café "Madrid" im Bahnhof "Atocha" trefft.	Du bist einverstanden.
Du verabschiedest dich bis morgen und steigst aus.	Du verabschiedest dich ebenfalls.

b) **Mira el plano del metro y apunta los nombres de las estaciones.** Sieh dir den U-Bahn-Plan an und notiere die Namen aller Stationen, die die Freunde durchfahren.

15 Tu barrio

Describe tu calle o una calle que conozcas bien.
Beschreibe deine Straße oder eine andere Straße, die du gut kennst.

Ya sé ...
- nach der Lage von Orten, Dingen und Personen fragen und darauf antworten
- die Mitglieder meiner Familie benennen
- sagen, wohin jemand geht oder fährt
- fragen, welche Verkehrsmittel jemand verwendet, und darauf antworten
- fragen, ob jemand einverstanden ist, und darauf antworten
- ein Stadtviertel/eine Straße genauer beschreiben

sesenta y uno 61

Unidad 6

Un e-mail para Clara

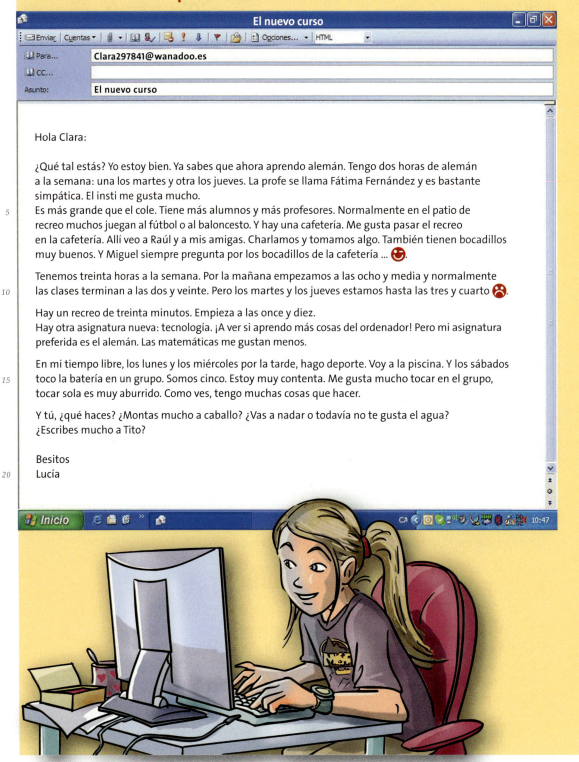

El nuevo curso

Para...: Clara297841@wanadoo.es
CC...:
Asunto: El nuevo curso

Hola Clara:

¿Qué tal estás? Yo estoy bien. Ya sabes que ahora aprendo alemán. Tengo dos horas de alemán a la semana: una los martes y otra los jueves. La profe se llama Fátima Fernández y es bastante simpática. El insti me gusta mucho.

Es más grande que el cole. Tiene más alumnos y más profesores. Normalmente en el patio de recreo muchos juegan al fútbol o al baloncesto. Y hay una cafetería. Me gusta pasar el recreo en la cafetería. Allí veo a Raúl y a mis amigas. Charlamos y tomamos algo. También tienen bocadillos muy buenos. Y Miguel siempre pregunta por los bocadillos de la cafetería ... 😊.

Tenemos treinta horas a la semana. Por la mañana empezamos a las ocho y media y normalmente las clases terminan a las dos y veinte. Pero los martes y los jueves estamos hasta las tres y cuarto 😞.

Hay un recreo de treinta minutos. Empieza a las once y diez.
Hay otra asignatura nueva: tecnología. ¡A ver si aprendo más cosas del ordenador! Pero mi asignatura preferida es el alemán. Las matemáticas me gustan menos.

En mi tiempo libre, los lunes y los miércoles por la tarde, hago deporte. Voy a la piscina. Y los sábados toco la batería en un grupo. Somos cinco. Estoy muy contenta. Me gusta mucho tocar en el grupo, tocar sola es muy aburrido. Como ves, tengo muchas cosas que hacer.

Y tú, ¿qué haces? ¿Montas mucho a caballo? ¿Vas a nadar o todavía no te gusta el agua? ¿Escribes mucho a Tito?

Besitos
Lucía

El horario de Lucía

 S. 154

Nombre: Lucía García Serrano **Curso:** 1° Eso

🕐	Lunes	Martes	Miércoles	Jueves	Viernes
08:30 – 09:20	Inglés	Geografía e Historia	Matemáticas	Alemán	Inglés
09:25 – 10:15	Matemáticas	Lengua y Literatura	Inglés	Ciencias	Geografía e Historia
10:20 – 11:10	Tecnología	Ciencias	Educación Plástica y Visual	Lengua y Literatura	Matemáticas
11:10 – 11:40	Recreo				
11:40 – 12:30	Tecnología	Música	Educación Plástica y Visual	Geografía e Historia	Lengua y Literatura
12:35 – 13:25	Religión	Alemán	Ciencias	Matemáticas	
13:30 – 14:20	Música	Educación Física	Lengua y Literatura	Educación Física	
14:25 – 15:15		Tutoría		Lengua y Literatura	

El país y la gente

Lucía und Raúl gehen bis zur (spanischen) Mittagszeit zur Schule, aber viele Schüler und Schülerinnen in Spanien haben vormittags und nachmittags Unterricht. Alle kommen dann erst am frühen Abend nach Hause und erledigen anschließend ihre Hausaufgaben. In Spanien gibt es mehr Privatschulen, die Geld kosten, als in Deutschland. Häufig nehmen die Schüler und Schülerinnen lange Fahrtwege in Kauf, weil diese Schulen etwas Besonderes anzubieten haben. Zum Beispiel werden normale Unterrichtsfächer in einer Fremdsprache gelehrt (Biologie auf Englisch) oder sie verfügen über tolle Sportanlagen.

sesenta y tres 63

Actividades 6

1 El instituto y el tiempo libre

1a, S. 152

Escribe las respuestas en tu cuaderno. Busca las informaciones en el e-mail.

1. ¿Cómo es el instituto de Lucía?
2. ¿A qué hora empiezan y terminan las clases?
3. ¿A qué hora hay un recreo?
4. ¿Con quién está Lucía en el recreo?
5. ¿Qué hacen Lucía y Raúl en la cafetería?
6. ¿Qué asignaturas nuevas tiene Lucía?
7. ¿Qué hace Lucía por la tarde?

2 ¿A qué hora empieza …?

a) Escribe las formas del verbo *empezar* en el orden correcto en tu cuaderno.
Auf Seite 127, 3.1 kannst du überprüfen, ob alle Formen richtig sind.

empiezanempiezasempezamosempiezoempiezaempezáis

b) Mira el horario de Lucía y contesta a las preguntas.
1. ¿A qué hora empieza la clase de alemán de Lucía los martes y los jueves?
2. ¿A qué hora empiezan Lucía y sus compañeros la clase de música los lunes?

c) ¿Y tu/vuestro horario? Contesta(d).
1. Y tú, ¿a qué hora empiezas los miércoles?
2. Y vosotros, ¿a qué hora y qué día empezáis las clases de español?

3 El horario de Lucía

¿cuántos/-as?   ¿qué día(s)?   ¿a qué hora?   ¿qué asignatura(s)?   ¿cuándo?

a) Pregunta por el horario de Lucía.
Escribe las preguntas y las respuestas en tu cuaderno.

Ejemplo: ¿Cuántas horas de geografía e historia tiene Lucía a la semana?
→ Tiene tres horas de geografía e historia.

El idioma

Vor einem Wort, das mit **i** oder **hi** anfängt, wird das spanische **y** (und) zu **e**.
geografía **e** historia,
alemán **e** inglés.
Aber: inglés **y** alemán.

b) Trabajad en parejas. A lee las preguntas de a), B contesta.

9.4, S. 143

4 ¿Correcto o falso?

¡Es falso!   ¡Es correcto!

2 c, S. 153

Escucha lo que dice la madre y compara las informaciones con el horario de Lucía.
¿Qué es correcto y qué es falso?

5 Tu horario

a) **Escribe tu horario. Trabaja con el diccionario si es necesario.**

b) **Describe tu horario.**

   Ejemplo: Los lunes empiezo a las …. Tengo …. A las … tengo …. El recreo ….

c) **Compara el horario de Lucía con tu horario.**

   Ejemplos: Lucía tiene tres horas de inglés y nosotros tenemos … horas.
   Lucía empieza a las ocho y media y nosotros ….
   Lucía tiene un recreo a …. Los lunes/martes/… Lucía tiene/termina a … y nosotros ….

6 El tiempo libre

 S. 154

a) **Busca la actividad correcta para la foto.**

   a. escuchar música
   b. jugar con el ordenador
   c. jugar al fútbol
   d. ver la tele
   e. montar a caballo
   f. tocar la batería
   g. nadar
   h. tocar el piano
   i. jugar al baloncesto

b) **Mira las fotos y busca tres actividades que te gusten.**

   Ejemplo:
   Me gusta escuchar música, nadar y tocar la batería.

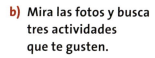

El idioma

Im Spanischen gibt es zwei Verben für *spielen*. Üblicherweise verwendet man **jugar** (**jugar al fútbol, jugar con el ordenador**). Nur bei Musikinstrumenten heißt es **tocar** (**tocar la batería**).

sesenta y cinco **65**

Actividades

Así se dice

So fragt man, ob jemandem etwas gefällt:
- ¿Qué te gusta?

- ¿Te gusta nadar/ver la tele/…?
- ¿Te gusta la playa/el mar/…?
- ¿Te gustan las montañas/las vacaciones/…?

So sagt man, ob man etwas mag oder nicht:
- Me gusta nadar/el sol.
- Me gustan los deportes.

- 😀😀 Me gusta mucho nadar.
- 😀 Me gustan las vacaciones.
- 😐 No me gusta mucho ver la tele.
- ☹ No me gusta la playa.
- ☹☹ No me gustan nada las montañas.

7 Me gusta mucho

En parejas haced diálogos. Usad también el vocabulario de "Así se dice".

Ejemplos:
- ¿Qué te gusta? 😀 + la playa · Me gusta la playa.
- ¿Qué no te gusta? ☹☹ + las matemáticas · No me gustan nada las matemáticas.

tocar la batería · leer · el instituto · los deberes · los bocadillos de la cafetería · el examen de inglés · los ordenadores

→ G 3.2, S. 131   → G 5, S. 134

8 A mí también

En parejas haced diálogos. Usad también las actividades del ejercicio 7.

- B: Sí, me gusta mucho. A: A mí también./A mí no. ← A: ¿Te gusta ir al cine? → B: No, no me gusta nada. A: A mí tampoco./A mí sí.

- B: Sí, me gustan mucho. A: A mí también./A mí no. ← A: ¿Te gustan los museos? → B: No, no me gustan nada. A: A mí tampoco./A mí sí.

ir al cine · las fiestas · la clase de matemáticas · la música pop · ir en avión

los museos · los coches · ir a pie · el recreo · comer un helado

66 sesenta y seis

9 Clara habla con su madre

Clara spricht mit ihrer Mutter über die E-Mail von Lucía.
Sieh dir den Lektionstext noch einmal an. Stelle dir vor, du bist Clara und erzählst von der
E-Mail (Lucía gefällt/gefallen *heißt* a Lucía le gusta/n; ihr gefällt/gefallen *heißt* a ella le gusta/n).

Ejemplo: Lucía está bien. Ahora aprende alemán …

10 ¿Juegas al fútbol?

→ V 3.1, 3.2, S. 127

Haced en grupos una pantomima de una
actividad. La clase adivina.

El idioma

Ein Verb mit Vokalspaltung
hast du schon kennen gelernt:
empezar. Das **e** im Infinitiv
wird bei den konjugierten Formen,
außer bei der 1. und 2. Person Plural,
zu **ie**. Bei **jugar** wird das **u** zu **ue**.
Schau dir die Verblisten auf Seite 127
im Anhang an. Dort siehst du noch
weitere Verben mit Vokalspaltung.

empezar e→ie
jugar u→ue

Ejemplo:
- ¿Juegas/Jugáis al fútbol?
- Sí, juego/jugamos al fútbol.
- No, no juego/jugamos al fútbol.

11 Trabalenguas

Escucha el trabalenguas y léelo después.
Wer kann den Zungenbrecher fehlerfrei nachsprechen?

Jorge jugaba al ajedrez junto a un joven juerguista
que le agujereaba la gorra lujosa con una paja gorda.

12 ¿Qué hacéis en el instituto?

En parejas apuntad todas las actividades del instituto. Tenéis tres minutos. ¿Quién tiene el
mayor número de frases?

Ejemplos: Hacemos ejercicios. Leemos textos …

sesenta y siete **67**

Actividades 6

13 Vuestro instituto

 Haced en grupos un cartel con dibujos y textos sobre vuestro instituto. Representadlo en clase.

14 El vocabulario

 S. 156/157

a) Wählt 10 bis 15 wichtige neue Vokabeln der Lektion aus und sammelt sie an der Tafel. Lest sie gemeinsam vor.

b) Schreibe mit dem Finger die ausgewählten Vokabeln auf den Rücken eines Mitschülers/einer Mitschülerin. Er/Sie errät die Wörter.

15 En la cafetería

 2 d, S. 153

Clara y su amiga hablan en la cafetería.

Escucha el diálogo y busca el dibujo que corresponde al texto.

16 ¿Ves a tus amigos o ves la tele?

 9.1, S. 141

En parejas completad con *a* o *al* si es necesario.

Ejemplos: • ¿Ves la bici de Raúl? • No, sólo veo a Raúl.

1. Lucía ve ～ su profesora de alemán en el cine.
2. Veo ～ un caballo en la playa.
3. ¿Ves ～ la casa allí? Es la casa de mi abuela.
4. Lucía y Tito buscan ～ Miguel.
5. Miguel busca ～ un helado.
6. Comprendo ～ alemán.
7. No comprendo ～ mi hermano.
8. Yolanda ve ～ Lucía y Raúl en la cafetería.
9. Los alumnos ven ～ una película en el instituto.
10. ¿Veis ～ chico moreno? Es mi compañero de clase.

17 La semana de Alberto

a) ¿Qué dice Alberto sobre su semana? Escríbelo en tu cuaderno.

Ejemplo: Los lunes *veo* la tele. Los martes …

lunes	martes	miércoles	jueves	viernes	sábado	domingo
ver la tele	tener una clase de batería	estar en casa	ir al cine	jugar al fútbol	ir a casa del primo Juan	nadar con los amigos

b) En parejas haced diálogos como en el ejemplo.

Ejemplo: • ¿Qué hace Alberto los lunes?   • Los lunes Alberto *ve* la tele.

18 Tu semana

V S. 127

Escribe lo que haces normalmente durante la semana.

Ejemplo: Los lunes juego/voy/hago …

19 Mensajes

a) Clara tiene tres mensajes cortos.
¿Qué escriben los amigos?

+346012345678
¿Q pasa?
T mando salu2.
Tito

+346018765432
¿Qtl stas?
X aqui stamos bien. 1bst.
Pilar

+346027654321
Hola guapa
¿Xq no scribes?
Mña hay peli
¿Qdamos?
Bsos Elena

Ya sé …

- über meinen Schultag und meinen Stundenplan berichten
- andere nach Schulfächern und Hobbys fragen
- andere nach ihren Vorlieben fragen
- sagen, was mir gefällt oder nicht gefällt
- über meine Freizeitaktivitäten sprechen
- einen Zungenbrecher nachsprechen
- die Wochentage angeben
- eine SMS schreiben

b) ¿Qué contesta Clara?
Contesta a uno de los mensajes.

sesenta y nueve **69**

Unidad 7

De compras en Madrid

Lucía lleva:
un jersey verde	39 euros
unos pantalones marrones	65 euros
un cinturón marrón	11 euros
unas zapatillas blancas	70 euros
=	185 euros

Yolanda lleva:
una blusa amarilla	21 euros
una chaqueta vaquera azul	36 euros
una falda blanca	49 euros
unos zapatos rojos	60 euros
=	166 euros

Raúl lleva:
una camiseta marrón	19 euros
una camisa a rayas marrones y azules	29 euros
unos vaqueros azules	79 euros
unas botas grises	98 euros
=	225 euros

La ropa   7

1 ¿Quién es?

En parejas mirad los dibujos. A describe a una persona, B dice quién es.

Ejemplo:
- La persona lleva pantalones negros, zapatillas negras, una sudadera verde y una gorra gris. ¿Quién es?
- Es … .

2 ¿De qué color es …?

En parejas preguntad por el color de la ropa.

Ejemplos:
- ¿De qué color es el jersey de Lucía?
- Es verde./El jersey es verde.
- ¿De qué color son las botas de Raúl?
- Son grises.

3 Jugar en la clase

Describe a un compañero/una compañera en un papel y lee tu texto en clase. Él/La que adivina, continúa.

Ejemplo: La persona lleva … ¿Quién es?

4 Hacemos la maleta

Jemand zeichnet einen Koffer an die Tafel und ein Kleidungsstück, das er/sie auf die Reise mitnimmt. Die anderen benennen das Kleidungsstück. Wer es herausgefunden hat, zeichnet ein neues Kleidungsstück und legt das nächste Reiseziel fest.

Ejemplo: ¡Vamos a las montañas! ¿Qué ropa llevamos?

Miguel lleva:
una gorra gris	7 euros
una sudadera verde	28 euros
unos pantalones negros	35 euros
unas zapatillas negras	30 euros
	= 100 euros

setenta y uno 71

Unidad 7

De compras en Madrid

Lucía, Yolanda y Raúl están en el centro. Van de compras a una calle comercial. A las chicas les gusta mucho mirar tiendas de ropa. En una tienda Yolanda ve una camiseta roja que le gusta mucho.

Yolanda:	Lucía, mira esta camiseta roja de aquí. Es muy bonita y sólo cuesta ocho euros con ochenta. Me gusta mucho.
Lucía:	¿Por qué no entramos y nos probamos ropa? A mí me encantan ese jersey a rayas y ése azul. Y esa blusa amarilla de ahí también me gusta.
Raúl:	Bueno, ya veo que os gusta ir de compras. Yo voy a mirar cómics en la librería "Cervantes" porque allí tienen muchos.
Lucía:	Pero Raúl, si ya tienes cien cómics.
Raúl:	No, ciento cincuenta. Hasta luego.

Las dos chicas entran en la tienda y se prueban la ropa.

Yolanda:	No sé, no me gusta mucho como me queda. Es demasiado larga.
Lucía:	Es verdad. ¿Quieres otra talla?
Yolanda:	No, creo que no.
Lucía:	¿Y cómo me queda este jersey?
Yolanda:	Te queda guay. ¿Vas a comprar el jersey?
Lucía:	Sí, claro. ¿Y cuánto cuesta?
Yolanda:	A ver, once euros con noventa y cinco. Pero mira, tiene una mancha aquí.
Lucía:	Tengo sólo diez euros. Vamos a preguntar por un descuento.

Lucía: ¿Y por qué no te pruebas aquel jersey?
Yolanda: ¿Qué jersey?
Lucía: Aquél de allí de color rosa.
Yolanda: Porque el color rosa no me gusta nada. Mi color preferido es el rojo.
Lucía: ¿Y esta camiseta verde?
Yolanda: ¿Ésta? Noooo.
Lucía: Bueno, entonces vamos a pagar.

Lucía tiene suerte, al final sólo paga nueve euros con noventa y cinco por el jersey.

Después de las compras las chicas van a la librería y ven a Raúl en el departamento de cómics. Lee su cómic preferido "Mortadelo y Filemón".

El país y la gente

Auch in Spanien lesen viele Jugendliche Mangas. Es gibt außerdem einige spanische Comicserien, die schon seit langer Zeit sehr beliebt sind. Dazu gehört beispielsweise Raúls Lieblingscomic "Mortadelo y Filemón", der von zwei Supergeheimagenten handelt. Zu den typischen Abenteurer-Comics zählt "El Capitán Trueno". "Superlópez", der spanische Supermann, und die Zwillinge "Zipi y Zape" sind weitere Beispiele für den spanischen Humor.

Mira a Raúl, ¡le encantan los cómics!

setenta y tres **73**

Actividades 7

5 De compras con Yolanda y Lucía

**En parejas leed el texto de la Unidad y buscad después el orden correcto.
Escribid el texto correcto en el cuaderno.** Die richtige Reihenfolge ergibt ein Lösungswort.

A	Allí lee cómics en el departamento de cómics.
E	Después las chicas van a la librería.
P	Lucía, Yolanda y Raúl están en una calle comercial y miran tiendas de ropa.
A	Las chicas entran en la tienda porque ven ropa muy bonita.
L	En la tienda Yolanda se prueba la camiseta roja, pero la camiseta es demasiado larga.
N	Preguntan por un descuento y al final Lucía paga 9,95 €.
S	Allí ven a Raúl en el departamento de cómics.
T	Por eso va a la librería "Cervantes".
N	Raúl no entra en la tienda de ropa porque no le gusta mirar ropa.
O	Lucía se prueba el jersey de rayas, pero el jersey tiene una mancha.

6 Ropa nueva para Raúl

3.7, S. 133

a) Lucía y Raúl están en una tienda de ropa porque Raúl necesita ropa nueva.
   En parejas haced diálogos y usad la forma correcta del demostrativo.
   Ejemplo: **Lucía:** ¿Te gusta este jersey rojo, ese jersey blanco o aquel jersey azul?
   Raúl: Me gusta este jersey rojo. Pero ese jersey blanco y aquel jersey azul no me gustan.

b) **En parejas haced diálogos como en el ejemplo.**
   Ejemplo: **Lucía:** ¿Qué jersey te gusta? ¿Éste, ése o aquél?
   Raúl: Me gusta éste, pero ése y aquél no.

7 ¿Por qué?

Escribe las preguntas y contéstalas.

Ejemplo:
Lucía y Yolanda / entrar en la tienda de ropa
Lucía y Yolanda, ¿por qué entráis en la tienda de ropa?
→ Entramos en la tienda de ropa porque hay ropa bonita.

1. Raúl, Yolanda y Lucía / estar en el centro
2. Yolanda / no comprar la camiseta roja
3. Lucía / pagar sólo 9,95 €
4. Raúl / no entrar en la tienda de ropa
5. Lucía y Yolanda / ir a la librería después de las compras
6. Raúl / leer "Mortadelo y Filemón"

Así se dice

So macht man einen Vorschlag:
- ¿Por qué no entramos en …?
- ¿Por qué no te pruebas …?

So fragt man, wie einem Kleidung steht:
- ¿Cómo me queda el jersey / la camiseta / …?
- ¿Cómo me quedan los pantalones / las zapatillas / …?

So drückt man aus, dass einem die Kleidung gefällt:
- Te queda muy bien / guay.
- Me gusta mucho el jersey.
- El color es bonito.

… dass sie einem nicht gefällt:
- No me gusta mucho como me queda.
- Es demasiado largo/-a / corto/-a.
- El color es horrible.

So fragt man nach dem Preis:
- ¿Cuánto cuesta la gorra / el cinturón / …?
- ¿Cuánto cuestan los zapatos / …?

8 ¿Qué compras?

 1, S. 155

Tú y un amigo/una amiga estáis delante de una tienda de ropa y veis algo muy bonito.
**En parejas escribid un diálogo y usad el vocabulario de "Así se dice".
Representadlo en clase.**

Actividades 7

9 Moda y música

2d, S. 153

Musikgruppen geben häufig die Mode vor. Sieh dir an, was ihnen gefällt. Höre dir die Beschreibungen an und sage, welcher der vier Sätze das jeweilige Foto beschreibt.

GORILLAZ. Vivir en un cómic. Sudadera (29,90 €), denim (35,90 €), cinturón y complementos. Todo en El Corte Inglés.

1

EL CANTO DEL LOCO. La fórmula: camisetas y vaqueros. Chaqueta vaquera (35,90 €), polo (24,90 €), denim (35,90 €). Zapatos y complementos de la línea para chicos. Todo en El Corte Inglés.

2

10 Un grupo de música

Lee el texto en la página web del grupo "El Canto del Loco" y contesta a las preguntas.

1b, S. 152

- ¿Cómo se llama el CD número 4 que publica el grupo el 21 de junio de 2005?
- ¿Cuántas canciones tiene el CD?
- ¿Qué instrumentos tocan David Otero y Jandro Velázquez?
- ¿Cómo se llaman los otros dos que tocan en el grupo?

11 ¿Qué te gusta a ti?

→ G 3.2, S. 131

Escribe frases como en el ejemplo sobre tu familia y tus amigos.

Ejemplo: A mí me gusta la playa. Pero no me gustan las montañas.

A mí me · A ti te · A mi madre le · A mi amigo/-a le · A mi padre le · A mi hermano/-a le · A nosotros/-as nos · A vosotros/-as os · A mis padres les · A mis hermanos/-as les

gusta · gustan · encanta · encantan

los cómics · las vacaciones · las montañas · la playa · los helados · los ordenadores · las compras · el sol · los viajes · los deberes · las camisetas rojas

12 Números

El idioma [i]

Completa con los números.

100 – cien
101 – ciento uno/-a
102 – ciento dos
125 – 〜
200 – doscientos/-as
287 – 〜
300 – 〜
400 – 〜
500 – quinientos/-as

555 – 〜
600 – 〜
700 – setecientos/-as
800 – 〜
900 – novecientos/-as
903 – 〜
921 – 〜
999 – 〜
1.000 – mil

100 heißt **cien**. Folgt eine weitere Zahl, z.B. 101, so heißt es **ciento un/uno/-a**. Die Zahlen ab 200 werden regelmäßig gebildet und setzen sich zusammen aus der Zahl und der Endung **-cientos/ -cientas**.
Ausnahmen sind:
500 – **quinientos/quinientas**,
700 – **setecientos/setecientas** und
900 – **novecientos/novecientas**.
Ab 200 gibt es außerdem eine männliche und eine weibliche Form:
doscientos und **doscientas**, also
doscient*os* muse*os* y **doscient*as* tiend*as***.

→ G 10.2, S. 144

13 ¿Quinientos o quinientas?

En parejas decid la cantidad de las prendas de ropa. Corregid si es necesario.

 500
 100
 740
 250
 930
 310
 400
 680

setenta y siete 77

Actividades 7

14 Una cadena de números

Werft einem Mitschüler/einer Mitschülerin einen Ball zu und sagt eine dreistellige Zahl. Der Nächste/Die Nächste muss eine neue dreistellige Zahl mit der letzten Ziffer bilden. Es geht um Schnelligkeit. Wer keine Zahl weiß, gibt den Ball sofort weiter.

Ejemplo: 10**3** – **3**8**5** – **5**4**9** – **9**23

15 ¿Cuánto cuesta la ropa?

 3.3, S. 127

En parejas preguntad por los precios en la página 70/71.

Ejemplos:
- ¿Cuánto cuesta el jersey verde?
- ¿Cuánto cuestan los pantalones negros?

- El jersey verde cuesta 39 euros.
- Los pantalones negros cuestan 35 euros.

16 ¿Qué van a hacer?

a) Im Lektionstext wird eine neue Zeit verwendet. Sieh dir den Titel dieser Übung und das Beispiel unten an. Suche in den Dialogen des Lektionstextes weitere Beispiele für diese zusammengesetzte Zeit und vervollständige die Konjugation der Zukunft. Wie wird sie gebildet? Ein Tipp, sie ähnelt der englischen Zeit "going-to-future".

Ejemplo: Voy a mirar cómics en la librería "Cervantes".

b) Escribe las frases en tu cuaderno y usa este tiempo nuevo.

 8.5, S. 139

1. – ¿Tito ~ ir a Cádiz en el verano?
   – No, Tito ~ ayudar a su padre en el restaurante en Ribadesella.

2. – ¿Qué ~ hacer Yolanda y su familia en Colombia?
   – ~ ver a sus amigos.

3. – Y vosotros, ¿~ jugar al fútbol en las vacaciones?
   – No, ~ nadar en el mar.

4. – ¿Qué ~ hacer Miguel y Lucía en las vacaciones?
   – Miguel y Lucía ~ ir a Ribadesella.

5. – ¿Y tú, qué ~ hacer mañana?
   – ~ ver a mis amigos.

78 setenta y ocho

17 ¿Qué hacen el fin de semana?

a) **Escribe frases en futuro en tu cuaderno. Busca los verbos correctos y completa con las preposiciones y los artículos si es necesario.**

Ejemplo: • Lucía/playa
→ Lucía va a ir a la playa.

1. Miguel/dos helados
2. Los padres de Miguel y Lucía/restaurante
3. Mis amigos y yo/fútbol
4. (Yo)/batería
5. Tú y tus compañeros/deberes
6. (Tú)/comida
7. (Yo)/película española
8. (Nosotros)/librería

b) **En parejas preguntad por vuestras actividades.**

Ejemplo: • ¿Qué vas a hacer hoy por la tarde / mañana / el fin de semana?
• Mañana …

18 En Madrid

 2a, S. 152

Escucha el diálogo entre las dos personas y contesta a las preguntas.

1. ¿Quiénes hablan?
2. ¿Dónde están?
3. ¿De qué hablan?

Ya sé …

- sagen, welche Kleidungsstücke jemand trägt
- Farben benennen
- fragen, welche Kleidung jemandem gefällt, und darauf antworten
- fragen, wie mir ein Kleidungsstück steht, und sagen, wie jemandem etwas steht
- nach dem Preis fragen und darauf antworten
- etwas vorschlagen
- etwas begründen
- von den eigenen Plänen erzählen und andere nach ihren Plänen fragen
- bis 1000 zählen

Repaso R2

1 ¿Quiénes son?

**Describe a una de las personas con muchos adjetivos.
La clase adivina de quién hablas.**

2 ¿Dónde está ..., por favor?

2b, S. 153

a) Un alumno alemán está en la Puerta del Sol con un mapa de Madrid y pregunta a una persona por el camino. **Mira el mapa y escucha el diálogo. ¿Qué busca el chico?**

b) Trabajad en parejas. A está en la Puerta del Sol y elige un lugar en el mapa. Después describe el camino hasta allí. ¿B encuentra el lugar?

3 En España

Estás en España con tu compañero español/compañera española de intercambio.
En parejas preguntad y contestad.

Was sagst du, wenn du ...   Ejemplo: ... wissen möchtest, wie spät es ist?

1. ... wissen möchtest, um welche Uhrzeit ihr euch heute im Kino trefft?
2. ... wissen möchtest, was *el descuento* auf Deutsch bedeutet?
3. ... wissen möchtest, wie der neue Lehrer aussieht?
4. ... fragst, wo seine/ihre Lieblingseisdiele ist?
5. ... fragst, ob ein Kino hier in der Nähe ist?
6. ... deinem/deiner Freund/in vorschlagen möchtest, den blauen Pullover anzuprobieren?

80 | ochenta

4 Mi nombre

a) **Escribe tu nombre en un papel y busca para cada letra una palabra española que te guste. ¿Por qué te gustan esas palabras?**
Ejemplo: **A** sturias **L** ucía **F** iestas **R** ecreo **E** lefante **D** eporte **O** rdenador

b) Sammelt alle Zettel ein und mischt sie. Eine/r zieht einen Zettel und liest die Wörter möglichst schnell vor. Welcher Name verbirgt sich dahinter?

5 Un viaje

En parejas preguntad y contestad como en el ejemplo.

1 → 2 Carlos ✈
3 → 4 Las amigas 🚂
5 → 6 Mis hermanos y yo 🚗
7 → 8 La familia Morales 🚢
9 → 10 Tú 🚶
11 → 12 Rosa 🚲

Ejemplo: • ¿Dónde está Carlos? • Está en Madrid.
• ¿Adónde va? • Va a Zaragoza.
• ¿Cómo va? • Va en avión.

6 La familia de Hernán

Pablo pregunta a Hernán, un compañero del instituto, por su familia.
En parejas haced un diálogo.

Pablo	Hernán
Wie heißen dein Bruder und deine Schwester?	Mein Bruder heißt Carlos und meine Schwester heißt Nuria.
Fährt deine Schwester auch mit der U-Bahn in die Schule?	Nein, Nuria fährt nicht gerne U-Bahn. Sie fährt mit dem Fahrrad in die Schule und Carlos auch.
Fahren eure Eltern auch Fahrrad?	Nein, unsere Eltern fahren immer mit dem Auto.
Wohnen euer Cousin und eure Cousine auch in Madrid?	Rubén wohnt mit seiner Mutter in Madrid. Carla, meine Cousine, lebt mit ihrem Vater in Cádiz. Aber in den Ferien fahren beide immer mit ihren Eltern nach Ribadesella.
Fährst du auch mit deinen Eltern nach Ribadesella?	Nein, ich fahre mit meinen Eltern nach Menorca. Das ist unsere Lieblingsinsel! Und du? Was machst du in den Ferien? …

ochenta y uno **81**

Unidad facultativa F

¡Bienvenidos a Madrid!

La clase de Lucía organiza un intercambio con un instituto en Alemania. Los alumnos preparan en grupos de cuatro un programa de actividades para la visita de los compañeros alemanes.
5   Hoy el grupo de Lucía presenta su programa.

A **La Heladería Palazzo** en la **Gran Vía**: la calle Gran Vía está en el centro de la ciudad, es muy famosa. En esta calle hay de todo: cines, heladerías, tiendas de ropa, librerías, bares de tapas …
B **El Museo del Prado** es el museo de arte más importante de Madrid.
10   Hay obras de pintores españoles como Goya, Velázquez y de pintores europeos.
C **El Estadio Santiago Bernabéu** es el campo de fútbol del Real Madrid.
D **El Parque del Retiro** es un parque grande y muy bonito. Está cerca de la Estación de Atocha.
E **La Puerta del Sol** es el centro de la ciudad. Aquí está el centro geográfico del país,
15   por eso se llama también "kilómetro cero".
F **La Plaza Mayor** es una plaza antigua y grande en el centro de Madrid. Aquí hay muchos restaurantes y bares de tapas.

G **El Parque de Atracciones y el Zoo** están en un parque enorme, la Casa de Campo. Aquí hay atracciones y espectáculos para niños y en el Zoo muchos animales.

H **El Rastro** es un mercadillo muy famoso en Madrid. Es solamente los domingos de 8:00 de la mañana a 15:00 de la tarde. Aquí hay de todo.

I **La FNAC y El Corte Inglés.** La FNAC es una tienda enorme de música, libros, juegos de ordenadores y cómics. El Corte Inglés son unos grandes almacenes muy famosos en Madrid y en España.

J **El Museo Nacional Centro de Arte Reina Sofía** es un museo de arte moderno. Aquí hay obras importantes de pintores españoles como Dalí y Picasso y de pintores internacionales.

Unidad facultativa

1 Cada oveja con su pareja

a) Leed los textos de la Unidad con las informaciones sobre Madrid y mirad las fotos.

b) Relacionad los textos con las fotos.

2 ¿Cómo es Madrid?

➜ 2b, S. 152

Buscad más información sobre Madrid en las páginas del apéndice "Personas y lugares", en una guía turística o en Internet (www.madridcard.es; www.softdoc.es/guia_madrid/indice). Juntadlas en clase.

3 Madrid

Elegid en grupos pequeños tres lugares que os interesen. Explicad por qué queréis conocer estos lugares.

Ejemplo: Vamos al Zoo porque nos gustan los animales y …

84 | ochenta y cuatro

4 El programa del grupo de Lucía

a) El grupo de Lucía presenta un programa para los alumnos alemanes. Leedlo y cambiad las actividades que no os gusten. Haced en grupos pequeños un programa alternativo.

	Mañana	Tarde
Sábado	13:00 Los alumnos alemanes llegan al aeropuerto de Madrid.	Tarde con las familias españolas.
Domingo	Visita al Rastro de Madrid.	Picnic en el Parque del Retiro.
Lunes	8:30 – 14:20 Los alumnos alemanes van al instituto.	Rally por el centro de Madrid: Plaza Mayor y Puerta del Sol.
Martes	8:30 – 15:15 Clases en el instituto.	Visita al Museo del Prado.
Miércoles	8:30 – 14:20 Clases en el instituto.	Visita al Centro de Arte Reina Sofía.
Jueves	8:30 – 15:15 Clases en el instituto.	Visita al Estadio Bernabéu, Parque de Atracciones o ir de compras en el centro (por ejemplo FNAC, El Corte Inglés).
Viernes	Excursión a Toledo.	19:00 Fiesta de despedida en el instituto.
Sábado	11:30 Despedida de los alumnos alemanes en el aeropuerto de Madrid.	_____

b) Elegid el programa ideal y escribid un e-mail al grupo de Lucía con vuestras ideas.

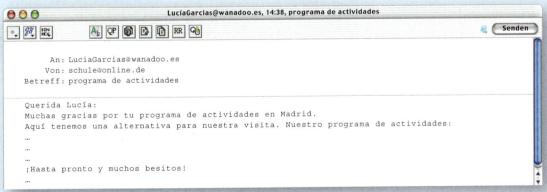

```
        An: LuciaGarcias@wanadoo.es
       Von: schule@online.de
   Betreff: programa de actividades

Querida Lucía:
Muchas gracias por tu programa de actividades en Madrid.
Aquí tenemos una alternativa para nuestra visita. Nuestro programa de actividades:
…
…
…
¡Hasta pronto y muchos besitos!
…
```

5 Nuestra ciudad

Los alumnos españoles van a visitar vuestra ciudad.
Haced un programa de actividades y lugares para ellos.

Unidad 8

En el campo

El país y la gente

In Spanien findet man wie auch in Deutschland immer seltener Bauernhöfe mit vielen verschiedenen Tieren. Die meisten spanischen Höfe spezialisieren sich entweder auf den Gemüse-, Obst- oder Getreideanbau oder aber auf die Aufzucht einer ganz bestimmten Tierart, z.B. von Rindern.
Ana und Antonio aus dieser Lektion leben und arbeiten in einer der so genannten **granjas escuela**. Diese Bauernhöfe mit vielen verschiedenen Tieren sollen vor allem Großstadtkindern das Leben auf dem Land näherbringen. Auch Schulklassen lernen dort etwas über den Umgang mit Tieren und der Natur.
Vielleicht kennst du ähnliche Höfe ja von deinen "Ferien auf dem Bauernhof"?

ochenta y siete 87

Actividades 8

1 ¿Qué pasa?

Contesta a las preguntas.
1. ¿Adónde quieren ir la familia García Serrano y Yolanda?
2. ¿Quién no quiere ir al campo y por qué?
3. ¿Qué animales tienen el tío Antonio y la tía Ana?
4. ¿Qué hacen las gallinas?
5. ¿Cómo se llama el perro y por qué se llama así?
6. ¿Qué va a comer la familia?

2 En una granja

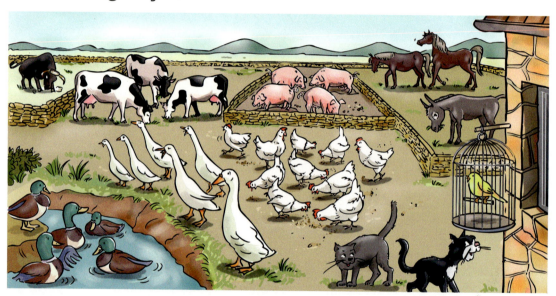

En esta granja viven muchos animales. Hay diez gallinas blancas que pican granos, tres vacas negras y blancas que comen hierba y un toro negro que es muy peligroso, cuatro cerdos de color rosa, dos caballos de color marrón que son muy elegantes y que están al lado de su amigo, el burro gris. También hay cinco patos verdes y azules, dos gatos, uno es gris y el otro es blanco y negro, un canario amarillo que canta mucho y seis gansos blancos que normalmente están cerca de la casa y hacen mucho ruido.

a) Mira el dibujo, lee el texto y completa la tabla con los animales en español y alemán en tu cuaderno.

español	alemán
diez gallinas	zehn Hühner
tres vacas	...
un toro	...

b) Busca en el diccionario tres animales más que te gusten y escríbelos en la tabla.

2, S. 158

88 ochenta y ocho

3 En el campo

a) Relaciona las frases con el pronombre relativo *que*.
1. Yolanda es una chica simpática. Ella pasa el fin de semana en el campo.
2. Los tíos viven en una granja. La granja es muy grande y bonita.
3. Tienen muchas vacas. Las vacas están cerca de la granja.
4. Antonio tiene un perro. El perro es tan rápido como un rayo.
5. En la granja hay caballos. Ellos no son peligrosos.
6. Las gallinas pican granos. Los granos están en un cubo.

b) Escribe tres preguntas usando el pronombre relativo *que* en tu cuaderno y léelas en clase. La clase adivina.

Ejemplo:
• ¿Quién es el chico *que* lleva el jersey rojo?
• El chico *que* lleva el jersey rojo es Roberto.

4 La granja loca

Imagínate una granja loca y descríbela. También puedes hacer un dibujo.

Ejemplo: El burro nada en la piscina y el cerdo monta a caballo …

5 ¡A cantar!

Escucha y canta. Haz una pantomima para cada animal.

Vengan a ver mi granja
(Popular. Ad: Rosa León)

Vengan a ver mi granja, vengan todos
Vengan a ver mi granja, que es hermosa
Y la foca hace así …
Y el buitre hace así …
Opacarapa, opacarapa, opá, opá, opá
Opacarapa, opacarapa, opá, opá, opá

Vengan a ver mi granja, vengan todos
Vengan a ver mi granja, que es hermosa
Y el gorila hace así …
Y el cocodrilo hace así …
Opacarapa, opacarapa, opá, opá, opá
Opacarapa, opacarapa, opá, opá, opá

Vengan a ver mi granja, vengan todos
Vengan a ver mi granja, que es hermosa
Y el pingüino hace así …
Y el mono hace así …
Opacarapa, opacarapa, opá, opá, opá
Opacarapa, opacarapa, opá, opá, opá

Vengan a ver mi granja, vengan todos
Vengan a ver mi granja, que es hermosa
Y el oso hace así …
Y la hiena hace así …
Opacarapa, opacarapa, opá, opá, opá
Opacarapa, opacarapa, opá, opá, opá

Actividades

8

✦ 6 En el instituto

→G 8.9, S. 141 →V 3.1, S. 127

a) **En parejas haced diálogos sobre las cosas que tenéis que hacer en el instituto y sobre las cosas que queréis hacer en el instituto.**

Ejemplo: • ¿Qué quieres hacer en el insti y qué tienes que hacer?
• Quiero jugar con los compañeros, pero tengo que leer un texto.

b) **Presentad en clase lo que tiene que hacer y lo que quiere hacer el/la compañero/-a.**

Ejemplo: Martin tiene que leer un texto, pero quiere jugar con los compañeros.

7 ¿Puedes o no puedes?

→V 3.3, S. 127

✦ Un amigo/una amiga te llama para quedar, pero tú no puedes.
En parejas haced diálogos como en el ejemplo y representadlos en clase.
Ihr könnt auch eigene Ideen für eure Dialoge verwenden!

A		B
• ir al cine	• hoy	• tener que hacer los deberes
• ir a la heladería	• a las cuatro	• no tener dinero
• jugar al fútbol	• por la tarde	• tener que ir a la clase de música
• jugar con el ordenador	• el domingo	• tener que ayudar en casa
• ir de compras	• el miércoles	• no tener tiempo
• preparar la fiesta en el insti	• después de comer	• no estar en casa

Ejemplo: • ¿Qué haces hoy? Podemos ir al cine. • No, hoy no puedo, tengo que ayudar en casa.

8 Trabajos en la granja

→ 2b, S. 153

El domingo por la mañana el tío Antonio está en casa de un vecino.
Llama a la granja para hablar con Víctor o Isabel.
Escucha y apunta los trabajos de Víctor y su familia.

9 Para saber más

Forma frases usando la preposición *para*.

• (yo)	• tomar un avión • leer		• ir a Ribadesella
• (tú)	libros • hacer las maletas		• dar de comer a los cerdos
• (él, ella)	• preparar una tortilla	• para	• vivir en Madrid • visitar a
• (nosotros/-as)	• ir al centro • ir al campo		los amigos en Alemania
• (vosotros/-as)	• comprar una casa		• comer • aprender español
• (ellos/-as)	• tomar un cubo de grano		• hacer picnic • comprar ropa

Ejemplo: Leo libros *para* aprender español.

90 noventa

10 La granja del tío Antonio y de la tía Ana

 Mira los dibujos del texto de la Unidad y escribe una historia.
Forma por lo menos una frase para cada dibujo.

Así se dice

So kann man jemanden ermuntern/motivieren/zur Eile auffordern:	• ¡Vamos! • ¡Venga!
So kann man jemanden um Geduld bitten:	• ¡Espera! • ¡Un momento!
So kann man jemanden zur Vorsicht mahnen:	• ¡Cuidado! • ¡Ten cuidado!
So ruft man um Hilfe:	• ¡Socorro!

11 Situaciones

Mira los dibujos. ¿Qué dicen las personas? Usa el vocabulario de "Así se dice".

12 ¿Por qué te gustan los toros?

 a) Preguntad y contestad en grupos de tres.

Ejemplo:
• ¿Qué animales te gustan?
  • Me gustan los toros.
• ¿Por qué te gustan?
  • Me gustan porque son fuertes.

• los caballos • las vacas • los cerdos
• los canarios
• los gatos
• las gallinas
• los burros
• los perros

• simpático • bonito
• inteligente • rápido
• fuerte • peligroso
• interesante
• pequeño
• grande
• elegante

b) Presenta en clase qué animales les gustan a los compañeros.
Ejemplo: A Max le gustan los burros porque son muy simpáticos. A Anne …

noventa y uno **91**

Actividades 8

13 En el zoo

 2b, S. 153

Yolanda, Raúl, Lucía y el padre de Yolanda están en el zoo para mirar animales.
¿De qué animales hablan las personas?

• la jirafa • el pingüino • el tigre • el koala
• el elefante • el cocodrilo • el canguro
• la cebra • el delfín • el chimpancé

14 El zoo de Madrid

S. 159

a) Quieres ir al zoo de Madrid con tus padres.
Ellos no hablan castellano y quieren saber cuánto cuesta la entrada.
Busca la página web del zoo de Madrid (www.zoomadrid.com) y mira bajo "Horarios/Tarifas".
• ¿Cuánto cuesta una entrada al zoo?
• ¿Cuánto pagáis tus padres y tú?

b) **Mira el mapa del zoo.**
• ¿Cuántos animales de África hay en el zoo?

c) **Elige dos animales y descríbelos.**

15 ¿Qué animal es?

Describe tu animal preferido. La clase adivina.
Ejemplo: Mi animal preferido es de África. Es de la familia de los caballos. Tiene rayas blancas y negras. No come animales. ¿Qué animal es?

16 El delfín

a) **¿Qué palabras tienen relación con un delfín? Apúntalas.**

b) **Escribe un texto con esas palabras.**

• Australia • azul • jugar • nadar • campo • rápido • familia • montaña • patinar • blanco • mar • gris • blanco • inteligente • simpático • restaurante • rojo • pequeño • bonito • Alemania • peligroso • interesante • amigo

17 Vamos a buscar

2, S. 158

a) **Busca en el diccionario la palabra española para los animales.**
Schreibe für jedes Wort alle angegebenen Bedeutungen auf. Was haben sie gemeinsam?
• Skorpion • Widder • Steinbock • Fisch • Krebs • Löwe • Stier

b) **Busca dos signos más del zodíaco en el diccionario.** Suche zwei weitere Sternzeichen im Wörterbuch und vervollständigt in der Klasse gemeinsam die Tierkreiszeichen.

92 noventa y dos

18 El horóscopo

a) Lee el horóscopo.
Was hast du verstanden?
Wie bist du dabei vorgegangen?

 S. 154

b) Escribe un horóscopo para un compañero/una compañera.
Presenta el texto en clase.

 1, S. 155

Géminis — Del 22 de mayo al 21 de junio

Amor: ¡Enhorabuena! Tienes un/a amigo/-a nuevo/-a que pasa mucho tiempo contigo. Controla tus impulsos. Tu amigo/-a quiere estar mucho tiempo a tu lado. ¡Ojo! Hay romance a la vista.

En casa: Guay con tu padre y tu madre. Vais a vivir en armonía.

Trabajo y estudios: Una semana fenomenal para estudiar y hacer los deberes.

Salud: Tienes que hacer más deporte para estar en forma. Puedes jugar más al fútbol o al baloncesto con tus amigos y amigas.

Dinero: Como siempre quieres mucho, pero ten cuidado: necesitas el dinero para comprar otras cosas importantes.

Genial con: Virgo y libra   **Ojo con:** Piscis

19 Trabalenguas

a) Escucha y escribe la versión correcta del trabalenguas.

tres trigo a tigres
tiran un tristes trigal

b) Escucha y lee el trabalenguas en voz alta.

Había un perro
debajo de un carro
vino otro perro
le mordió en el rabo

vino otro perro
le mordió en la barriga
y se fueron corriendo
la calle arriba.

c) Aprende uno de los dos trabalenguas de memoria.   S. 156

d) Escucha y completa en tu cuaderno con *r* o *rr*.
peli~ojo, he~mano, abu~ido, to~e, comp~ender, soco~o, bu~o, dine~o, piza~a, ho~ible, pe~o

20 Mi animal preferido

Escribe un texto sobre tu animal preferido.
Las preguntas te pueden ayudar.
También puedes hacer un dibujo.
¿Cómo es? ¿Qué come? ¿Por qué te gusta?

Ya sé ...
- Wünsche und Absichten äußern
- andere auf etwas hinweisen
- sagen, dass etwas getan werden kann/muss
- andere ermuntern/motivieren/um Geduld bitten/zur Vorsicht mahnen
- Tiere beschreiben
- Informationen auf einer spanischen Internetseite einholen
- ein spanisches Horoskop verstehen

Unidad 9

Una noche de miedo

Son las diez y media de la noche. Después de cenar, los padres y los tíos de Lucía y Miguel entran en el salón donde Lucía, Yolanda y Miguel están jugando a las cartas. Quieren tomar un café y charlar, por eso se sientan a la mesa.

Padre: ¡Vamos chicos! Ya es hora de irse a la cama.
Miguel: Porfa, papá, déjanos un ratito más. Estamos jugando una partida y ahora estoy ganando yo. Nos acostamos un poquito más tarde y nos dormimos en seguida, ¿vale?
Padre: No, Miguel, ya es muy tarde. Mañana queremos volver a casa muy temprano y queremos salir a las ocho. Por eso tenemos que poner el despertador. Y ahora te acuestas.
Miguel: Papá, pero si yo siempre me despierto pronto. Pongo el despertador, me levanto en seguida y preparo el desayuno.

Lucía se sienta al lado de su tío.

Lucía: Tío Antonio, por favor, ¿nos puedes dejar tu tienda de campaña para dormir esta noche en el jardín?
Tío Antonio: Por mí no hay problema, pero esta noche hace un poco de frío y hace mucho viento.
Lucía: ¡No importa! Así es más emocionante.
Tío Antonio: Pero Lucía, ¿qué van a decir tus padres?
Lucía: Nada. Tengo una idea. ¡No te preocupes!

¡Tengo una idea!

94 noventa y cuatro

Lucía:	Papá, mamá, el tío Antonio va a montar la tienda de campaña en el jardín. Esta noche Miguel, Yolanda y yo dormimos afuera. ¡Vale papi, mami! ¡Gracias!
Miguel:	¡Cómo mola! Yo ayudo y monto la tienda con el tío.
Madre:	Venga, Víctor. No pasa nada.
Padre:	¡Bueno, vale! Ahora salgo con Rayo.

Van al jardín donde montan la tienda en un lugar bonito debajo de un árbol grande.

Tía Ana:	¡Cuidado con los animales peligrosos esta noche!
Lucía:	¿Qué animales peligrosos?
Tía Ana:	Los lobos, los zorros, los jabalíes ...
Lucía y Yolanda:	¡Qué miedo!
Miguel:	Yo no tengo miedo de los animales. ¡Soy muy valiente!

Después de montar la tienda de campaña, Lucía, Yolanda y Miguel están hablando de cosas de miedo y en ese momento escuchan ruidos extraños. Yolanda y Lucía tienen miedo porque creen que hay un lobo afuera. Miguel, que es muy valiente, quiere ver qué está pasando. Por eso enciende una linterna, se asoma y ve una gallina que está corriendo por el jardín.

Miguel:	¡Chicas, tranquilas! No pasa nada, todo está bajo control. Sólo es una gallina.
Yolanda:	¡Qué susto! ¡Ay, Miguelín! Esta noche eres nuestro héroe.
Miguel:	¡Sí, chicas! ¡Qué noche de miedo estamos pasando!

noventa y cinco **95**

Actividades 9

1 Una noche en el campo

a) Lee los tres resúmenes y busca el texto correcto.

Lucía, Yolanda, Miguel, los padres y los tíos están jugando y charlando. Es hora de irse a la cama. Lucía todavía no quiere acostarse. Quiere jugar un ratito más. Pero mañana vuelven a casa y por eso tienen que ir a la cama. Entonces Lucía tiene una idea. Quiere dormir en el jardín. Los padres están de acuerdo. No hay ningún problema porque esta noche no hace frío. Durante la noche Lucía y Yolanda tienen miedo porque hay un lobo afuera. Pero Miguel tiene todo bajo control y no pasa nada.

Lucía, Yolanda y Miguel están jugando y los padres y los tíos están tomando café. Es hora de irse a la cama, pero Miguel no quiere porque está ganando. Entonces Lucía tiene una idea. Todos pueden dormir afuera en la tienda de campaña del tío Antonio. Al tío Antonio no le gusta la idea, pero el padre está de acuerdo. Lucía, Yolanda y Miguel montan la tienda de campaña y hablan de cosas de miedo. Más tarde las chicas tienen miedo porque escuchan ruidos extraños. Pero Miguel tiene todo bajo control y después de encender una linterna ven que sólo es una gallina.

Lucía, Yolanda y Miguel están jugando y los padres y los tíos están charlando. Es hora de irse a la cama. Lucía y Miguel no quieren ir a la cama. Esta noche quieren dormir afuera en el jardín. Los padres están de acuerdo. Después de montar la tienda de campaña en el jardín, se acuestan y hablan. Lucía y Yolanda tienen miedo porque escuchan ruidos extraños. Creen que es un lobo. Miguel enciende una linterna para ver qué pasa. Es sólo una gallina.

b) Busca en los resúmenes falsos las frases falsas.

2 Una historia en dibujos

Mira los dibujos del texto de la Unidad y busca títulos.

3 ¿Por eso o porque?

 9.4, S. 143

a) Forma frases.

• Los padres quieren tomar café • Lucía, Miguel y Yolanda tienen que acostarse • Lucía tiene una idea • Miguel es valiente • Hace frío y mucho viento • Miguel es el héroe	• por eso • porque	• no tiene miedo de los animales • se sientan a la mesa • tiene todo bajo control • mañana tienen que levantarse pronto • habla con el tío Antonio • es más emocionante dormir afuera

b) Completa las frases usando *porque* y *por eso*.
1. Miguel no quiere ir a la cama …
2. Miguel y el tío van al jardín …
3. Yolanda y Lucía tienen miedo …
4. Miguel quiere ver que está pasando …

96 noventa y seis

4 El vocabulario

a) **Forma frases como en el ejemplo.**
Ejemplos:
Las gallinas son animales *que* comen grano.
La casa es un lugar *donde* vives con tu familia.
La tienda de campaña es una cosa *para* dormir fuera.

- cosa • lugar
- animal
- las gallinas • la casa
- el caballo • la cama
- las cartas • el lobo
- el campo • la granja
- el móvil
- la tienda de campaña
- que • donde
- para

→ G 3.4, S. 132
→ G 6.4, S. 136

 b) **En parejas buscad más palabras. El otro/la otra las explica.**

El idioma

Mit der Verlaufsform (**el presente continuo**) wird ausgedrückt, dass gerade in diesem Moment etwas passiert. Sie ist vergleichbar mit der "ing"-Form im Englischen. Die Verlaufsform setzt sich zusammen aus der konjugierten Form von **estar** und dem Gerundium: **La gallina está corriendo. Estamos jugando.** Das Gerundium wird gebildet aus dem Stamm des Infinitivs und der Endung **-ando** für die Verben auf **-ar** und **-iendo** für die Verben auf **-er/-ir**. Achtung, es gibt ein paar abweichende Formen des Gerundiums wie zum Beispiel: **creer – creyendo; decir – diciendo; dormir – durmiendo; ir – yendo; leer – leyendo; venir – viniendo; ver – viendo.**

5 ¿Qué están haciendo?

→ G 8.3, S. 138

Mira el dibujo y descríbelo. Usa el presente continuo.
Ejemplo: El gato negro está bebiendo.

noventa y siete **97**

Actividades

6 Pantomimas

Haz una pantomima de una actividad delante de la clase. La clase adivina qué estás haciendo. Los compañeros usan el presente continuo.

7 Don Susto

a) Don Susto tiene miedo de muchas cosas.
   Escucha y apunta de qué tiene miedo.
b) **¿Tienes todo? Compara tu lista con la de tus compañeros y complétala.**
c) **Ordena las palabras y busca términos genéricos** (Oberbegriffe).

➔ 2b, S. 153

Así se dice

So drückt man aus, dass man sich vor etwas fürchtet:	**So drückt man aus, dass man erschrocken ist:**	**So beruhigt man jemanden:**
• ¡Qué horror! • ¡Qué miedo! • Tengo miedo de los animales/los exámenes/ …	• ¡Qué susto!	• ¡Tranquilo/-a! • ¡No pasa nada! • Todo está bajo control. • ¡No te preocupes!

8 ¿Tienes miedo de los exámenes?

Lucía y Felipe están en el instituto. Van a hacer un examen de matemáticas. Felipe tiene miedo del examen y habla con Lucía.

a) **En parejas escribid un diálogo y representadlo en clase. Usad las expresiones de "Así se dice".** ➔ 1, S. 155

b) **Inventad otras situaciones donde tenéis miedo y representadlas en clase.**

98   noventa y ocho

9 Jugamos con los verbos

a) Bildet einen Stuhlkreis, in dem die Stühle eng beieinander stehen. Ein/e Schüler/in steht in der Mitte und gibt ein Verb aus dem Kasten vor. Gleichzeitig würfelt er/sie. Nun wird das Verb, beginnend bei der vom Würfel vorgegebenen Personalform, von allen konjugiert. Ist das ausgewählte Verb zum Beispiel **querer** und zeigt der Würfel eine vier, dann geht ihr von **queremos** ausgehend alle sechs Verbformen durch. Bei jeder Form mit Diphthong (**-ie-/-ue-**) rutscht ihr auf den Stuhl links von euch. Bei allen anderen Formen rutscht ihr nach rechts.

El idioma [i]

Achtung, hier werden wieder Vokale gespalten! Auf S. 67 und S. 127, 3 kannst du noch einmal nachsehen, wie das funktioniert.

1. volver 2. querer
3. jugar   4. encender
5. poder   6. dormir

b) **En parejas ordenad el diálogo entre Yolanda y Lucía y completadlo con las formas correctas de los verbos. Después representad el diálogo en clase.**

Lucía	Yolanda
¡Sí, claro! ～ (volver – nosotras) a casa, ～ (dormir – nosotras) allí y dejamos aquí solo a Miguel. No, no ～ (poder – nosotras) hacer eso a mi hermano.	Sí. Bueno no, ahora no. ¿Qué pasa?
	Tranquila, Lucía. Yo primero ～ (poder – yo) ir contigo a casa y después ～ (volver – yo) aquí otra vez. Yo no tengo miedo con nuestro héroe que ～ (dormir – él) ahora como un tronco. ¡Venga, vamos!
No ～ (poder – yo) dormir. ～ (tener – yo) miedo.	
¿～ (querer – tú) encender la linterna de una vez, Yolanda?	Espera, ～ (encender – nosotras) la linterna. ¿Dónde está la linterna? ¡Ah! Aquí está.
¡Yolanda! ¿～ (dormir – tú)?	
No sé, de los animales peligrosos. ¿～ (encender – tú) la linterna?	¿De qué ～ (tener – tú) miedo? Sí, tranquila, Lucía. ～ (poder – nosotras) volver otra vez a casa y así ～ (dormir – tú) en seguida.

10 Nos levantamos ahora

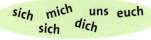

a) Relaciona los pronombres reflexivos alemanes con los españoles.
b) Busca los pronombres reflexivos en el texto de la Unidad y escríbelos con el verbo respectivo en el cuaderno.
   Ejemplo: Se sienta.
c) **Ordena los verbos según la persona. Escribe en tu cuaderno.** Ordne die Verben nach den Personalpronomen. Ergänze für **acostarse** und **levantarse** die fehlenden Formen und Reflexivpronomen. Achtung, reflexive Verben können gleichzeitig auch Spaltungsverben sein!

noventa y nueve **99**

Actividades 9

11 ¿A qué hora?

Forma frases.

despertarse · levantarse · irse · sentarse · acostarse · dormirse

12 Un día normal

a) Pregunta con los verbos por un día normal de una persona.

| despertarse | levantarse | desayunar | irse de casa | llegar al instituto |
| hacer los deberes | comer | cenar | acostarse | dormirse |

Ejemplo: ¿A qué hora te despiertas?

b) En parejas preguntad como en el ejercicio 12 a) y contestad. Apuntad las respuestas.

c) Presenta con la ayuda de tus apuntes un día normal de un compañero/una compañera en clase.

d) Describe un día típico en la vida de un extraterrestre.

13 Un día en la vida de Merche

Merche, una chica de Granada, habla de un día normal de su vida.
Escucha, contesta a las preguntas y apunta.

1. ¿Dónde trabaja?
2. ¿Cuándo se levanta?
3. ¿A qué hora sale de casa?
4. ¿Qué hace antes de trabajar?
5. ¿Cuándo llega a la tienda?
6. ¿Qué hace después del trabajo?
7. ¿Cuándo se acuesta?

100 cien

14 Un día en mi vida

 Escribe un texto sobre un día normal de tu vida.

15 ¿Qué tiempo hace?

a) Lee el texto y haz una lista de las palabras que hablan del tiempo.

Está nublado en muchas regiones de España. Lluvia por la tarde. Hace sol en Almería y Murcia. En las costas del Atlántico y en Barcelona hace viento. Hace calor con temperaturas de 26 grados en Alicante y Almería. En León hace 15 grados y frío por la noche.

b) Completa las frases.

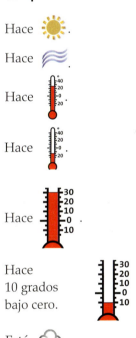

Está .

Está lloviendo.

Está nevando.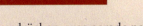

c) En parejas preguntad por el tiempo en las ciudades del mapa y en vuestra ciudad o vuestro pueblo.

Ejemplo:
Granada
• ¿Qué tiempo hace en Granada?
• Está nublado y hace 22 grados.

Ya sé ...

- ausdrücken, was gerade passiert
- Tiere, Gegenstände und Orte näher beschreiben
- negative Gefühle / Ängste äußern
- meinen eigenen Tagesablauf beschreiben und andere nach ihrem Tagesablauf fragen
- über das Wetter sprechen und eine spanische Wetterkarte lesen

ciento uno | **101**

Unidad 10

Preparar una fiesta

Los alimentos

queso	jamón	chorizo	pan	pescado
	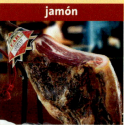			

fruta y

cebollas, plátanos, naranjas, limones, pimientos rojos, lechuga, pepinos, melocotones, manzanas, pimientos verdes, tomates, ciruelas, peras

bebidas

gusanitos	patatas fritas	agua	zumo	limonada	leche

102 | ciento dos

Los alimentos

10

1 En la tienda

2 b, S. 153

a) Escucha y escribe los alimentos de los que hablan en la canción en tu cuaderno.

Si nos manda a una tienda,
¿qué podríamos comprar?
⁓, ⁓, ⁓,
bollos para merendar.

⁓, ⁓, ⁓,
dulces no pueden faltar.
Si nos manda a la tienda,
¡cuántas cosas hay que comprar!

b) Continúa la canción. Usa los alimentos de las fotos y de los dibujos.

2 ¿Qué es?

En parejas describid un alimento y adivinad.
Ejemplo:
• Es una verdura. Es roja.
  Es una verdura por ejemplo
  para la pizza. ¿Qué es?
• Un tomate.
• ¡Correcto!

3 Macedonia

Bildet einen Stuhlkreis und überlegt, welche Obstsorten ihr auf Spanisch kennt. Jeder sucht sich eine aus, sodass z.B. vier Äpfel, zwei Birnen, drei Bananen usw. im Kreis sitzen. Ein/e Schüler/in steht in der Mitte und bereitet den Obstsalat zu. Dabei nennt er/sie das Obst, das verwendet wird. Alle Vertreter der erwähnten Obstsorte wechseln untereinander sofort den Platz, während der/die Schüler/in in der Mitte versucht, sich auf einen dieser Plätze zu setzen. Werden mehrere Obstsorten genannt, dann müssen viele gleichzeitig ihren Platz wechseln. Sagt jemand **macedonia**, wechseln alle ihren Platz. Wer übrig bleibt, bereitet den nächsten Obstsalat zu.
Ejemplo: Preparo una macedonia.
           Primero pongo las manzanas.

ciento tres | 103

Unidad 10

Preparar una fiesta

La madre de Raúl ha salido hoy del trabajo a las cinco de la tarde porque quiere ir con Raúl al mercado y al supermercado para hacer la compra. Mañana es el cumpleaños de Raúl y él está escribiendo la lista de la compra porque va a hacer una fiesta en casa. Tienen que comprar hoy todo porque mañana no abren las tiendas, es día festivo.

Madre: Bueno hijo, dime qué has apuntado en la lista de la compra.
Raúl: Espera un momento mamá, ahora te lo digo.
Bien, ya he terminado. Pues mira, leo la lista y tú me dices si he olvidado algo: seis bolsas de patatas fritas y de gusanitos y también latas de aceitunas. Además queso y jamón para las tapas y chorizo. Algo de pescado para la barbacoa, por ejemplo sardinas; también pan, diez botellas de limonada y una tarta de chocolate.
¿Y, qué te parece?
Madre: Está bien, pero Raúl, ¿dónde quieres hacer la barbacoa?
Raúl: Pues en la terraza.
Madre: No hijo, eso no puede ser. Mira, yo te propongo otra cosa. Puedo hacer unas tortillas de patata, ensaladilla rusa y también tapas variadas. Y para beber podemos hacer una sangría para niños que a ti te gusta mucho.
Raúl: ¡Vale! ¿Y qué necesitamos para la sangría y la ensaladilla rusa?
Madre: Apunta en la lista: dos kilos de melocotones, un kilo de naranjas, tres litros de zumo de uva, tres kilos de patatas, un kilo de zanahorias y tres pimientos rojos. Ya tenemos el resto en casa.
¡Venga! Vamos primero al mercado, hijo. Ya es tarde.
Raúl: ¿Por qué? ¿A qué hora cierra el mercado?
Madre: El mercado cierra a las ocho de la tarde.
Raúl: Bueno mamá, tú tranquila, todavía tenemos tiempo. Son las seis y cuarto.

Vendedor:	¡Hola, Ana! ¡Muy buenas! Dime, ¿qué te pongo?
55 Madre:	¡Hola, Nacho! Pues mira, un cuarto de kilo de chorizo.
Vendedor:	¿Algo más?
Madre:	Sí, ponme medio kilo de queso manchego y medio 60 kilo de jamón serrano.
Vendedor:	¿Algo más?
Madre:	No, gracias, nada más. Es todo. ¿Cuánto es?
Vendedor:	Son 24,55 €.
65 Madre:	Aquí tienes. Adiós.
Vendedor:	¡Hasta luego y gracias!

Después Raúl y su madre van a la frutería para comprar todo para la sangría y la ensaladilla rusa. Y por último van al supermercado.

70 Madre:	¿Raúl, has cogido ya las latas de aceitunas y las bebidas?
Raúl:	Sí, y también he cogido tres bolsas de patatas fritas, dos de gusanitos y cuatro barras de pan. Mira mamá, te presento 75 a Omar. Es un compañero del insti.
Omar:	¡Hola!
Madre:	¡Hola, Omar! ¿Qué tal? ¿Vienes mañana a la fiesta de Raúl?
Omar:	Sí, claro, Raúl me ha invitado hoy. 80 Pero voy a llegar un poquito más tarde.
Raúl:	No importa Omar, estamos en casa hasta las nueve y después nos vamos a la verbena de San Isidro.
Omar:	¡Vale! Pues entonces, hasta mañana.
85 Madre:	Hasta mañana, Omar.
Raúl:	¡Venga, nos vemos Omar!
Madre:	¿Raúl, tenemos ya todo?
Raúl:	Creo que sí.
Madre:	Entonces, vamos a pagar.

El país y la gente

Viele Geschäfte in Spanien haben andere Öffnungszeiten als in Deutschland. Im Allgemeinen öffnen die Geschäfte montags bis samstags um 10:00 Uhr und schließen dann um 14:00 Uhr. Danach folgt eine lange Mittagspause. Am Nachmittag haben die Geschäfte normalerweise von 17:00 bis 20:00 Uhr wieder geöffnet. Große Supermärkte und Kaufhäuser schließen über Mittag nicht und haben bis 22:00 Uhr geöffnet. Auch die Restaurants (14:00 bis 17:00 Uhr und 21:00 bis 24:00 Uhr) und Banken (montags bis freitags 8:30 bis 14:00 Uhr) haben andere Öffnungszeiten als bei uns. Viele Firmen und Geschäfte reduzieren im Juli und August ihre Arbeits- und Öffnungszeiten oder schließen für zwei bis vier Wochen.

ciento cinco **105**

Actividades

4 ¡Qué confusión!

Ordena las palabras y escribe las frases en tu cuaderno.

1. Raúl – cumpleaños – es – el – mañana – de.
2. Raúl – de – las – madre – la – hoy – trabajo – del – a – cinco – de – ha salido – la – tarde.
3. ella – ir – supermercado – la – para – al – Raúl – con – quiere – compra – hacer.
4. casa – fiesta – hacer – una – quiere – en.
5. la – Raúl – lista – escribe – de – compra – la.
6. mercado – al – primero – van – y – comprar – fruta – para – verdura.
7. después – al – comprar – bebida – para – van – supermercado.
8. Raúl – el – Omar – ve – en – supermercado – a.
9. compañero – es – Omar – un – insti – del.
10. poquito – llega – Omar – a – más – un – fiesta – tarde – la.

5 ¡A preguntar!

a) Trabajad en parejas. Preguntad y contestad con las frases del ejercicio 4.
  Ejemplo: 1. ¿Cuándo es el cumpleaños de Raúl?
  Mañana es el cumpleaños de Raúl.

| ¿Con quién …? | ¿A quién …? | ¿Dónde …? | ¿Qué …? |

| ¿Adónde …? | ¿Cuándo? | ¿Por qué …? | ¿Quién …? | ¿…? |

b) Inventa seis frases como en el ejercicio 4. Usa el vocabulario que ya conoces.

c) En parejas escribid las frases correctas de b).

6 Resumir en equipo

2, S.155

a) Haced un resumen del texto de la Unidad.
Lest erneut den Lektionstext und schreibt eine Zusammenfassung. Hierfür tragt ihr in Vierergruppen auf einem großen Blatt Papier fünf Felder ein. Jeder schreibt in sein/ihr Feld stichpunktartig die wichtigsten Informationen des Textes. Vergleicht danach eure Ergebnisse und einigt euch auf die wichtigsten Punkte. Tragt im mittleren Kasten schließlich euer gemeinsames, ausformuliertes **resumen** ein.

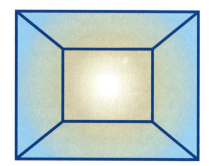

b) Presentad el resumen en clase.

7 Todo es perfecto

En el texto de la Unidad hay un tiempo verbal nuevo que se llama pretérito perfecto. Lee otra vez el texto y busca estas formas verbales. Escribe la tabla en tu cuaderno y complétala con las formas del pretérito perfecto.

El idioma [i]

Das **pretérito perfecto** (Perfekt) setzt sich aus zwei Teilen zusammen, die immer zusammenbleiben. Der erste Teil ist eine Form des Verbs **haber** (**he, has, ha, hemos, habéis, han**), der zweite das Partizip Perfekt des Verbs. Dabei bilden die Verben auf **-ar** eine Endung auf **-ado** (busc*ar* – busc*ado*), die Verben auf **-er** und **-ir** eine Endung auf **-ido** (com*er* – com*ido*; viv*ir* – viv*ido*).
Beispiel: **Hoy *he comido* un bocadillo.** (Heute *habe ich* ein belegtes Brötchen *gegessen*.)

persona	apunt-*ar*	cog-*er*	sal-*ir*
yo	he apuntado	~	he salido
tú	~	~	has salido
él, ella, usted	~	ha cogido	
nosotros/-as	hemos apuntado	~	
vosotros/-as	~	habéis cogido	
ellos, ellas, ustedes	han apuntado	~	

8 El pretérito perfecto

 8.4, S. 138

 a) En parejas formad frases usando el pretérito perfecto.

• hoy	• Clara	• comprender	• un bocadillo de tortilla
• por la mañana	• Tito	• beber	• español
	• los padres de Miguel	• hablar	• el texto de la unidad
• por la tarde	• la profe	• aprender	• al fútbol
	• tu amigo y tú	• jugar	• en el campo
• por la noche	• las chicas	• montar a caballo	• con el profe
	• los alumnos de la clase 6	• quedar	• delante del cine
	• (tú)	• preparar	• con los amigos
	• (yo)	• esperar	• un zumo
	• (vosotros/-as)	• comer	• con la madre del alumno
	• ...	• ...	

Ejemplo: Hoy la profe ha hablado con la madre del alumno.

b) Por la noche un chico/una chica habla de sus actividades y pregunta a su amigo/-a por el día. **Haced diálogos y usad también los verbos del ejercicio 8 a).**
Ejemplo: Yo he bebido una limonada hoy, ¿y tú?

Actividades 10

9 En el mercado de San Miguel

Ordena el diálogo entre Jésus y Matilda. Escríbelo en tu cuaderno.

Jesús, el vendedor	Matilda, la clienta
¿Es todo?	Entonces, ponme dos kilos.
Bien, bien, ¿qué te pongo?	Bueno, necesito un kilo de patatas, medio de zanahorias, pero de las pequeñas, no de las grandes y una docena de huevos. Mis hijos me van a visitar el domingo. Quiero preparar una tortilla de patatas y otras cosas más. ¿Tienes pimientos?
Gracias. Adiós.	
99 céntimos el kilo. Es una oferta especial.	
Un kilo de patatas, medio de zanahorias, una docena de huevos, … Son 27,58 €.	Sí, una barra de pan.
	Hola, Jesús, ¿qué tal?
Buenos días, Matilda.	Creo que sí. No, espera. He olvidado la leche y la fruta. Dos litros de leche, dos limones, un kilo de naranjas y medio kilo de peras. Ahora lo tengo todo. ¿Cuánto es?
¡Claro! ¿Quieres pimientos rojos o verdes?	
	Hasta luego, Jesús.
¿Algo más?	Los verdes, por favor. ¿Cuánto cuesta el kilo?
	Aquí tienes.

Así se dice

So kann man etwas im Geschäft verlangen:
- Ponme un kilo de …/ medio kilo de …/ un cuarto de kilo de …/ un litro de …/ una botella de …/ una bolsa de …/ una barra de pan/ una lata de …/ …, por favor.

So kann man auf die Frage antworten, ob man noch etwas möchte:
- Sí, también necesito …
- Es todo.
- No, nada más. Gracias.

So kann man nach dem Preis fragen:
- ¿Cuánto cuesta? • ¿Cuánto es?

So kann man fragen, wer der/die Letzte ist:
- ¿Quién es el último/la última?

So fragt man nach den Öffnungszeiten
- ¿A qué hora abre el mercado?
- ¿A qué hora cierra el supermercado?
- ¿A qué hora cierra el restaurante?

… und so antwortet man darauf:
- El mercado abre a las 9:00 de la mañana.
- El supermercado cierra a las 20:00 de la tarde.
- El restaurante cierra a la una de la noche.

10 Hacer la compra

En parejas haced un diálogo. Sois vendedor/vendedora y cliente/clienta en un mercado. Usad el vocabulario del ejercicio 9 y de "Así se dice".

108 ciento ocho

10

11 Una fiesta en el insti

6.6, S. 137

a) Vuestra clase quiere hacer una fiesta.
En grupos pequeños haced una lista de la compra. Tenéis 30 €. ¿Qué podéis comprar?

0,69 €
1,29 €
1,19 €
25 €/kilo
1,09 €
1,35 €
0,99 €
8 €/kilo

b) ¿Qué habéis comprado? Presentad vuestra lista. La clase escucha y después decide a qué fiesta va.

12 Horarios

6.7, S. 137

a) En parejas preguntad por los horarios de las fotos y contestad.

librería

tienda de ropa

oficina de correos

banco

supermercado

restaurante

b) ¿Cómo son los horarios en vuestra ciudad o en vuestro pueblo? ¿Son diferentes?

Ejemplo: En mi ciudad/pueblo una tienda de ropa abre…

c) Du bist mit deinen Eltern, die kein Spanisch sprechen, im Juli in Granada. Ihr steht vor dem Park "Carmen de los Mártires". Am Eingang befindet sich ein Schild mit den Öffnungszeiten.

Erkläre deinen Eltern, was dort steht und wann ihr den Park besuchen könnt.

 S. 159

ciento nueve **109**

Actividades 10

13 Un pedido telefónico

 2 b, S. 153

a) María González no tiene tiempo para hacer la compra y por eso hace un pedido telefónico en el supermercado. **Escucha el diálogo entre el vendedor y María González. Escribe en una lista al menos ocho de los alimentos que quiere comprar la clienta.**

b) **Comparad vuestras listas y completadlas si es necesario.**

14 El carro de la compra

Der/Die Erste füllt den Einkaufswagen. Der/Die Nächste wiederholt den Satz und fügt ein weiteres Lebensmittel hinzu etc. Wer einen Fehler macht, scheidet aus. Und wer in seinen Einkaufswagen am meisten hineingepackt hat, gewinnt!

Ejemplo:
- Necesito dos botellas de limonada.
- Necesito dos botellas de limonada y una tarta de chocolate. …

15 Preparamos la fiesta

 S. 159

Un compañero/una compañera de intercambio está con tu familia. Preparáis tu fiesta de cumpleaños. Tu madre no habla castellano y tú tienes que traducir en casa.
a) **En parejas haced el diálogo.**
b) **Representad el diálogo entre los tres en clase.**

Tu madre	Tu compañero/-a español/a
Deine Mutter fragt, was ihr in der Einkaufsliste notiert habt.	Dein/e Austauschschüler/in sagt, dass ihr Getränke, Fisch, Gemüse, Käse, Schinken, Chips, Erdnussflips und Brot kaufen möchtet. Und auch Schokolade, da er/sie diese nämlich sehr gerne mag.
Sie ist einverstanden und ergänzt noch ein paar Obstsorten auf der Liste.	Er/Sie erzählt, dass seine/ihre Mutter in Spanien die Einkäufe auf dem Markt und im Supermarkt erledigt, und fragt, wo deine Mutter die Lebensmittel einkaufen wird.
Sie will alles im Supermarkt kaufen, weil sie nicht viel Zeit hat. Das Obst und das Gemüse kauft sie aber morgen auf dem Markt.	Er/Sie möchte wissen, wann hier die Läden schließen.
Sie antwortet, dass die großen Supermärkte und Geschäfte im Zentrum um 20:00 Uhr und viele kleine Läden im Stadtviertel schon um 18:30 Uhr schließen.	Er/Sie sagt, dass es jetzt schon 19:00 Uhr ist und ihr nur noch eine Stunde Zeit für die Einkäufe habt.
Sie schlägt vor, dass ihr jetzt losgeht.	

16 Una receta

a) Lee la receta.

Sangría para niños
- 2 naranjas
- 1 limón
- 2 peras
- 2 melocotones
- media astilla de canela
- media cáscara de naranja rallada
- media cáscara de limón rallado
- 1 cucharadita de azúcar
- 1 litro de zumo de uva
- cubitos de hielo

1. Pelar las frutas.
2. Cortar las peras y melocotones en cubitos.
3. Cortar las naranjas y el limón en rodajas.
4. Añadir la canela, las cáscaras de naranja y limón.
5. Dejar reposar una hora.
6. Añadir el azúcar a tu gusto.
7. Echar después el zumo de uva.
8. Echar suficientes cubitos de hielo y servir muy fría.

b) Quieres preparar una sangría para niños.
¿Qué tienes que hacer?
Ejemplo: Primero compro …, después/ además necesito …, por último …

c) ¿Cómo has preparado la sangría?
Ejemplo: Primero he pelado …

17 Mi receta preferida

Escribe una receta para un instituto perfecto o unas vacaciones perfectas.
Ejemplo:
Para unas vacaciones perfectas necesito diez kilos de sol y …, también …, además …

Ya sé …

- erzählen, was ich heute alles gemacht habe
- Lebensmittel einkaufen
- im Geschäft etwas verlangen
- Mengenangaben zu Lebensmitteln machen
- fragen, wie viel die Einkäufe insgesamt kosten
- nach den Öffnungszeiten eines Geschäftes fragen und darauf antworten
- ein spanisches Rezept verstehen und ein Getränk zubereiten

Repaso

1 Un día especial

→ G 3.4, S. 132 + 9.4, S. 143

Relaciona las frases con *donde*, *que*, *porque* o *por eso*.
Ejemplo: Cádiz es una ciudad en España. Clara vive en Cádiz.
   → Cádiz es una ciudad en España donde vive Clara.
1. Hoy es domingo. La familia va a un restaurante.
2. Después la familia va a ver a la abuela. Vive cerca del restaurante.
3. La abuela ha preparado una tarta de chocolate. A Clara le gusta el chocolate.
4. Pero Clara no toma nada. Ella ha comido mucho en el restaurante.
5. A las seis todos van al centro. Ven una película en el cine.
6. Todavía hace mucho calor. Entran en un bar y toman una limonada.

2 Tres amigos

→ G 8.9, S. 141

a) Sois amigos y queréis salir. Dos proponen algo pero a uno/una no le gustan las ideas. A la tercera vez está de acuerdo.
   Pensad en el lugar y en la hora. Usad los verbos *poder* y *tener que*.

b) Representad el diálogo en clase.

3 Un día normal

→ G 8.7, S. 139

Describid un día normal de este animal y de estos chicos usando los verbos reflexivos.

4 Más actividades

Forma frases.   Ejemplo: Tengo miedo del toro.

• (yo) • (tú) • Lucía • Miguel • (nosotros/-as) • (vosotros/-as) • mis padres • las chicas/los chicos	• tener • dormir • volver • sentarse • querer • jugar • acostarse	• en la silla • a casa • al fútbol • a las doce de la noche • en una tienda de campaña • hacer una sangría • miedo del toro • preparar una tortilla • a las cartas

112 ciento doce

5 ¿Qué están haciendo? 8.3, S. 138

→← En parejas describid el dibujo usando el presente continuo.

6 El fin de semana en Barcelona

a) Antonio ha pasado el sábado con su familia. Por la noche ve a Inés que vive en su calle. **Escucha y apunta la letra de la respuesta correcta. A veces hay dos respuestas correctas.**

2 c, S. 153

1. **a.** Antonio ha ido al zoo.
   b. Antonio ha ido al acuario.
   c. Antonio ha ido a la playa.
2. **a.** Allí hay cocodrilos peligrosos.
   b. Allí hay tiburones horribles.
   c. Allí hay delfines simpáticos.
3. **a.** Antonio quiere volver con sus amigos.
   b. Antonio no quiere volver porque no ha sido interesante.
   c. Antonio quiere volver con sus padres.
4. **a.** Inés ha jugado al voleibol en la playa con sus amigas.
   b. Inés ha jugado al voleibol en la Plaza Real.
   c. Inés ha escuchado música en la Plaza Real.
5. **a.** El domingo Inés va a la playa.
   b. Inés va con sus amigos Ana, Isabel, Manolo y Jesús.
   c. Inés va con sus amigas al cine.
6. **a.** Antonio no puede ir con Inés porque vuelve al acuario.
   b. Antonio tiene que estudiar para un examen de matemáticas.
   c. Antonio va al cumpleaños de su abuelo.

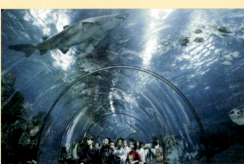

b) Busca la página web del acuario: http://www.aquariumbcn.com. Elige "castellano" y mira bajo "información" y "horarios y tarifas".
• ¿Cuánto cuesta una entrada para los padres y para los niños? • ¿Cuánto ha pagado la familia de Antonio? • ¿A qué hora abre y cierra el acuario en verano?
Mira bajo "servicios". • ¿Puedes comer o comprar algo en el acuario?

1b, S. 152

7 Un picnic

S. 159

Tu compañero español/compañera española de intercambio no habla bien alemán. Tu clase hace un picnic en el parque y todos preparan algo.
Explícale la situación a tu compañero/compañera.
• Die deutschen und spanischen Schüler machen heute um 17:00 Uhr ein Picknick im Park in deinem Stadtviertel/Dorf. • Im Supermarkt werdet ihr beide Obst für einen Obstsalat, Würstchen (salchichas) und Brot einkaufen. • Danach müsst ihr den Obstsalat zubereiten. • Ihr habt Glück, weil das Wetter gut ist. • Deshalb wollt ihr auch grillen. • Allerdings werdet ihr etwas später hingehen, weil deine Mutter/dein Vater erst um 16:45 Uhr von der Arbeit kommt.

ciento trece **113**

Unidad 11

¡Un cumpleaños fantástico!

El blog de Raúl

http://www.elblogderaul.com

El blog de Raúl

Una superfiesta

Hoy es el 15 de mayo. Ha sido mi cumpleaños, he cumplido 13 años. Mamá y yo hemos preparado una merienda en casa. Ha sido una superfiesta.

El día ha empezado como un día normal. Me he levantado, mamá y yo hemos desayunado. Después he puesto la radio para escuchar mi música preferida, como todos los días. Y en ese momento ha sonado el teléfono y cuando he dicho "¡Sí, diga!", he escuchado mi voz en la radio. He alucinado en colores. El presentador me ha felicitado de parte de mis amigos de clase y especialmente de parte de Yolanda, Miguel y Lucía. ¡Qué sorpresa!

Después mamá y yo hemos preparado todo para la fiesta. Yo he decorado un poco el comedor y también he buscado algunas canciones, un poco de todo, para bailar. Mientras tanto mi madre ha estado en la cocina y ha hecho las tortillas de patata, una ensaladilla rusa muy grande, tapas variadas y una sangría especial para niños. La verdad es que la sangría ha sido todo un éxito.

A las tres de la tarde hemos comido y hemos visto el telediario, bueno, mi madre realmente se ha dormido delante de la televisión como muchas veces. A ella le encanta dormir la siesta.

La fiesta ha empezado a las seis de la tarde y han venido todos, no ha faltado nadie. Mis amigos me han regalado muchas cosas: ¡cómics!, dos libros, un balón de fútbol, algunos CD y un juego para el ordenador. ¡Cómo mola! Y además Yolanda ha traído una tarta muy rica, típica de Colombia. Creo que la fiesta ha sido muy divertida, además de comer y beber, hemos jugado al tabú. Todas las chicas han bailado mucho, especialmente Yolanda. ¡Y qué bien baila!

Y después me ha llamado mi padre. Él no ha podido venir hoy a la fiesta y por eso vamos a cenar juntos mañana. Vamos a ir a un restaurante donde no he estado nunca. Además me ha dicho que tiene un regalo muy grande para mí. He preguntado varias veces a mamá, pero ella no sabe nada de ese regalo. También han llamado los abuelos y los tíos, así que no me ha olvidado nadie.

Después de la fiesta nos hemos ido a la plaza de San Isidro porque hoy ha sido también la fiesta del patrón de Madrid. Me encantan los conciertos en las calles, la verbena y la tómbola. Entonces en la verbena hemos jugado a la tómbola y he ganado dos veces, primero un reloj acuático y después un CD. Hemos comido también rosquillas de San Isidro. Pienso que no he tenido nunca un cumpleaños tan guay como el de hoy.
¡Ha sido un día fantástico!

114 | ciento catorce

11

El país y la gente

Am 15. Mai feiern die Einwohner von Madrid **la Fiesta de San Isidro**. "San Isidro" ist der Schutzpatron der Stadt. Nach der Tradition machen die Madrider eine Pilgerfahrt zum Platz des Heiligen und trinken von dem Wunderwasser, das dort aus der Quelle kommt. Es gibt Konzerte, Tanz- und Theaterveranstaltungen und Stierkämpfe. Viele Leute tragen zu dieser Gelegenheit besondere Trachten. Traditionell wird an diesem Tag zudem der **chotis** getanzt, ein Paartanz, der wahrscheinlich 1850 von Schottland nach Madrid gekommen ist. Zu den typischen Spezialitäten des Festes zählen die waffelartigen **barquillos** und die **rosquillas de San Isidro**, ein Kringelgebäck, das mit heißer Trinkschokolade am Ende des Festtages gegessen wird.

ciento quince | **115**

Actividades 11

1 Una fiesta de cumpleaños S. 157

a) Erstellt – bevor ihr den Lektionstext lest – zu zweit ein Vokabelnetz auf Deutsch über sechs wichtige Begriffe zum Thema Geburtstag.
b) Eine Gruppe schreibt ihr Vokabelnetz an die Tafel. Die anderen Gruppen ergänzen wichtige Begriffe. Einigt euch auf eine gemeinsame Version mit höchstens zehn Wörtern.
c) Sucht die spanischen Übersetzungen im Wörterbuch und tragt sie in euer Vokabelnetz ein.
d) Schreibt einen kurzen spanischen Text mit den Wörtern aus dem Vokabelnetz.

2 El cumpleaños de Raúl

Contesta a las preguntas.

1. ¿Cómo ha empezado el día de Raúl?
2. ¿Por qué ha alucinado en colores Raúl?
3. ¿Cómo han preparado la fiesta de cumpleaños?
4. ¿Qué regalos han traído los amigos?
5. ¿Qué han hecho los chicos y las chicas en la fiesta de Raúl?
6. ¿Quiénes han llamado por teléfono?
7. ¿Adónde han ido después de la fiesta en casa de Raúl?
8. ¿Qué han hecho allí?

3 Cládiz y Luci  8.4, S. 138

Por la noche Clara chatea con su prima Lucía.
Trabajad en parejas. Leed el texto y completadlo con las formas correctas del pretérito perfecto.

Cládiz: ¡Hola, Lucía! ¿Qué tal?
Luci: ¡Hola, Clara! ¡Qué sorpresa! Estoy muy bien. ¿Y tú?
Cládiz: También muy bien. ¿Qué tal el día?
Luci: Hoy *ha sido* (ser) el cumpleaños de Raúl y ___ (hacer-él) una fiesta superguay. ¿___ (llamar-tú) por teléfono a Raúl?
Cládiz: No, todavía no ___ (tener-yo) tiempo. Bueno, ¿y qué ___ (hacer-vosotros)? ¡Cuéntame!
Luci: Por la tarde ___ (celebrar-nosotros) el cumple en la casa de Raúl. Todo fenomenal; ___ (bailar-nosotros) mucho, sobre todo las chicas, ¡ya sabes! ___ (comer-nosotros) unas tapas riquísimas que ___ (hacer) la madre de Raúl y después ___ (ir-nosotros) a la fiesta de San Isidro.
Cládiz: ¿Y ___ (escuchar-vosotros) algún concierto?
Luci: ¡Sí, ya sabes! En muchas calles del barrio ___ (poner-ellos) como todos los años escenarios para grupos de música.
Cládiz: ¡Ay, Lucía, Lucía! Mis padres ___ (llegar) ahora mismo y es muy tarde. Ya sabes ...
Luci: ¡Vale! ¡Vale! Pero oye, no te lo ___ (decir-yo) todo. Creo que a Raúl le gusta mucho Yolanda. La ___ (mirar-él) toda la tarde. ¡Besitos, Clara!
Cládiz: ¿En serio? Bueno, bueno. Hablamos mañana, ¿vale? ¡Besitos, Lucía!

El idioma

Du weißt bereits, wie das **pretérito perfecto** gebildet wird. Achtung, einige häufig benutzte Verben bilden eine unregelmäßige Partizipform!

ver	visto
decir	dicho
poner	puesto
volver	vuelto
escribir	escrito
hacer	hecho
abrir	abierto

116 | ciento dieciséis

4 El día de Lucía

a) Un día en la vida de Lucía. **¿Qué ha hecho hoy?**

Ejemplo: Lucía se ha levantado a las siete y cuarto. Después ha …

b) ¿Y tú? ¿Qué has hecho hoy? Escríbelo en tu cuaderno.

5 Una entrevista

a) Escribid la tabla en el cuaderno. Uno/una pregunta a dos compañeros como en el ejemplo. Pensad en los artículos o/y las preposiciones.

	una vez	dos veces	varias veces	nunca
tómbola – ganar			Paul	Marie
fiesta en casa - preparar				
tapas – comer				
granja – estar				
zoo – ir				
España – hacer un viaje				
23:00 h – volver a casa				
fútbol – jugar				
e-mail – escribir				
película en español – ver				

Ejemplo:
• ¿Has ganado alguna vez en una tómbola?
• Sí, varias veces.
• No, nunca.

b) Presentad los resultados de la entrevista en clase.
Ejemplo: Paul ha ganado varias veces en la tómbola. Marie no ha ganado nunca.

Actividades

6 Todos los amigos

3.6, S. 132

 A las tres y media de la tarde llega Pilar, la vecina de Raúl.
Leed el texto y completadlo con las formas correctas del determinante indefinido *todo*.

El idioma

Todo richtet sich in Zahl und Geschlecht nach dem dazugehörigen Substantiv, welches meistens mit einem Artikel oder Possessivbegleiter folgt. **Todo** wird im Singular mit *ganz* übersetzt, im Plural mit *alle* oder *jede/r/s*.
Es kann auch alleine stehen.

todo el día: *der ganze Tag*
toda mi clase: *meine ganze Klasse*
todos los días: *jeden Tag*
todas mis amigas: *alle meine Freundinnen*

La vecina	Raúl
¡Hola, cariño! ¡Feliz cumpleaños! Hoy ya cumples 13 años. Aquí tengo un regalo para ti. ¿Vas a hacer una fiesta, Raulito?	Muchas gracias, Pilar. Sí, la fiesta empieza a las seis.
¿Y van a venir ⁀ (alle deine Freunde)?	Sí, claro. Ya he decorado ⁀ (das ganze Wohnzimmer) y ya he buscado ⁀ (alle meine CDs) preferidos.
Y tu madre, ¿ya ha preparado ⁀ (das ganze Essen)?	Sí, y ahora está durmiendo. Ha estado en la cocina ⁀ (den ganzen Morgen) y ya ha preparado ⁀ (alle Kartoffelomeletts), ⁀ (alle Häppchen) y la sangría.
Bueno, entonces voy a hablar mañana con ella. ¿Vais a estar ⁀ (den ganzen Abend) en casa?	No, vamos a ir a la plaza de San Isidro para ir a los conciertos. Y como ⁀ (jedes Jahr) quiero jugar a la tómbola.
¡Mucha suerte en la tómbola! ¡Bueno, Raúl, te deseo una fiesta fantástica! ¡Hasta luego!	Gracias, Pilar. ¡Hasta luego!

7 ¡Feliz cumpleaños!

1, S. 155

 El día de su cumpleaños llama también el padre de Raúl y pregunta por la fiesta.
Lee otra vez el texto de la Unidad y escribe el diálogo entre los dos.

8 ¿Cuándo es tu cumpleaños?

a) Teilt eure Klasse in zwölf Gruppen auf. Jede Gruppe erhält ein Kalenderblatt für einen Monat und fragt alle Mitschüler/innen nach ihrem Geburtstag.
Ejemplo: • ¿Cuándo es tu cumpleaños?   • Mi cumpleaños es el 12 de enero.

b) Tragt die Namen der Geburtstagskinder in euer Kalenderblatt ein. Die Gruppe mit dem Kalenderblatt für Januar stellt nun die Januar-Geburtstagskinder vor usw.

c) Fertigt aus den Blättern einen gemeinsamen Geburtstagskalender an und hängt ihn im Klassenzimmer auf.

9 Dos canciones para el cumpleaños

Escucha las dos canciones y canta una para el cumpleaños de Raúl o de un compañero/una compañera.

Canción en España

Cumpleaños feliz,
Cumpleaños feliz,
Te deseamos todos
Cumpleaños feliz.

Canción en Argentina

Que los cumplas feliz,
que los cumplas feliz,
que los cumplas, Raulito,
que los cumplas feliz.

ciento diecinueve 119

Actividades

10 Unos e-mails para Raúl

a) Lee los dos e-mails (emilios) que los amigos han escrito a Raúl.

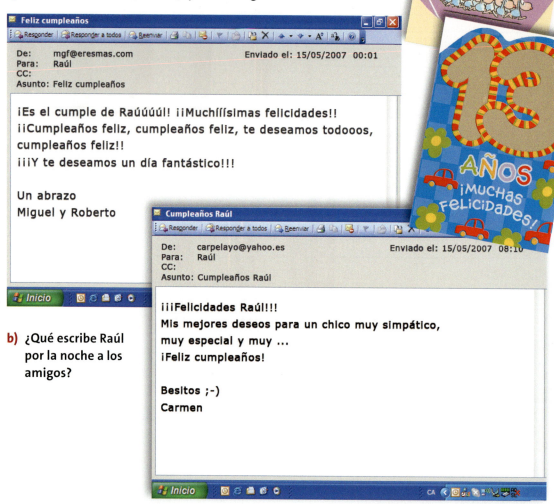

b) ¿Qué escribe Raúl por la noche a los amigos?

11 En la radio

 2a, S. 152

 El día de su cumpleaños Ricardo Cano de Radio Madrid llama a Raúl.
Escucha el diálogo y contesta a las preguntas.

1. ¿Por qué llama Ricardo Cano de Radio Madrid a Raúl?
2. ¿De quiénes es la carta que tiene Ricardo Cano?
3. ¿Qué va a hacer Raúl hoy?
4. ¿Qué sorpresa tiene Ricardo Cano para Raúl?
5. ¿Cuándo va a ir Raúl a la radio?
6. ¿Le gusta a Raúl ir a Radio Madrid? ¿Por qué sí/no?

Así se dice

So gratuliert man zum Geburtstag:
- ¡Feliz cumpleaños! • ¡Feliz cumple!
- ¡Felicidades! • ¡Te deseo un día fantástico!

So drückt man Überraschung aus:
- ¡Qué sorpresa!

So kann man eine Meinungsäußerung beginnen:
- Creo que … • Pienso que … • La verdad es que …

So drückt man Begeisterung aus:
- ¡Cómo mola! • ¡Qué bonito/-a!
- ¡Qué guay!
- ¡Qué bien baila/canta/habla/…!
- Es/Ha sido una superfiesta.
- Es/Ha sido todo un éxito.
- Es/Ha sido un día fantástico.
- No he tenido nunca un cumpleaños tan guay como hoy. • Me encanta(n) …

 1, S. 155

12 Una fiesta

 a) En parejas leed las situaciones y elegid una. Escribid un diálogo usando también el vocabulario de "Así se dice".

1. Es el día de tu cumpleaños y tus padres han preparado una fiesta sorpresa para ti. Ahora llegan tus amigos.
2. Has celebrado la fiesta de tu cumpleaños con tus amigos. Después de la fiesta hablas con tus abuelos.

 b) Representad los diálogos en clase.

13 Por teléfono

 El día de tu cumpleaños llama tu amigo/amiga de España.
En parejas escribid el diálogo en español.

Tú	Tu amigo/-a
Du meldest dich auf Deutsch am Telefon.	Er/Sie nennt den Namen und gratuliert dir zum Geburtstag.
Du bedankst dich.	Er/Sie fragt dich, was du heute gemacht hast.
Du sagst, dass du mit deinen Freunden im Kino warst und dass ihr dann bei dir gegessen habt.	Er/Sie findet das super und fragt, welchen Film ihr gesehen habt.
Du nennst den Film. Du weißt aber nicht genau, wie er auf Spanisch heißt.	Er/Sie fragt dann, ob ihr in Deutschland auch Häppchen esst und Kindersangría trinkt.
Du verneinst und erklärst, dass ihr Pizza gegessen und Apfelsaft (zumo de manzana) getrunken habt.	Er/Sie fragt, was für Geschenke deine Freunde mitgebracht haben.
Du zählst einige schöne Geschenke auf, nennst die Namen einiger Freunde und sagst, dass der Tag toll war.	Er/Sie gratuliert dir nochmals und verabschiedet sich.
Du verabschiedest dich auch.	

Actividades 11

14 Unas fiestas importantes en España

a) En parejas leed las fechas de las fiestas y preguntad como en el ejemplo.

06.01.: los Reyes Magos

febrero/marzo: el Carnaval en Cádiz y Tenerife

marzo/abril: la Semana Santa

abril: la Feria de Abril

15.05.: San Isidro en Madrid

07.07.: San Fermín en Pamplona

24./25.12.: la Navidad

31.12.: la Nochevieja

Ejemplos:
- ¿Qué día celebran los españoles los Reyes Magos?
- Celebran los Reyes Magos el seis de enero.
- ¿Cuándo celebran los españoles el Carnaval en Cádiz y Tenerife?
- Celebran el Carnaval en febrero o marzo.

b) Busca informaciones sobre las fiestas en "Personas y lugares" o en Internet.

15 La Fiesta de San Fermín

2b, S. 153

San Fermín es una fiesta muy importante en Navarra. El día 7 de julio empieza una semana de fiesta popular en Pamplona. Por la mañana muchas personas en ropa blanca corren delante de los toros en la calle. Es muy peligroso y siempre hay accidentes.

Escucha la canción de la fiesta y complétala con las seis fechas correctas. Escribe en tu cuaderno.

Uno de enero

Uno de enero
~ ~ ~
~ ~ ~
~ ~ ~
~ ~ ~
~ ~ ~
~ ~
¡San Fermín!

A Pamplona hemos de ir,
con una media,
con una media,
a Pamplona hemos de ir
con una media y
un calcetín.

122 ciento veintidós

16 Un cómic

a) **Lee el cómic.**
b) **Contesta a las preguntas.**
1. ¿Dónde están los chicos?
2. ¿Qué clase es?
3. ¿Qué preguntan los compañeros de clase después de tocar (*anfassen*) la cosa?
4. ¿Qué ha traído Spirou en su saco (*Sack*)?

c) ¿Qué ha pasado hoy en la clase de Spirou? Escribe un texto y usa el pretérito perfecto.

intentar adivinar lo que versuchen zu erraten, was; **el orgullo** Stolz; **señorita** junge Frau/Fräulein; **no vale hacer trampas** keine Tricks; **se** man; **excepto si** außer wenn; **antes** vorher; **blando** weich; **un balón** Ball; **aparta** weg da; **vegetal** Pflanze; **contestar** antworten; **¿Está vivo?** Lebt es?; **demasiado tarde** zu spät; **terminarse** ablaufen; **¿Cuál es el gran misterio?** Was ist das große Geheimnis?; **contar** erzählen; **encontrar** finden; **una medusa de verdad** eine wahrhaftige Qualle

17 Un pesimista

9.3, S. 142

a) Hoy ha sido un día horrible para Ignacio, el pesimista. Por la tarde ve a su vecina que hace muchas preguntas.
En parejas preguntad y contestad usando *no ... nada, no ... nadie, no ... nunca*.

V.: Hola, ¿qué tal?	I.: Muy mal. Ha sido un día fatal.	
V.: ¿Qué has hecho?	I.: **No** he hecho **nada**. (no ... nada)	
V.: ¿Con quién has hablado?	I.: ⤴. (no ... nadie)	
V.: ¿Has visto la tele?	I.: ⤴. (no ... nunca)	
V.: ¿Entonces tu director ha llamado?	I.: ⤴. (no ... nadie)	
V.: ¿Tienes miedo de algo?	I.: ⤴. (no ... de nada)	
V.: ¿Entonces qué ha pasado?	I.: ⤴. (no ... nada)	
V.: ¿Tomamos café?	I.: ⤴. (no ... nunca)	

b) **Escribid más preguntas y continuad el diálogo.**

Ya sé ...
- die Häufigkeit einer Tätigkeit angeben
- fragen, wann jemand Geburtstag hat, und darauf antworten
- jemandem zum Geburtstag gratulieren
- ein Geburtstagslied singen
- Begeisterung und Erstaunen ausdrücken
- die Monate angeben
- ein Datum angeben

ciento veintitrés

Das Alphabet El alfabeto

Buchstabe	Lesart	Lautschrift/Aussprache	Beispiel
A a	a	[a]	**A**sturias
B b	be	[b] am Wortanfang und nach n oder m wie **B**erge [β] in der Wortmitte **weicher**, zwischen **b** und **v**	¡**B**uenos días! Ri**b**adesella
C c	ce	[k] vor a, o und u wie **K**ino [θ] vor e und i wie englisch "**th**ick"	**c**afé, **c**omer, **c**uatro **c**ero, **c**inco
Ch ch	che	[tʃ] wie **tsch**üss	**ch**ico
D d	de	[d] im Anlaut und nach n und l wie **D**ach; [ð] sonst etwas schwächer als englisch "**th**e"	¿**d**ónde? vi**d**a
E e	e	[e]	**e**l
F f	efe	[f] wie **F**erien	**f**amilia
G g	ge	[g] vor a, o und u wie **G**ans [χ] vor e und i wie a**ch**t	**G**arcía, **g**ordito, **g**uapo **g**ente, **g**igante
H h	hache	wird **nicht ausgesprochen**	**h**elado
I i	i	[i]	**i**dea
J j	jota	[χ] wie a**ch**t	**j**uguete
K k	ka	[k] wie **K**ino	**k**ilo
L l	ele	[l] wie **L**ampe	**l**ápiz
Ll ll	elle	[λ] ähnlich wie **j**a	me **ll**amo
M m	eme	[m] wie **M**utter	**M**adrid
N n	ene	[n] wie **n**ein	**n**o
Ñ ñ	eñe	[ŋ] etwa wie **n** und **j** gleichzeitig, wie Co**gn**ac	monta**ñ**as
O o	o	[o]	s**o**l
P p	pe	[p] wird **nicht gehaucht**	**p**apá
Q q	cu	[k] wie **K**ino, das u wird nicht ausgesprochen	**qu**ince
R r	ere erre	[r] wird **gerollt** [rr] wird am Wortanfang und als Doppelbuchstabe **stärker gerollt**	pa**r**a **R**ibadesella soco**rr**ista
S s	ese	[s] wird **stimmlos** wie Mau**s** ausgesprochen	**s**ol
T t	te	[t] wird **nicht gehaucht**	**T**ito
U u	u	[u]	**u**no
V v	uve	[b] am Wortanfang wie **B**erge [β] wie **B b**, in der Wortmitte **weicher**, zwischen **b** und **v**	**v**acaciones nue**v**e
W w	uve doble	häufig wie das spanische **v** ([b]/[β])	**w**indsurf
X x	equis	[x] wie **ks** in Ke**ks** oder stimmloses **s** in Mau**s**	e**x**plicar
Y y	i griega	[j] wie **j**a	pla**y**a
Z z	zeta	[θ] wie englisch "**th**ick"	Cádi**z**

Vokale werden im Spanischen kürzer und offener als im Deutschen ausgesprochen. Konsonanten klingen weicher.

124 ciento veinticuatro

Betonung/Akzentsetzung/Rechtschreibung
Acentuación y ortografía

A

Die Betonung und Akzentsetzung **La acentuación**

hermano, **nom**bre, tran**qui**la, **gra**cias, **bus**can	Wörter, die auf Vokal, -n oder -s enden, werden auf der vorletzten Silbe betont.
Mi**guel**, Ma**drid**, se**ñor**	Wörter, die auf Konsonant (außer -n und -s) enden, werden auf der letzten Silbe betont.
es**tá**, tam**bién**, Lu**cí**a, te**lé**fono, mate**má**ticas	Alle Wörter, deren Betonung nicht einer dieser beiden Regeln entspricht, tragen einen Akzent auf dem betonten Vokal.
can**ción**/can**cio**nes ex**a**men/ex**á**menes	Damit die Betonung im Singular und Plural immer gleich bleibt, verlieren manche Wörter im Plural den Akzent, andere hingegen bekommen einen dazu.
¿qué? ¿cómo? ¿dónde? ¿cuántos/-as? ¡Qué miedo! ¡Qué horror!	Frage- und Ausrufewörter tragen immer einen Akzent.

el – él	*der – er*	Es gibt Wörter mit gleicher Schreibweise, aber verschiedenen Bedeutungen. Der Akzent dient hier der Bedeutungsunterscheidung.
mi – mí	*mein – mich/mir*	
tu – tú	*dein – du*	
se – sé	*sich – ich weiß*	
si – sí	*ob – ja*	
que – ¿qué?	*dass – was?*	
donde – ¿dónde?	*wo – wo?*	
este – éste	*dieses – dieses*	

Die Rechtschreibung **La ortografía**

Im Spanischen werden Substantive kleingeschrieben. Ausnahmen sind Eigennamen, Bezeichnungen für Festtage und geografische Namen von Ländern, Regionen, Städten, Straßen, Flüssen sowie das Wort für Gott. Schul- und Studienfächer sowie Tierkreiszeichen können groß- oder kleingeschrieben werden.

Lucía y Miguel García Serrano	Namen
Navidad, Semana Santa	Festtage
España, Asturias, Ribadesella, Gran Vía, Sella	Geografische Bezeichnungen

ciento veinticinco **125**

V Verben

1 Die Hilfsverben Los verbos auxiliares

infinitivo	ser	estar	haber
presente	soy	estoy	he
	eres	estás	has
	es	está	ha (hay)
	somos	estamos	hemos
	sois	estáis	habéis
	son	están	han
gerundio	siendo	estando	habiendo
participio	sido	estado	habido

2 Die regelmäßigen Verben auf *-ar/-er/-ir* Los verbos regulares en *-ar/-er/-ir*

infinitivo	hablar	comer	vivir
presente	hablo	como	vivo
	hablas	comes	vives
	habla	come	vive
	hablamos	comemos	vivimos
	habláis	coméis	vivís
	hablan	comen	viven
gerundio	hablando	comiendo	viviendo
		leer:	
		leyendo	
		creer:	
		creyendo	
participio	hablado	comido	vivido
		leer:	abrir:
		leído	abierto
		creer:	escribir:
		creído	escrito
otros verbos	ayudar	aprender	abrir
	buscar	beber	escribir
	comprar	comprender	
	escuchar	correr	
	levantarse	leer	
	llamarse	creer	
	llevar		
	mirar		
	necesitar		
	preguntar		
	preparar		
	quedar		
	tomar		
	trabajar		

126 ciento veintiséis

Verbos

3 Die Spaltungsverben **Los verbos con diptongación**

	3.1 e → ie		**3.2** u → ue	**3.3** o → ue		
infinitivo	empezar	querer	jugar	costar	volver	dormir
presente	empiezo	quiero	juego	cuesto	vuelvo	duermo
	empiezas	quieres	juegas	cuestas	vuelves	duermes
	empieza	quiere	juega	cuesta	vuelve	duerme
	empezamos	queremos	jugamos	costamos	volvemos	dormimos
	empezáis	queréis	jugáis	costáis	volvéis	dormís
	empiezan	quieren	juegan	cuestan	vuelven	duermen
gerundio	empezando	queriendo	jugando	costando	volviendo poder: pudiendo	durmiendo
participio	empezado	querido	jugado	costado	**vuelto**	dormido
otros verbos	cerrar despertarse pensar sentarse	encender		acostarse contar probarse sonar	llover poder	

4 Die unregelmäßigen Verben **Los verbos irregulares**

infinitivo	coger	dar	decir	hacer	ir	poner
presente	**cojo**	**doy**	**digo**	**hago**	**voy**	**pongo**
	coges	das	dices	haces	**vas**	pones
	coge	da	dice	hace	**va**	pone
	cogemos	damos	decimos	hacemos	**vamos**	ponemos
	cogéis	dais	decís	hacéis	**vais**	ponéis
	cogen	dan	dicen	hacen	**van**	ponen
gerundio	cogiendo	dando	diciendo	haciendo	**yendo**	poniendo
participio	cogido	dado	**dicho**	**hecho**	ido	**puesto**

infinitivo	saber	salir	tener	traer	venir	ver
presente	**sé**	**salgo**	**tengo**	**traigo**	**vengo**	**veo**
	sabes	sales	tienes	traes	vienes	**ves**
	sabe	sale	tiene	trae	viene	**ve**
	sabemos	salimos	tenemos	traemos	venimos	**vemos**
	sabéis	salís	tenéis	traéis	venís	**veis**
	saben	salen	tienen	traen	vienen	**ven**
gerundio	sabiendo	saliendo	teniendo	trayendo	viniendo	**viendo**
participio	sabido	salido	tenido	traído	venido	**visto**

ciento veintisiete **127**

Grammatik

G

Inhalt **Índice**

1 Die Artikel **Los artículos**
   1.1 Der bestimmte Artikel **El artículo determinado**
   1.2 Der unbestimmte Artikel **El artículo indeterminado**

2 Die Substantive **Los sustantivos**

3 Die Pronomen und Begleiter **Los pronombres y determinantes**
   3.1 Die Fragepronomen **Los pronombres interrogativos**
   3.2 Die Personalpronomen **Los pronombres personales**
   3.3 Die Reflexivpronomen **Los pronombres reflexivos**
   3.4 Die Relativpronomen **Los pronombres relativos**
   3.5 Die Possessivbegleiter **Los determinantes posesivos**
   3.6 Die Indefinitbegleiter **Los determinantes indefinidos**
   3.7 Die Demonstrativpronomen und -begleiter **Los pronombres y determinantes demostrativos**

4 Die Adjektive **Los adjetivos**

5 Die Adverbien **Los adverbios**

6 Die Präpositionen **Las preposiciones**
   6.1 Die Präposition *de* **La preposición *de***
   6.2 Die Präposition *en* **La preposición *en***
   6.3 Die Präposition *a* **La preposición *a***
   6.4 Die Präposition *para* **La preposición *para***
   6.5 Die Präposition *con* **La preposición *con***
   6.6 Mengenangaben **Indicaciones de cantidad**
   6.7 Zeitangaben **Indicaciones de tiempo**
   6.8 Ortsangaben **Indicaciones de lugar**

7 Die Verben **Los verbos**

8 Der Gebrauch der Verben **El uso de los verbos**
   8.1 Die Person im Verb **La persona y el verbo**
   8.2 Das Präsens **El presente**
   8.3 Die Verlaufsform **El presente continuo**
   8.4 Das Perfekt **El pretérito perfecto**
   8.5 Die nahe Zukunft **La perífrasis del futuro**
   8.6 Der Imperativ **El imperativo**
   8.7 Die reflexiven Verben **Los verbos reflexivos**
   8.8 *Ser, estar* und *hay* **Ser, estar y hay**
   8.9 Die Modalverben **Los verbos modales**

9 Der Satzbau **La sintaxis**
   9.1 Aussagesätze **Las frases enunciativas**
   9.2 Fragesätze **Las frases interrogativas**
   9.3 Die Verneinung **La negación**
   9.4 Satzverbindungen **Las conexiones**

10 Die Uhrzeit und die Grundzahlen **La hora y los números cardinales**
   10.1 Die Uhrzeit **La hora**
   10.2 Die Grundzahlen **Los números cardinales**

128 ciento veintiocho

Gramática

1 Die Artikel Los artículos

→ Unidad E

1.1 Der bestimmte Artikel El artículo determinado

	☺	☻
•	**el** amigo *der Freund*	**la** playa *der Strand*
••	**los** amigos *die Freunde*	**las** playas *die Strände*

Der bestimmte Artikel im Singular (•) heißt
el für männliche (☺) und
la für weibliche (☻) Substantive.

Der Plural (••) lautet
los für männliche und
las für weibliche Substantive.

Manchmal ist das Geschlecht im Spanischen und Deutschen unterschiedlich: **La playa** *ist weiblich, "der Strand" ist aber männlich.*

Es gibt im Spanischen nur männliche und weibliche Substantive.

1.2 Der unbestimmte Artikel El artículo indeterminado

	☺	☻
•	**un** amigo *ein Freund*	**una** playa *ein Strand*
••	**unos** amigos *einige Freunde*	**unas** playas *einige Strände*

Der unbestimmte Artikel heißt
un für männliche und **una** für weibliche Substantive.

Im Plural benutzt man normalerweise keinen unbestimmten Artikel (**¿Tienes hermanos?** *Hast du Geschwister?*). Wenn du – wie in der Tabelle – den unbestimmten Artikel im Plural benutzt, gibst du eine unbestimmte Anzahl an.

2 Die Substantive Los sustantivos

→ Unidad E

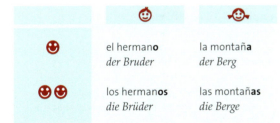

Die meisten männlichen Substantive enden auf **-o**, die meisten weiblichen Substantive auf **-a**.
Ausnahme: Einige wenige Substantive, die auf **-a** enden, sind männlich (**el día** *der Tag*, **el idioma** *die Sprache*, **el programa** *das Programm*).
Im Plural hängst du ein **-s** an die Endung. Das ergibt **-os** für männliche und **-as** für weibliche Substantive.

Agua hat zwar einen männlichen Artikel (**el** oder **un**), ist aber ein weibliches Substantiv: **el agua fría** *das kalte Wasser*.

Substantive, die auf Konsonant enden, können männlich oder weiblich sein. Bei diesen Wörtern hängst du im Plural die Endung **-es** an.

Bei einem Plural aus unterschiedlichen Geschlechtern verwendest du stets die männliche Form.

Die Endungen **-ción** *(Singular) und* **-ciones** *(Plural) sind immer weiblich.*

¡Hola, chicos!

ciento veintinueve **129**

Grammatik

3 Die Pronomen und Begleiter Los pronombres y determinantes

3.1 Die Fragepronomen Los pronombres interrogativos

¿Qué?	Was?	¿Qué hay en la clase?
	Welche?	¿Qué asignaturas tenemos mañana?
¿Qué tal?	Wie geht's?	¿Qué tal?
	Wie ist/war…?	¿Qué tal Madrid?
¿A qué hora?	Um wie viel Uhr?	¿A qué hora tenemos matemáticas?
¿De qué?	Wovor?	¿De qué tienes miedo?
¿Dónde?	Wo?	¿Dónde está Miguel?
¿Adónde?	Wohin?	¿Adónde vamos?
¿De dónde?	Woher?	¿De dónde eres?
¿Cómo?	Wie?	¿Cómo es tu hermano?
¿Por qué?	Warum?	¿Por qué no quedamos mañana?
¿Quién/es?	Wer?	¿Quién es la chica? ¿Quiénes son estos chicos?
¿A quién?	Wen?	¿A quién buscas?
	Wem?	¿A quién escribes?
¿Con quién?	Mit wem?	¿Con quién hablas por teléfono?
¿De quién?	Von wem?	¿De quién es la carta?
¿Cuándo?	Wann?	¿Cuándo empieza la clase de alemán?
¿Cuánto/-a?	Wie viel?	¿Cuánto cuesta un helado?
¿Cuántos/-as?	Wie viele?	¿Cuántos animales hay en la granja?

Im Spanischen tragen alle Fragepronomen einen Akzent. Außerdem haben alle Fragen am Anfang ein umgedrehtes Fragezeichen und am Ende ein normales Fragezeichen.

3.2 Die Personalpronomen Los pronombres personales → Unidad 2

– im Nominativ

☺
1. Person	yo	ich
2. Person	tú	du
3. Person	él, ella	er, sie
	usted*	Sie

☺☺
1. Person	nosotros/-as	wir
2. Person	vosotros/-as	ihr
3. Person	ellos/-as	sie
	ustedes*	Sie

Die Personalpronomen brauchst du nur,
- wenn du eine Person besonders betonen möchtest: **Yo tengo 12 años, ella tiene 13 años.** *Ich bin 12 Jahre alt, sie ist 13 Jahre alt.*
- wenn eine Person ohne Verb steht: **¿Quién come dos helados? – Yo. ¿Y tú?** *Wer isst zwei Portionen Eis? – Ich. Und du?*

Im Plural gibt es weibliche und männliche Formen des Personalpronomens: **nosotros** *wir Jungen*, **nosotras** *wir Mädchen*.

*In diesem Buch duzen sich alle Personen, weil sie sich kennen oder weil sie einen unkomplizierten Umgang miteinander haben. Im Spanischen kannst du auch siezen;
- im Singular mit der 3. Person Singular:
  ¿**Es** usted el señor García?
  Sind Sie Herr García?
  ¿**Es** usted la señora García?
  Sind Sie Frau García?
- im Plural mit der 3. Person Plural:
  ¿**Son** ustedes los señores García?
  Sind Sie Herr und Frau García?

ciento treinta

Gramática

– im Dativ

Die betonten und unbetonten Formen **Las formas tónicas y átonas**

	betonte Form	unbetonte Form	
😊			
1. Person	a mí	me	*mir*
2. Person	a ti	te	*dir*
3. Person	a él, a ella	le	*ihm, ihr*
	a usted		*Ihnen*
😊😊			
1. Person	a nosotros/-as	nos	*uns*
2. Person	a vosotros/-as	os	*euch*
3. Person	a ellos/-as	les	*ihnen*
	a ustedes		*Ihnen*

Das Personalpronomen steht für ein Objekt im Dativ (wem?).

Die unbetonten Formen des Personalpronomens im Dativ stehen immer direkt vor dem Verb.

Zusätzlich zu den unbetonten Personalpronomen verwendest du die betonten Formen, um die Person besonders hervorzuheben.

Steht das betonte Pronomen am Satzanfang, muss es stets durch die unbetonte Form wiederholt werden:
***A** nosotros **nos** gusta la playa.*
Uns gefällt der Strand.

betonte Form	unbetonte Form	
***A mí** me* gusta la playa.	***Me** gusta la playa.*	*Mir gefällt der Strand.*
***A él** le* encantan las montañas.	***Le** encantan las montañas.*	*Ihm gefallen die Berge.*
***A ellos** les* gusta la playa.	***Les** gusta la playa.*	*Ihnen gefällt der Strand.*

Die betonten Pronomen können auch alleine, also ohne Verb, stehen:
*¿A quién le gusta la playa? **A nosotros**.*
Wem gefällt der Strand? Uns.

*Wie bei dem deutschen Verb "(sehr) gefallen" ist bei **gustar** und **encantar** das Subjekt die Sache oder Person, die gefällt. Das Subjekt kann im Singular oder Plural stehen:*
Me gusta** la playa./Me gust**an** la playa y el sol.** *Mir gefällt der Strand./Mir gefallen der Strand und die Sonne.*
*Stehen **gustar** und **encantar** mit einem Verb, verwendest du die Singularform:*
Me gusta** nadar.** *Ich schwimme gern.*

3.3 Die Reflexivpronomen **Los pronombres reflexivos** 8.7, S. 139

😊		
1. Person	me	*mich*
2. Person	te	*dich*
3. Person	se	*sich*
😊😊		
1. Person	nos	*uns*
2. Person	os	*euch*
3. Person	se	*sich*

Das Reflexivpronomen steht immer vor der konjugierten Verbform:
Paco se levanta.
Paco steht auf.

ciento treinta y uno | **131**

Grammatik

3.4 Die Relativpronomen Los pronombres relativos

Rayo es un perro **que** vive en la granja.	*Rayo ist ein Hund, der auf dem Bauernhof lebt.*
Las gallinas son animales **que** comen granos.	*Die Hühner sind Tiere, die Körner fressen.*
La casa es un lugar **donde** vives con tu familia.	*Das Haus ist ein Ort, wo du mit deiner Familie lebst.*
El perro **que** … Los perros **que** …	*Der Hund, der … Die Hunde, die …*

Das am häufigsten gebrauchte Relativpronomen heißt **que**. Du benutzt es, wenn du im Relativsatz Personen oder Sachen beschreiben möchtest. Wird im Relativsatz ein Ort näher beschrieben, verwendest du das Relativpronomen **donde**.

Die spanischen Relativpronomen verändern ihre Form nicht – unabhängig davon, ob du sie im Singular oder Plural verwendest oder ob sie sich auf eine Person oder Sache beziehen.

3.5 Die Possessivbegleiter Los determinantes posesivos

☺		
1. Person	**mi** armario/cama	*mein Schrank/Bett*
2. Person	**tu** armario/cama	*dein Schrank/Bett*
3. Person	**su** armario/cama	*sein, ihr, Ihr Schrank/Bett*
1. Person	**nuestro** armario/ **nuestra** cama	*unser Schrank/ unser Bett*
2. Person	**vuestro** armario/ **vuestra** cama	*euer Schrank/ euer Bett*
3. Person	**su** armario/cama	*ihr, Ihr Schrank/Bett*
☺☺		
1. Person	**mis** armarios/camas	*meine Schränke/Betten*
2. Person	**tus** armarios/camas	*deine Schränke/Betten*
3. Person	**sus** armarios/camas	*seine, ihre, Ihre Schränke/Betten*
1. Person	**nuestros** armarios/ **nuestras** camas	*unsere Schränke/ unsere Betten*
2. Person	**vuestros** armarios/ **vuestras** camas	*eure Schränke/ eure Betten*
3. Person	**sus** armarios/camas	*ihre, Ihre Schränke/Betten*

Der Possessivbegleiter richtet sich nach dem, was jemand besitzt, nicht nach dem Besitzer selbst.

Bei **nuestro/-a** und **vuestro/-a** unterscheidest du, ob das Bezugswort männlich oder weiblich ist.

Achte auch hier auf die 1. und 2. Person Plural!

3.6 Die Indefinitbegleiter Los determinantes indefinidos

Stellst du **mucho** oder **poco** vor die Substantive, machst du ungefähre Angaben.

mucho/-a/-os/-as	*viel(e)*	much**o** helad**o** *viel Eis*
poco/-a/-os/-as	*wenig(e)*	poc**a** comid**a** *wenig Essen*
todo/-a/-os/-as	☺ *der/die/das ganze(n)*	tod**a** la play**a** *der ganze Strand*
	☺☺ *alle, jede/r/s*	tod**as** las play**as** *alle Strände*

Die Indefinitbegleiter richten sich – wie normale Adjektive – in Zahl und Geschlecht nach dem Substantiv, zu dem sie gehören. Im Gegensatz zu den normalen Adjektiven stehen sie jedoch vor dem Substantiv.

*Das Wort **todo** fordert einen bestimmten Artikel oder einen Possessivbegleiter, der zwischen **todo** und dem Substantiv steht: **todo el día** der ganze Tag, **todas mis amigas** alle meine Freundinnen.*

➡ Unidad 11

132 | ciento treinta y dos

Gramática

3.7 Die Demonstrativpronomen und -begleiter
Los pronombres y determinantes demostrativos

Es gibt drei verschiedene Demonstrativbegleiter.

este	dieser/diese/dieses hier
ese	der/die/das da
aquel	der/die/das/jener/jene/jenes dort

¿Qué libro te gusta?	Welches Buch gefällt dir?
¿Éste, ése o aquél?	Dieses (hier), das (da) oder jenes (dort)?

Sie verändern ihre Endung mit dem Substantiv, das sie begleiten. Du verwendest sie, um auf bestimmte räumliche Entfernungen von Sachen oder Personen hinzuweisen.

Demonstrativbegleiter können auch allein stehen; dann heißen sie Demonstrativpronomen und bekommen einen Akzent.

	Begleiter	Pronomen	Begleiter	Pronomen	Begleiter	Pronomen
	este libro *dieses Buch hier*	éste *dieses hier*	ese libro *das Buch da*	ése *das da*	aquel libro *jenes Buch dort*	aquél *jenes dort*
	estos libros *diese Bücher hier*	éstos *diese hier*	esos libros *die Bücher da*	ésos *die da*	aquellos libros *jene Bücher dort*	aquéllos *jene dort*
	esta puerta *diese Tür hier*	ésta *diese hier*	esa puerta *die Tür da*	ésa *die da*	aquella puerta *jene Tür dort*	aquélla *jene dort*
	estas puertas *diese Türen hier*	éstas *diese hier*	esas puertas *die Türen da*	ésas *die da*	aquellas puertas *jene Türen dort*	aquéllas *jene dort*

Wann benutzt du welche Form? Sieh dir die Zeichnung an. Was/Wer …
- nahe beim Sprecher ist, wird mit **este/esta** bezeichnet.
- in der Nähe des Angesprochenen oder etwas weiter weg von beiden ist, wird mit **ese/esa** beschrieben.
- (ganz) weit weg ist, bekommt den Demonstrativbegleiter **aquel/aquella**.

ciento treinta y tres **133**

Grammatik

4 Die Adjektive **Los adjetivos**

Anders als im Deutschen stehen die Adjektive im Spanischen meistens hinter dem Substantiv. Sie richten sich in Zahl und Geschlecht immer nach dem Substantiv, zu dem sie gehören.

☺	**el** chic**o** rubi**o** *der blonde Junge*	**la** chic**a** rubi**a** *das blonde Mädchen*	Adjektive auf **-o** enden in der weiblichen Form auf **-a**.
☺☺	**los** chic**os** rubi**os** *die blonden Jungen*	**las** chic**as** rubi**as** *die blonden Mädchen*	Im Plural hängst du ein **-s** an.

☺	el libro interesant**e** *das interessante Buch* el texto fác**il** *der einfache Text*	la clase interesant**e** *die interessante Unterrichtsstunde* la pregunta fác**il** *die einfache Frage*	Adjektive auf **-e** oder auf Konsonant haben eine einzige Form, unabhängig davon, ob sie sich auf ein weibliches oder männliches Substantiv beziehen.
☺☺	los libros interesant**es** *die interessanten Bücher* los textos fácil**es** *die einfachen Texte*	las clases interesant**es** *die interessanten Unterrichtsstunden* las preguntas fácil**es** *die einfachen Fragen*	Im Plural hängst du an Adjektive auf **-e** ein **-s** an. Adjektive auf Konsonant bekommen die Endung **-es**.

chico rubio El chic**o** es rubi**o**.	*blonder Junge* *Der Junge ist blond.*	Verwendest du Adjektive in einem Satz mit dem Verb **ser**, passen sie sich auch dann dem Substantiv an.
preguntas fáciles Las pregunt**as** son fácil**es**.	*einfache Fragen* *Die Fragen sind einfach.*	

Wie bei den Substantiven wird bei einem Plural aus beiden Geschlechtern nur die männliche Form verwendet:
Los chicos **y las chic**as **son rubi**os. *Die Jungen und Mädchen sind blond.*

5 Die Adverbien **Los adverbios**

Mit Adverbien kannst du den Sinn eines Verbs oder Adjektivs verändern. Adverbien verändern ihre Form nicht.

Estoy **bien**. Miguel está **mal**. Me gusta **mucho**. Me gusta **menos**. ¿No te gusta **nada**? **También** vamos a la playa. **Tampoco** somos de Madrid.	*Mir geht es gut.* *Miguel geht es schlecht.* *Es gefällt mir sehr.* *Es gefällt mir weniger.* *Gefällt es dir überhaupt nicht?* *Wir gehen auch zum Strand.* *Wir sind auch nicht aus Madrid.*	El pueblo es **muy** tranquilo. **Ya** hablo un poco de alemán. La profesora **siempre** tiene muchas ideas. ¿**Todavía** no te gusta la playa? Tengo **sólo** el dinero para el metro.	*Das Dorf ist sehr ruhig.* *Ich spreche schon etwas Deutsch.* *Die Lehrerin hat immer viele Ideen.* *Gefällt dir der Strand noch (immer) nicht?* *Ich habe nur Geld für die U-Bahn.*

134 ciento treinta y cuatro

Gramática

6 Die Präpositionen Las preposiciones

6.1 Die Präposition *de* La preposición *de*

Die Präposition **de** verwendest du, wenn du …

¿**De** dónde eres?	Woher kommst du?	**1.** nach der Herkunft einer Person fragst oder die Herkunft angibst.
Soy **de** Cádiz.	Ich komme aus Cádiz.	
Soy la prima **de** Lucía.	Ich bin Lucías Cousine.	**2.** Zugehörigkeit oder Besitz ausdrückst. **De** entspricht oft dem deutschen Genitiv.
Es el libro **de** la profesora.	Das ist das Buch der Lehrerin.	
Estoy cansado **del** viaje.	Ich bin müde von der Reise.	**3.** **de** in Verbindung mit Adjektiven und Verben mit *von/über* übersetzt.
Clara y Tito siempre hablan **de** tonterías.	Clara und Tito sprechen immer über Dummheiten.	
la profesora **de** alemán	die Deutschlehrerin	**4.** das Substantiv näher bestimmen möchtest. Im Deutschen werden die Substantive verbunden, im Spanischen wird die nähere Bestimmung mit **de** angehängt.
las salas **de** ordenadores	die Computerräume	
el dos **de** mayo	am zweiten Mai/ der zweite Mai	**5.** ein Datum angibst.
un kilo **de** patatas	ein Kilo Kartoffeln	**6.** Mengenangaben machst.

De verschmilzt mit dem bestimmten Artikel **el** zu **del**: de + el = del.

 6.6, S.137

6.2 Die Präposition *en* La preposición *en*

Unidad 5

Die Präposition **en** verwendest du …

las vacaciones **en** Ribadesella	die Ferien in Ribadesella	**1.** bei Ortsangaben. **En** hat viele Übersetzungen: *in, an, auf* und *zu*.
Miguel no está **en** la playa.	Miguel ist nicht am Strand.	
¿Qué hay **en** la mesa?	Was ist auf dem Tisch?	
Estoy **en** casa.	Ich bin zu Hause.	
Voy **en** metro	Ich fahre mit der U-Bahn	**2.** für die Kombination "**ir** + Verkehrsmittel". Verb und Präposition entsprechen hier dem deutschen Ausdruck *fahren mit*.
en taxi	mit dem Taxi	
en bici	mit dem Fahrrad	
en autobús	mit dem Bus	
en coche	mit dem Auto	
en avión	mit dem Flugzeug	
en tren	mit dem Zug	
en barco.	mit dem Schiff.	
Celebran la fiesta **en** marzo.	Sie feiern das Fest im März.	**3.** bei der Angabe von Monaten.

ciento treinta y cinco **135**

Grammatik

6.3 Die Präposition *a* La preposición *a*

 Unidad 5

Voy **a** Madrid.	Ich fahre nach Madrid.
¿Vamos **a** la heladería "Valencia"?	Gehen wir zur Eisdiele "Valencia"?
Va **a** su habitación.	Er geht in sein Zimmer.
Llegan **a** casa.	Sie treffen zu Hause ein.
Volvemos **a** casa muy temprano.	Wir fahren früh nach Hause zurück.
Muchos juegan **al** fúbol o **al** baloncesto.	Viele spielen Fußball oder Basketball.
Yolanda y Miguel juegan **a** las cartas.	Yolanda und Miguel spielen Karten.
Van **a** pie.	Sie gehen zu Fuß.

Die Präposition **a** verwendest du …

1. bei der Angabe der Bewegungsrichtung. Die Präposition steht mit den Verben **ir**, **llegar** und **volver**. Sie hat mehrere deutsche Entsprechungen: *nach, zu, in*.

2. wenn du das Verb **jugar** in Verbindung mit einer Sportart oder der Bedeutung *Karten spielen* verwendest. Die Präposition steht nach dem Verb: **jugar a**.

A verschmilzt mit dem bestimmten Artikel el zu al: a + el = al.

3. für den Ausdruck *zu Fuß gehen*.

6.4 Die Präposition *para* La preposición *para*

Para mí las vacaciones son el deporte y el sol.	Für mich bedeuten die Ferien Sport und Sonne.
Para Yolanda la calle de Raúl es linda.	Für Yolanda ist Raúls Straße hübsch.
¿Necesitamos algo **para** la clase de español?	Brauchen wir etwas für den Spanischunterricht?
Tengo que buscar mi móvil **para** llamar después a Patricia.	Ich muss mein Handy suchen, um nachher Patricia anzurufen.

Die Präposition **para** verwendest du …

1. bei Meinungsäußerungen. Die Präposition steht in diesem Fall entweder mit einem Pronomen oder mit einer Person.

2. bei einem Zweck oder einer Bestimmung.

3. für die deutsche Infinitivkonstruktion *um zu*. Auch hier wird ein Zweck ausgedrückt. Nach **para** folgt ein Infinitiv.

6.5 Die Präposition *con* La preposición *con*

Ribadesella es agradable, **con** la playa, las montañas …	Ribadesella ist angenehm, mit dem Strand, den Bergen …
Yolanda vive **con** sus padres en Madrid.	Yolanda lebt mit ihren Eltern in Madrid.
¿Cuánto es? Son 24 euros **con** 55.	Wie viel macht das? Das macht 24,55 €.

Die Präposition **con** verwendest du …

1. für die deutsche Präposition *mit*.

2. wenn du über Preise sprichst.

Gramática

6.6 Mengenangaben Indicaciones de cantidad

Bei Mengenangaben verwendest du die Präposition **de**.

un kilo **de** cebollas	ein Kilo Zwiebeln	un litro **de** zumo de uva	ein Liter Traubensaft
dos kilos **de** pescado	zwei Kilo Fisch	una botella **de** agua	eine Flasche Wasser
medio kilo **de** naranjas	ein halbes Kilo Orangen	una bolsa **de** gusanitos	eine Tüte Erdnussflips
cuarto kilo **de** plátanos	ein viertel Kilo Bananen	una barra **de** pan	eine Stange Brot
una docena **de** huevos	ein Dutzend Eier	una lata **de** aceitunas	eine Dose Oliven

6.7 Zeitangaben Indicaciones de tiempo

A las cuatro comemos.	Wir essen um vier Uhr.	1. Mit **a** gibst du einen Zeitpunkt an.
El supermercado abre a las ocho **de** la mañana. El mercado cierra a las tres **de** la tarde. El cine cierra a las dos **de** la noche.	Der Supermarkt öffnet um acht Uhr morgens. Der Markt schließt um drei Uhr nachmittags. Das Kino schließt um zwei Uhr nachts.	2. Um die genaue Tageszeit anzugeben, fügst du **de la mañana, de la tarde** oder **de la noche** hinzu.

Por la tarde escucho música. *A las cinco de la tarde escucho música.*

Por la mañana empezamos a las ocho y media.
Por la tarde hago deporte.
Por la noche no hay nadie en la calle.

Morgens beginnen wir um 8:30 Uhr. Nachmittags mache ich Sport. Nachts ist niemand auf der Straße.

3. Für Zeiträume, die dem Deutschen *morgens, nachmittags* oder *abends* entsprechen, verwendest du **por**.

Después de comer, vamos al super.
Antes de dormir, siempre leo algo.

Nach dem Mittagessen gehen wir zum Supermarkt. Vor dem Schlafen lese ich immer etwas.

4. Die Präposition *nach* (zeitlich) wird mit **después de** ausgedrückt. Im Deutschen wird der Ausdruck meist mit einem Substantiv übersetzt. Gleiches gilt für **antes de** (*bevor*).

6.8 Ortsangaben Indicaciones de lugar

Weitere Ortsangaben* – neben der Präposition **en** – sind:

El gato está	delante de detrás de cerca de lejos de al lado de a la derecha de a la izquierda de enfrente de encima de debajo de entre	la cama y el escritorio.	vor hinter nahe bei weit weg von neben rechts von links von gegenüber von auf unter zwischen

*Einige dieser Angaben sind im Deutschen echte Präpositionen, im Spanischen aber adverbielle Ausdrücke.

Grammatik

7 Die Verben Los verbos

 S. 126/127

8 Der Gebrauch der Verben El uso de los verbos

8.1 Die Person im Verb La persona y el verbo

 Unidad 2

| **Vivo.** | *Ich lebe.* |
| **Comes.** | *Du isst.* |

Wenn du ein konjugiertes spanisches Verb ins Deutsche übersetzt, erhältst du zwei Wörter. In den spanischen Verbformen ist die Person bereits enthalten. Ein spanischer Satz kann also aus nur einem einzigen Wort bestehen.

8.2 Das Präsens El presente

Busco a mi hermano. *Ich suche meinen Bruder.*
Miguel **come** dos helados. *Miguel isst zwei Portionen Eis.*
Vivimos en Madrid. *Wir wohnen in Madrid.*

Mit dem Präsens drückst du aus, was in der Gegenwart passiert. In diesem Buch sind die meisten Texte im **presente** geschrieben.

8.3 Die Verlaufsform El presente continuo

 Unidad 9

Mit der Verlaufsform drückst du aus, was jemand gerade tut. Du kennst diese Form schon aus dem Englischen ("ing"-Form). Im Spanischen setzt sich die Verlaufsform aus einer konjugierten Form von **estar** und dem Gerundium (**gerundio**) zusammen. Beim Gerundium bilden die Verben auf **-ar** eine Endung auf **-ando** (jugar – jug**ando**), die Verben auf **-er** und **-ir** eine Endung auf **-iendo** (correr – corr**iendo**; vivir – viv**iendo**).

Die Form des Gerundiums ist bei einigen Verben unregelmäßig, z.B. bei **dormir (durmiendo)**, **decir (diciendo)**, **venir (viniendo), creer (creyendo), ir (yendo), leer (leyendo)**!

La gallina **está** corr**iendo**. *Das Huhn läuft gerade.* Englisch: The chicken is running.
Estamos jug**ando**. *Wir spielen gerade.* Englisch: We are playing.

8.4 Das Perfekt El pretérito perfecto

 Unidades 10, 11

Mit dem Perfekt kannst du zum Beispiel ausdrücken, was heute passiert ist.
Das **pretérito perfecto** setzt sich aus zwei Teilen zusammen, die nicht trennbar sind. Der erste Teil ist eine Form des Verbs **haber**, der zweite das Partizip Perfekt des Verbs. Das Partizip wird aus dem Stamm des Infinitivs und einer Endung gebildet. Bei den Verben auf **-ar** ist diese Endung **-ado** (buscar – busc**ado**), bei den Verben auf **-er** und **-ir** hängst du **-ido** an den Stamm an (comer – com**ido**; vivir – viv**ido**).
Die Perfektformen für die Verben **buscar**, **comer** und **vivir** lauten:

busc**ar**	suchen	com**er**	essen	viv**ir**	leben
he busc**ado**	ich habe gesucht	**he** com**ido**	ich habe gegessen	**he** viv**ido**	ich habe gelebt
has busc**ado**	du hast gesucht	**has** com**ido**	du hast gegessen	**has** viv**ido**	du hast gelebt
ha busc**ado**	er/sie/es hat gesucht	**ha** com**ido**	er/sie/es hat gegessen	**ha** viv**ido**	er/sie/es hat gelebt
hemos busc**ado**	wir haben gesucht	**hemos** com**ido**	wir haben gegessen	**hemos** viv**ido**	wir haben gelebt
habéis busc**ado**	ihr habt gesucht	**habéis** com**ido**	ihr habt gegessen	**habéis** viv**ido**	ihr habt gelebt
han busc**ado**	sie haben gesucht	**han** com**ido**	sie haben gegessen	**han** viv**ido**	sie haben gelebt

Einige häufig benutzte Verben bilden eine unregelmäßige Partizipform. Die Partizipien von **leer, traer** *und* **creer** *sind zwar regelmäßig, tragen aber einen Akzent:* **leído, traído, creído.**

ver	**visto**	escribir	**escrito**
decir	**dicho**	hacer	**hecho**
poner	**puesto**	abrir	**abierto**
volver	**vuelto**		

138 ciento treinta y ocho

Gramática

8.5 Die nahe Zukunft La perífrasis del futuro

Mit der **perífrasis del futuro** drückst du aus, was in der näheren Zukunft passieren wird.

voy a comprar	ich werde kaufen
vas a comprar	du wirst kaufen
va a comprar	er/sie/es wird kaufen
vamos a comprar	wir werden kaufen
vais a comprar	ihr werdet kaufen
van a comprar	sie werden kaufen

Diese Form setzt sich aus einer konjugierten Form von **ir** im Präsens, der Präposition **a** und dem Infinitiv des jeweiligen Verbs zusammen.

Voy a comprar un helado.

8.6 Der Imperativ El imperativo

Mit einem Imperativ drückst du aus, dass jemand etwas tun soll.
- Für die 2. Person Singular (**tú**) haben die regelmäßigen Verben auf **-ar** eine Endung auf **-a**, die regelmäßigen Verben auf **-er** und **-ir** eine Endung auf **-e**. Sie entsprechen der 3. Person Singular des Präsens.
- Für die 2. Person Plural (**vosotros**) lauten die jeweiligen Endungen **-ad**, **-ed** und **-id**.

	tú		vosotros	
-ar	¡Escucha!	Hör zu!	¡Escuchad!	Hört zu!
-er	¡Lee!	Lies!	¡Leed!	Lest!
-ir	¡Abre!	Öffne!	¡Abrid!	Öffnet!

Am Anfang einer Aufforderung steht normalerweise ein umgedrehtes Ausrufezeichen und am Ende ein normales Ausrufezeichen.

8.7 Die reflexiven Verben Los verbos reflexivos

Reflexive Verben gibt es in allen drei Konjugationen (**-arse**, **-erse**, **-irse**). Im Infinitiv wird das Pronomen **se** an das Verb angehängt. Beachte, dass viele reflexive Verben gleichzeitig auch Spaltungsverben sind (**despertarse** – *me* desp**ie**rto, **dormirse** – *me* d**ue**rmo).
In der Tabelle werden zwei reflexive Verben auf **-ar** konjugiert. Das Verb **sentarse** ist zusätzlich ein Spaltungsverb.

	levantarse	aufstehen	sentarse	sich setzen
😊 1. Person	me levanto	ich stehe auf	me siento	ich setze mich
2. Person	te levantas	du stehst auf	te sientas	du setzt dich
3. Person	se levanta	er/sie/es steht auf	se sienta	er/sie/es setzt sich
😊😊 1. Person	nos levantamos	wir stehen auf	nos sentamos	wir setzen uns
2. Person	os levantáis	ihr steht auf	os sentáis	ihr setzt euch
3. Person	se levantan	sie stehen auf	se sientan	sie setzen sich

Me *llamo* Clara.	Ich heiße Clara.
Raúl **se** *ha levantado* a las seis.	Raúl ist um 6 Uhr aufgestanden.
Nos *vamos a sentar.*	Wir werden uns setzen.

Beim Konjugieren kommt das Reflexivpronomen direkt vor die Verbform – anders als im Deutschen, wo das Reflexivpronomen hinter der Verbform erscheint.

levantar**se**	aufstehen (oder: **sich** erheben)
llamar**se**	heißen (oder: **sich** nennen)

Es gibt Verben, die im Spanischen reflexiv sind, im Deutschen jedoch nicht. Manchmal lässt sich ein deutsches Verb mit gleicher Bedeutung finden, das auch reflexiv ist.

dormir	schlafen	llamar	anrufen
dormir**se**	einschlafen	llamar**se**	heißen

Einige Verben verändern ihre Bedeutung, wenn sie reflexiv gebraucht werden.

ciento treinta y nueve **139**

Grammatik

8.8 Ser, estar und hay Ser, estar y hay

ser	sein
estar	sein/sich befinden
hay	es gibt

Ser und estar können im Deutschen mit *sein* übersetzt werden.
Hay ist eine unveränderliche Sonderform des Verbs **haber** und bedeutet *es gibt* oder *ist/sind*.

– Das Verb *ser* El verbo *ser*

 Unidad 2

Mit **ser** gibst du an:

Soy rubio/-a.	Ich bin blond.
La fiesta **es** fenomenal.	Die Feier ist großartig.

1. eine Eigenschaft

¿Qué hora **es**?	Wie spät ist es?
Son las dos.	Es ist zwei Uhr.
Es martes.	Es ist Dienstag.
Mi cumpleaños **es** el tres de marzo.	Mein Geburtstag ist am dritten März.

2. eine Uhrzeit, einen Tag oder ein Datum

¿Cuánto **es**?	Wieviel macht das?
Son diez euros.	Das macht zehn Euro.
Sois veinte alumnas.	Ihr seid zwanzig Schülerinnen.

3. einen Preis oder eine Anzahl

| **Es** mi libro. | Es ist mein Buch. |

4. wem etwas gehört

– Das Verb *estar* El verbo *estar*

 Unidad 2

Mit **estar** gibst du an:

Tipp:
*Bei Ortsangaben kannst du **estar** im Deutschen auch mit "sich befinden" übersetzen.*

¿Dónde **está** Miguel?	Wo ist (befindet sich) Miguel?
Ribadesella **está** en España.	Ribadesella ist (befindet sich) in Spanien.
Estoy en casa.	Ich bin (befinde mich) zu Hause.
Las chicas **están** en la playa.	Die Mädchen sind (befinden sich) am Strand.

1. wo sich eine **bestimmte** Person oder Sache befindet

¿Cómo **estás**?	Wie geht es dir?
Estoy bien.	Mir geht es gut.

2. wie es jemandem gerade geht

| **Estamos** jugando. | Wir spielen gerade. |

3. was jemand gerade tut

– Die unpersönliche Form *hay* La forma impersonal *hay*

 Unidad 3

Tipp:
***Hay** kannst du immer mit "es gibt" übersetzen.*

¿Qué **hay** en la clase?	Was ist (gibt es) in der Klasse?
Hay quince mesas en la clase.	Es sind (es gibt) fünfzehn Tische in der Klasse.
En el cine "Coliseo" **hay** muchas familias.	Im Kino "Coliseo" sind (gibt es) viele Familien.
En la mesa **hay** un libro.	Auf dem Tisch ist (gibt es) ein Buch.

Mit **hay** gibst du an:

wo sich **unbestimmte** Sachen oder Personen befinden

Gramática

G

– *Estar* oder *hay?* **¿Estar o hay?**

Entscheidend ist, ob du den Ort einer bestimmten (**estar**) oder unbestimmten (**hay**)
Person oder Sache angibst.

El libro de Yolanda está en la mesa. **Hay** *un libro* en la mesa.	*Yolandas Buch befindet sich auf dem Tisch. Es gibt ein Buch auf dem Tisch.*	**Los alumnos del 7b están** en el cine. **Hay** *muchos alumnos* en el cine.	*Die Schüler der 7b sind im Kino. Es sind viele Schüler im Kino.*

8.9 Die Modalverben **Los verbos modales**

querer	*wollen*
tener que	*müssen*
poder	*können*

Quiero *ver* la tele. **Tienes que** *llamar* a Patricia. Raúl no **puede** *pagar*.	*Ich will fernsehen. Du musst Patricia anrufen. Raúl kann nicht bezahlen.*	Das, was man tun will, muss oder kann, steht hinter den Modalverben im Infinitiv.

Folgt auf das Modalverb ein reflexives Verb, steht das Reflexivpronomen entweder
vor dem konjugierten Modalverb oder es wird an den Infinitiv angehängt:
Quiero levantarme./Me quiero levantar. *Ich will aufstehen.*

9 Der Satzbau **La sintaxis**

9.1 Aussagesätze **Las frases enunciativas**

Miguel come. **Lucía y Raúl** hablan.	*Miguel isst. Lucía und Raúl sprechen.*	Aussagesätze bestehen mindestens aus einem Subjekt und einem Prädikat. Das Subjekt steht vor dem Verb.

In Aussagesätzen können auch Objekte auftreten, entweder als indirektes Objekt
(deutsches Dativ-Objekt) oder als direktes Objekt (deutsches Akkusativ-Objekt).

– Das indirekte Objekt **El complemento indirecto**

Escribo un e-mail **a Clara.** ¿Puedo dar de comer **a** *las gallinas?* **A** *Raúl* le gusta Ribadesella. **Me** gustan las montañas.	*Ich schreibe Clara eine E-Mail. Kann ich den Hühnern Futter geben? Raúl gefällt Ribadesella. Mir gefallen die Berge.*	Vor dem indirekten Objekt (wem?) steht die Präposition **a**. Ausnahme sind die unbetonten Personalpronomen.

– Das direkte Objekt **El complemento directo**

Felipe tira **el chicle.** Busco **a mi hermano.** Busco **las gallinas.**	*Felipe wirft den Kaugummi weg. Ich suche meinen Bruder. Ich suche die Hühner.*	Wenn das direkte Objekt (wen oder was?) eine Person ist, steht die Präposition **a** davor.

ciento cuarenta y uno **141**

Grammatik

9.2 Fragesätze Las frases interrogativas

¿**Cómo** te llamas?	Wie heißt du?
¿**Dónde** está Miguel?	Wo ist Miguel?

Viele Fragesätze beginnen mit einem Fragepronomen.

 3.1, S.130

¿**Es** Miguel tu hermano?	Ist Miguel dein Bruder?
¿**Están** las chicas en la playa?	Sind die Mädchen am Strand?

Andere Fragesätze brauchen kein Fragepronomen. Wie im Deutschen kannst du das Prädikat vor das Subjekt stellen.

¿Miguel es tu hermano?	Ist Miguel dein Bruder?
¿Las chicas están en la playa?	Sind die Mädchen am Strand?

Oder du kennzeichnest eine Frage nur durch die beiden Fragezeichen und veränderst die Satzmelodie.

Eres Lucía.	Du bist Lucía.
¿Eres Lucía?	Bist du Lucía?

Wenn Subjekt und Prädikat in der Verbform enthalten sind, kannst du nichts umstellen. Dann unterscheidet sich ein Fragesatz im Satzbau nicht mehr von einem Aussagesatz.

Beim Sprechen erkennst du die Frage daran, dass der Satz eine andere Melodie hat. Beim Lesen zeigt dir das umgedrehte Fragezeichen schon am Satzanfang, dass es sich um eine Frage handelt.

9.3 Die Verneinung La negación

Unidad 3

No, no soy Clara.	Nein, ich bin nicht Clara.
No hablo español.	Ich spreche kein Spanisch.

Mit dem Wort **no** verneinst du Sätze. **No** heißt *nein*, aber auch *nicht* und *kein*.

No comprendo.	Ich verstehe nicht.
Miguel **no** está.	Miguel ist nicht da.
No hemos preparado la sangría.	Wir haben die Sangría nicht vorbereitet.
A mí **no** *me* gusta.	Das gefällt mir nicht.
Raúl **no** *se* levanta.	Raúl steht nicht auf.

Die Verneinung steht vor dem konjugierten Verb. Nur die unbetonten Personalpronomen und die Reflexivpronomen werden zwischen **no** und Verb geschoben.

No como **nada**.	Ich esse nichts.
No he hablado con **nadie**.	Ich habe mit niemandem gesprochen.
No voy **nunca** al cine.	Ich gehe nie ins Kino.

Im Spanischen gibt es doppelte Verneinungen. Tauchen **nada**, **nunca** oder **nadie** auf, gibt es im doppelt verneinten Satz noch zusätzlich ein **no**.

Gramática

9.4 Satzverbindungen Las conexiones

– Nebensätze Las frases subordinadas

El lobo es un animal **que** come gallinas. Los padres quieren tomar un café, **por eso** se sientan a la mesa. Miguel no quiere acostarse **porque** está ganando.	*Der Wolf ist ein Tier, **das** Hühner frisst. Die Eltern wollen Kaffee trinken, **deshalb** setzen sie sich an den Tisch. Miguel will nicht ins Bett gehen, **weil** er gerade gewinnt.*	Nebensätze werden mit dem Hauptsatz logisch verbunden, zum Beispiel mit einem Relativpronomen oder einer Konjunktion.

– Verbundene Hauptsätze Las frases principales coordinadas

Hoy tengo alemán, **pero** no tengo matemáticas. Compro una camiseta **y** voy a la librería.	*Heute habe ich Deutsch, **aber** ich habe keine Mathematik. Ich kaufe ein Hemd **und** ich gehe in die Buchhandlung.*	Auch Hauptsätze kann man logisch miteinander verbinden.

Hablo alemán, español e inglés.

Bei der Konjunktion **y** gibt es eine Besonderheit. Vor einem Wort, das mit **i-** oder **hi-** beginnt, wird **y** zu **e**.

Ana **e** Isabel escuchan música. Me gustan geografía **e** historia.	*Ana und Isabel hören Musik. Ich mag Erdkunde und Geschichte.*

 Unidad 6

10 Die Uhrzeit und die Grundzahlen La hora y los números cardinales

10.1 Die Uhrzeit La hora

 Unidad 2

Mit **¿Qué hora es?** (*Wie viel Uhr ist es?/Wie spät ist es?*) fragst du nach der Uhrzeit. In dieser Frage steht das Verb immer im Singular. Die Uhrzeit wird mit dem Verb **ser**, dem weiblichen bestimmten Artikel und einer Grundzahl angegeben. Ist es ein Uhr, verwendest du den Singular: **Es la una**. Bei allen anderen Uhrzeiten benutzt du den Plural: **Son las dos/tres/...** *Es ist zwei/drei/... Uhr*. Normalerweise zählst du alle vollen Stunden nur von 1 bis 12.
Um die genaue Tageszeit anzugeben, kannst du **de la mañana, de la tarde** oder **de la noche** ergänzen.
Bis zur halben Stunde werden die Minuten mit **y** zur aktuellen vollen Stunde addiert.
Was über die halbe Stunde hinausgeht, wird von der folgenden Stunde mit **menos** abgezogen.

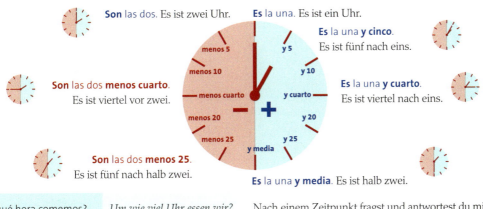

¿**A** qué hora comemos? **A** las tres y media. *Um wie viel Uhr essen wir? Um halb vier.* Nach einem Zeitpunkt fragst und antwortest du mit der Präposition **a**.

ciento cuarenta y tres **143**

Grammatik

10.2 Die Grundzahlen **Los números cardinales**

1	uno/-a, un	**21**	veintiuno/-a, veintiún	**101**	ciento uno/-a, ciento un
2	dos	**22**	veintidós	**159**	ciento cincuenta y nueve
3	tres	**23**	veintitrés	**200**	doscientos/-as
4	cuatro	**24**	veinticuatro	**300**	trescientos/-as
5	cinco	**25**	veinticinco	**400**	cuatrocientos/-as
6	seis	**26**	veintiséis	**500**	**quinientos/-as**
7	siete	**27**	veintisiete	**600**	seiscientos/-as
8	ocho	**28**	veintiocho	**700**	**setecientos/-as**
9	nueve	**29**	veintinueve	**800**	ochocientos/-as
10	diez	**30**	treinta	**900**	**novecientos/-as**
				1.000	mil
11	once	**31**	treinta y uno/-a, treinta y un		
12	doce	**32**	treinta y dos		
13	trece	**33**	treinta y tres		
14	catorce	**40**	cuarenta		
15	quince	**50**	cincuenta		
16	dieciséis	**60**	sesenta		
17	diecisiete	**70**	setenta		
18	dieciocho	**80**	ochenta		
19	diecinueve	**90**	noventa		
20	veinte	**100**	cien		

el número veinti**uno**	*die Zahl 21*
el número treinta y **uno**	*die Zahl 31*
veinti**ún** lib**ros**	*21 Bücher*
treinta y **un** lib**ros**	*31 Bücher*
veinti**una** mes**as**	*21 Tische*
treinta y **una** mes**as**	*31 Tische*

Die Zahlen 21, 22, 23 und 26 tragen einen Akzent.

Für 21, 31, 41 usw. gilt: Stehen diese Zahlen allein, nimmst du **uno** bzw. **-uno**. Vor einem männlichen Substantiv verwendest du **un** bzw. **-ún**, vor einem weiblichen Substantiv **una** bzw. **-una**. Alle anderen Zahlen verändern sich nicht.

treinta **y** uno, treinta **y** dos, ...	*31, 32, ...*
noventa **y** ocho, noventa **y** nueve	*98, 99*
ciento un, ciento diez, ...	*101, 110, ...*
novecientos/-as ochenta,	*980,*
novecientos/-as noventa	*990*

Ab 30 werden Zehner und Einer getrennt geschrieben.

Die Hunderter- und Zehnerzahlen werden nicht durch ein **y** verbunden.

cien libros	*100 Bücher*
cien mesas	*100 Tische*
cien**to** tres libros	*103 Bücher*
cien**to** treinta mesas	*130 Tische*

Die Zahl 100 heißt **cien**.

Von 101 bis 199 benutzt du die verlängerte Form **ciento**.

doscient**os** lib**ros**	*200 Bücher*
doscient**as** mes**as**	*200 Tische*

Unidad 7

Die Zahlen ab 200 setzen sich zusammen aus der Zahl und der männlichen oder weiblichen Endung **cientos/-as**. 500, 700 und 900 werden unregelmäßig gebildet.

144 ciento cuarenta y cuatro

Nützliche Redewendungen für den Unterricht
Expresiones útiles en clase

Euer Vokabular **Vuestro vocabulario**

Necesitáis ayuda o informaciones:
- Tengo una pregunta.
- ¿Puedes[1] ayudarme?
- ¿Qué significa ... en alemán?
- ¿Cómo se dice ... en español?
- ¿Cómo se escribe ...?
- ¿Cómo se pronuncia ...?
- ¿Es correcto/falso?

Ihr braucht Hilfe oder Informationen:
- *Ich habe eine Frage.*
- *Kannst du[1] mir helfen?*
- *Was bedeutet … auf Deutsch?*
- *Wie sagt man … auf Spanisch?*
- *Wie schreibt man …?*
- *Wie spricht man … aus?*
- *Ist das richtig/falsch?*

No sabéis dónde estáis o qué tenéis que hacer:
- ¿En qué página está?
- ¿En qué página estamos?
- ¿Qué ejercicio estamos haciendo?
- ¿Tenemos que terminarlo en casa?
- ¿Qué deberes tenemos?

Ihr wisst nicht, wo ihr gerade seid oder was ihr machen müsst:
- *Auf welcher Seite steht das?*
- *Auf welcher Seite sind wir?*
- *Welche Aufgabe machen wir gerade?*
- *Müssen wir das zu Hause fertig machen?*
- *Was sind unsere Hausaufgaben?*

No habéis comprendido algo u os parece demasiado rápido:
- No lo comprendo.
- No comprendo la frase de la línea ...
- No comprendo el ejercicio.
- ¿Puedes poner un ejemplo, por favor?
- ¿Puedes escribir la palabra en la pizarra, por favor?
- ¿Puedes hablar más despacio/alto, por favor?
- ¿Puedes repetirlo, por favor?
- ¿Podemos escucharlo otra vez, por favor?
- Todavía no he terminado.
- No lo sé.

Ihr habt etwas nicht verstanden oder es geht euch zu schnell:
- *Ich verstehe das nicht.*
- *Ich verstehe den Satz in Zeile … nicht.*
- *Ich verstehe die Aufgabe nicht.*
- *Kannst du bitte ein Beispiel geben?*
- *Kannst du das Wort bitte an die Tafel schreiben?*
- *Kannst du bitte langsamer/ lauter sprechen?*
- *Kannst du das bitte wiederholen?*
- *Können wir es bitte noch einmal hören?*
- *Ich bin noch nicht fertig.*
- *Ich weiß es nicht.*

Estáis trabajando en el grupo:
- ¿A quién le toca?
- Te toca a ti.
- ¿Sigo?
- Quiero seguir.
- ¿Qué hacemos ahora?

Ihr arbeitet in der Gruppe:
- *Wer ist dran?*
- *Du bist dran.*
- *Soll ich weitermachen?*
- *Ich möchte weitermachen.*
- *Was machen wir jetzt?*

Queréis disculparos:
- Lo siento.
- No tengo mis deberes.

- Perdón, he llegado tarde.
- He dejado el libro/ el cuaderno en casa.

Ihr möchtet euch entschuldigen:
- *Es tut mir leid.*
- *Ich habe meine Hausaufgaben nicht.*
- *Entschuldigung, ich bin zu spät gekommen.*
- *Ich habe mein Buch/mein Heft zu Hause gelassen.*

Das Vokabular des Lehrers/der Lehrerin **El vocabulario del/de la profesor/a**

- Abrid los libros en la página ...
- ¿Quién empieza a leer?
- ¿Quién continúa?
- Escuchad el CD.
- Haced el ejercicio número ...
- Contestad a las preguntas de la página ...
- (Ven) A la pizarra, por favor.
- ¿Comprendéis todo?

- *Schlagt die Bücher auf Seite … auf.*
- *Wer beginnt zu lesen?*
- *Wer macht weiter?*
- *Hört die CD an.*
- *Macht die Übung Nummer …*
- *Beantwortet die Fragen auf der Seite …*
- *(Komm) Bitte zur Tafel.*

- *Versteht ihr alles?*

- ¿Tenéis una pregunta?
- Excelente./Muy bien./ Correcto.
- Eso no es correcto.
- Inténtalo otra vez.
- Repite la palabra/ la frase.
- Trabajad en parejas.
- Trabajad en grupos de cuatro.
- Los deberes para la próxima clase son...

- *Habt ihr eine Frage?*
- *Hervorragend./ Sehr gut./ Richtig.*
- *Das ist nicht richtig.*
- *Versuch es noch einmal.*
- *Wiederhole das Wort/ den Satz.*
- *Arbeitet zu zweit.*
- *Arbeitet zu viert.*

- *Die Hausaufgaben für die nächste Stunde sind …*

[1] In Spanien duzen die Schüler/innen normalerweise ihre Lehrer/innen (¿Pued**es** ayudarme?).
Wenn ihr eure Lehrer/innen siezt, dann benutzt ihr die 3. Person Singular (¿Pued**e** ayudarme?).

ciento cuarenta y cinco **145**

Übungsanweisungen
Indicaciones para los ejercicios

Bis einschließlich der **Unidad 4** sind in diesem Buch alle Übungsanweisungen zweisprachig.
Du findest in der folgenden Übersicht die wichtigsten spanischen Übungsanweisungen mit der
deutschen Übersetzung.

Adivina/Adivinad ...	*Errate/Erratet* …
Apunta/Apuntad las respuestas.	*Notiere/Notiert die Antworten.*
Busca/Buscad la frase correcta.	*Suche/Sucht den richtigen Satz.*
Cambia/Cambiad ...	*Tausche/Tauscht* …
Canta/Cantad ...	*Singe/Singt* …
Compara/Comparad el dibujo con ...	*Vergleiche/Vergleicht die Zeichnung mit* …
Completa/Completad con las formas correctas de ...	*Ergänze/Ergänzt die richtigen Formen des/der* …
Contesta/Contestad a las preguntas.	*Antworte/Antwortet auf die Fragen.*
Continúa/Continuad ... como en el ejemplo.	*Vervollständige/Vervollständigt … wie im Beispiel.*
Corrige/Corregid el texto si es necesario.	*Berichtige/Berichtigt den Text, wenn es notwendig ist.*
Deletrea/Deletread ...	*Buchstabiere/Buchstabiert* …
Describe/Describid ...	*Beschreibe/Beschreibt* …
Di/Decid ...	*Sage/Sagt* …
Elige/Elegid una situación.	*Suche dir/Sucht euch eine Situation aus.*
Escribe/Escribid la tabla en el cuaderno.	*Schreibe/Schreibt die Tabelle ins Heft.*
Escucha/Escuchad la canción.	*Höre dir/Hört euch das Lied an.*
Explica/Explicad ...	*Erkläre/Erklärt* …
Forma/Formad por lo menos ocho frases.	*Bilde/Bildet mindestens acht Sätze.*
Formula/Formulad una regla para ...	*Formuliere/Formuliert eine Regel für* …
Haz/Haced un resumen/ una red de vocabulario/...	*Erstelle/Erstellt eine Zusammenfassung/ ein Vokabelnetz/...*
Inventa/Inventad ...	*Erfinde/Erfindet* …
Junta/Juntad la información sobre ...	*Trage/Tragt die Information zu … zusammen.*
Lee/Leed otra vez el texto de la Unidad.	*Lies/Lest noch einmal den Lektionstext.*
Mira/Mirad la foto.	*Sieh dir/Seht euch das Foto an.*
Ordena/Ordenad las palabras.	*Ordne/Ordnet die Wörter.*
Piensa/Pensad en ...	*Denke/Denkt an* …
Pregunta/Preguntad a dos compañeros por ...	*Frage/Fragt zwei Mitschüler/innen nach* …
Presenta/Presentad ... en clase.	*Stelle/Stellt … in der Klasse vor.*
Relaciona/Relacionad ... con ...	*Verbinde/Verbindet … mit ...*
Repite/Repetid ...	*Wiederhole/Wiederholt* …
Representa/Representad el diálogo.	*Stelle/Stellt den Dialog dar.*
Trabaja/Trabajad con el diccionario.	*Arbeite/Arbeitet mit dem Wörterbuch.*
Trabajad en parejas/en grupos de tres.	*Arbeitet zu zweit/zu dritt.*
Traduce/Traducid ...	*Übersetze/Übersetzt* …
Usa/Usad también el vocabulario de "Así se dice".	*Verwende/Verwendet auch das Vokabular aus "Así se dice".*

146 ciento cuarenta y seis

Personas y lugares

Personen **Personas**

El Canto del Loco

Dani Martín, David Otero, Chema Ruiz und Jandro Velázquez gründeten diese spanische Pop-Rock-Gruppe 2000 in Madrid. **El Canto del Loco** gewann im Jahre 2005 bei den "MTV Europe Music Awards" den Preis für die beste spanische Gruppe.

Raúl

(geb. 27. Juni 1977 in Madrid)
Raúl González Blanco ist ein spanischer Fußballspieler und gilt als einer der besten Stürmer der Welt. Zurzeit spielt er bei **Real Madrid** und in der spanischen Fußballnationalmannschaft. Bei beiden Teams trägt er die Nummer 7. Sein Spitzname lautet: **El ángel de Madrid** (Der Engel aus Madrid).

Rosa León

(geb. 4. September 1951 in Madrid)
Liedermacherin und Dichterin, die als sozialkritische Sängerin in den Jahren der Diktatur Francos bekannt geworden ist. Unter schwierigen Umständen gab sie Konzerte in Universitäten oder Cafés, immer in Gefahr, von der Militärpolizei verhaftet zu werden. Sie hat sich auch als Sängerin und Autorin von Kinderliedern einen Namen gemacht.

Shakira

(geb. 2. Februar 1977 in Barranquilla, Kolumbien)
Shakira (eigentlich Shakira Isabel Mebarak Ripoll) ist eine international erfolgreiche Popsängerin aus Kolumbien. Ihr Vater ist libanesischer Abstammung und ihre Mutter hat italienische Wurzeln. Mit 14 veröffentlichte sie bereits ihr erstes Album: **Magia** (Magie). Shakiras englisch- und spanischsprachige Hits wurden seitdem mit diversen Musikpreisen ausgezeichnet.

Orte **Lugares**

Andalucía

Die bevölkerungsreichste und zweitgrößte autonome Region mit der Hauptstadt Sevilla liegt im Süden der Iberischen Halbinsel. Der Name leitet sich ab vom arabischen **Al-Andalus** und bedeutet "Land der Vandalen".
Die maurische Geschichte Spaniens hat hier besonders viele sichtbare Spuren hinterlassen.

Asturias

Autonome Region im bergigen Norden Spaniens an der Küste des **Mar Cantábrico**. Die Hauptstadt ist Oviedo.

Barcelona

(1,6 Millionen Einwohner)
Zweitgrößte Stadt Spaniens mit dem größten Hafen des Landes. Barcelona stellt ein wichtiges Kunst- und Kulturzentrum dar und liegt am östlichen Mittelmeer, an der **Costa Brava**. In der Hauptstadt der zweisprachigen autonomen Region **Cataluña** wird **catalán** und **castellano** gesprochen.

Bilbao

(400 000 Einwohner)
Hauptstadt der baskischen Provinz **Vizcaya** und eine bedeutende Industrie- und Hafenstadt im Norden Spaniens. Eine besondere touristische Attraktion ist das 1997 fertig gestellte Guggenheim-Museum.

Cádiz

(130 000 Einwohner)
Älteste Stadt der Iberischen Halbinsel, die 1100 v. Chr. gegründet wurde. Cádiz liegt an der Atlantikküste in Andalusien.

Colombia

(43,5 Millionen Einwohner)
Kolumbien (**República de Colombia**) liegt im mittleren Teil Lateinamerikas und grenzt an Panama, Brasilien, Peru, Ecuador und Venezuela.

ciento cuarenta y siete **147**

Personen und Orte

Die Hauptstadt, **Santa Fe de Bogotá**, liegt im Zentrum des Landes. Kolumbien ist seit 1810 von Spanien unabhängig. Das Land hat sowohl eine Pazifik- als auch eine Atlantikküste und ist dreimal so groß wie Deutschland. Die Anden durchlaufen das Land von Süden nach Norden. Das Klima ist tropisch. In den Gebirgsregionen ist es sehr kalt, während in den Urwäldern und Wüsten sehr hohe Temperaturen herrschen können.
Die Bevölkerung ist das Ergebnis der Mischung dreier unterschiedlicher Gruppen: der indigenen (die Urein-wohner), der europäischen und der afrikanischen. Die Mehrheit (ca. 60 Prozent) bilden die Mestizen, deren Vorfahren Ureinwohner und Europäer waren.

Comunidades autónomas

Spanien ist in 17 **comunidades autónomas** (autonome Regionen) unterteilt, die sich nochmals in 50 verschiedene **Provincias** (Provinzen) aufteilen. Siehe Spanienkarte im Einband.

Galicia

Die regenreichste und grünste Region Spaniens mit der Hauptstadt **Santiago de Compostela** liegt im Nord-westen des Landes am Atlantik. Auch diese autonome Region ist zweisprachig: Neben **castellano** wird hier auch **gallego** (galizisch) gesprochen.

Granada

(250 000 Einwohner)
Eine der am meisten durch den maurischen Einfluss gezeichneten Städte in Andalusien und besonders berühmt durch die **Alhambra**. Diese maurische Festung sowie die Altstadt gehören zum Weltkulturerbe der UNESCO.

Madrid

(3,2 Millionen Einwohner)
Hauptstadt Spaniens und Sitz der wichtigsten Behör-den. Madrid ist sowohl das kulturelle Zentrum des Landes mit weltberühmten Museen (**Prado, Reina Sofía**) als auch der wirtschaftliche und politische Mittelpunkt. Hier befindet sich die Residenz des Königs.
Sportvereine wie **Real Madrid** und **Atlético de Madrid** sind in aller Welt bekannt.

Menorca

(80 000 Einwohner)
Die östlichste Insel der **Islas Baleares** (**Mallorca, Menorca, Ibiza, Formentera, Cabrera** und **Conejera**) mit der Hauptstadt **Mahón** liegt im Mittelmeer.
Sie wird häufig als kleinere Schwester Mallorcas bezeichnet und ist ein beliebtes Urlaubsziel. Hier wird neben Spanisch auch **catalán** (**menorquí**) gesprochen.

Pamplona

(200 000 Einwohner)
Hauptstadt der **Comunidad Autónoma de Navarra**, im Norden des Landes, in der Nähe der französischen Grenze gelegen. Pamplona ist weltweit berühmt für die **Fiesta de San Fermín**. Während der Festwoche werden jeden Morgen Stiere durch die Stadt in Richtung Stierkampfarena getrieben. Viele Touristen und Einheimische setzen ihr Leben aufs Spiel, indem sie möglichst dicht vor den Stieren herlaufen.

Ribadesella

(6 500 Einwohner)
Die kleine Stadt in **Asturias** liegt an der Küste, die wegen ihrer beeindruckenden Knochenfunde auch **Costa del Dino** (Dinosaurierküste) genannt wird.
In Lastres, einem anderen Ort in der Nähe, befindet sich ein Dinosauriermuseum.
Seit 1929 findet am ersten Augustwochenende zwischen Arriondas und Ribadesella der 20 km lange **Descenso Internacional del Sella** statt. Hierbei handelt es sich um ein Paddelrennen auf dem Fluss **Sella**, dem der Ort seinen Namen verdankt (siehe Foto S. 12/13).

Sevilla

(720 000 Einwohner)
Hauptstadt Andalusiens und viertgrößte Stadt Spaniens. Sevilla ist besonders berühmt für die Fest-umzüge zu Ostern (**Semana Santa**) und das eine Woche andauernde Volksfest **Feria de Abril.**

Personas y lugares

Tenerife

(850 000 Einwohner)
Die größte und bevölkerungsreichste Insel der **Islas Canarias** ist vulkanischen Ursprungs. Hier befindet sich der höchste Berg Spaniens, der 3 718 m hohe **Teide**. Zahlreiche Pflanzenarten sind nur auf den Kanaren heimisch.
Eine weitere Besonderheit sind die Wale, die in großer Zahl in der bis zu 3 000 m tiefen Meerenge zwischen Teneriffa und **La Gomera** anzutreffen sind. An kaum einem anderen küstennahen Ort der Welt sind so viele Wale beheimatet.

Toledo

(77 000 Einwohner)
Südwestlich von Madrid in der **Comunidad Autónoma de Castilla-La Mancha** gelegen. Toledo ist eine Stadt mit einer besonders beeindruckenden und wechselvollen Geschichte. Die Altstadt gehört zum Weltkulturerbe der UNESCO.

Valencia

(800 000 Einwohner)
Die drittgrößte Stadt Spaniens und am Mittelmeer gelegen. Die **Fallas**, das im März stattfindende Frühlingsfest, hat Valencia über die Grenzen Spaniens hinaus bekannt gemacht.

Madrid

El Chotis y la Fiesta de San Isidro Unidad 11

El Corte Inglés

Größte und bekannteste Kaufhauskette des Landes. **El Corte Inglés** verfügt in Madrid über mehrere Niederlassungen.

La Estación de Atocha

Größter Bahnhof der Stadt, von dem die Hochgeschwindigkeits- (**AVE**) und Nahverkehrszüge starten. Atocha besteht aus einer wunderschönen Jugendstil-Konstruktion aus Gusseisen und Glas. Das Herzstück bildet die elegante Bahnhofshalle samt tropischer Gartenoase: Palmen, Farne und Bananenstauden gedeihen hier ganzjährig bei einem konstanten Klima von 24° C. Traurige Berühmtheit in der ganzen Welt erlangte dieser Bahnhof durch die Attentate vom 11.03.2004, bei denen Hunderte von Menschen schwer verletzt wurden oder den Tod fanden.

El Estadio Santiago Bernabéu

Legendäres Fußballstadion, das 1947 eingeweiht wurde. Seitdem wird es kontinuierlich ausgebaut und modernisiert. Nach dem letzten größeren Umbau, der im Jahre 2005 abgeschlossen wurde, gilt es als so genanntes „Fünf-Sterne-Stadion" und gehört damit zu den modernsten Fußballstadien der Welt.

La FNAC

Großes Medienkaufhaus im Zentrum der Stadt. Hier werden Bücher, CDs, DVDs, Videos, Computer und Zeitschriften auf vier Etagen angeboten. Es ist auch sonntags geöffnet.

La Gran Vía

Eine der befahrensten und belebtesten Hauptstraßen im Zentrum Madrids. Neben vielen Kinos und Hotels findet man hier Geschäfte, Buchhandlungen und Restaurants. Die **Gran Vía** reicht von der **Calle de Alcalá** bis zur **Plaza de España**.

La Latina

Eines der ursprünglichsten und traditionellsten Stadtviertel Madrids. Hier befinden sich viele sehenswerte Kirchen sowie der berühmte Flohmarkt **El Rastro**. Das Viertel ist auch für sein Nachtleben bekannt.

El Museo del Prado

Der Prado wurde 1819 eingeweiht. Berühmtestes Museum der Stadt und eine der bedeutendsten und größten Gemäldesammlungen der Welt. Einzelne Säle sind großen Meistern wie z.B. Goya, Velázquez, El Greco, Tizian sowie Vertretern der flämischen Schule gewidmet.

Personen und Orte

El Museo Nacional Centro de Arte Reina Sofía

Das Museum wurde 1992 eröffnet und befindet sich in einem ehemaligen Krankenhaus. Hier sind bedeutende Werke der neueren spanischen Kunst sowie regelmäßige Ausstellungen zu sehen. Große spanische Künstler des 20. Jahrhunderts wie Picasso, Dalí, Miró und Tàpies werden umfassend vorgestellt. Picassos Gemälde **Guernica**, das unter dem Eindruck des spanischen Bürgerkriegs und der deutschen Bombardierung der baskischen Stadt Guernica entstanden ist, nimmt einen ganzen Saal ein.

El Parque de Atracciones

Vergnügungspark mit vielen Attraktionen.

El Parque del Retiro

Der Park ist die grüne Lunge der Stadt. Ursprünglich als Weide für die Pferde der Könige angelegt, ist er heute ein beliebtes Ausflugsziel der Madrilenen. Der künstliche See mit dem Reiterdenkmal von Alfonso XII ist das Zentrum des Parks und wird für Bootspartien genutzt.

El Parque Zoológico de Madrid

Der Zoo verfügt über weite Grünflächen sowie einige natürliche Seen. Ungefährliche Tiere bewegen sich hier völlig frei auf dem Gelände. Es gibt außerdem einen speziellen Reptilienzoo und Raubvögelvorführungen.

La Plaza de Oriente

Ein prachtvoller Platz, zwischen der Oper und dem königlichen Palast gelegen.

La Plaza Mayor

Größter und architektonisch eindrucksvollster Platz im Zentrum der Stadt. Er wurde 1620 erbaut. Die **Plaza Mayor** diente in der Geschichte als Schauplatz für zahlreiche Veranstaltungen wie Theateraufführungen und Stierkämpfe. Heutzutage ist der Platz ein beliebter Treffpunkt, der für Konzerte und den traditionellen Weihnachtsmarkt im Dezember genutzt wird.

La Puerta del Sol

Dieses Stadttor war im 15. Jahrhundert der wichtigste Eingang nach Madrid. Heute bilden das Tor und der davorliegende Platz das geografische Zentrum Spaniens. Die monumentale Turmuhr und die Statue des Bären mit dem Erdbeer-Baum gehören zu den Wahrzeichen der Stadt. In der Silvesternacht versammeln sich hier traditionell viele Madrilenen, um das neue Jahr zu begrüßen.

El Rastro

Größter Flohmarkt der Stadt und Sonntagstreffpunkt für Hunderttausende von Madrilenen.

El Real Madrid Club de Fútbol

Einer der berühmtesten und erfolgreichsten Fußballvereine in Europa. Er wurde 1902 gegründet.

El Teatro Real

Das Opernhaus wurde 1850 eingeweiht und liegt zwischen der **Plaza de Oriente** und der **Plaza de Isabel II**.

Sonstiges Varios

Comics Cómics

El Capitán Trueno

1956 wurde diese spanische Abenteuer-Comicreihe von Ambrós und Víctor Mora ins Leben gerufen. **Capitán Trueno** ist ein spanischer Ritter des Mittelalters. In Begleitung von Goliath und Crispín oder seiner Verlobten Sigrid, der Königin von Thule, bereist er die Welt und besteht so manches Abenteuer.

Personas y lugares

Mortadelo y Filemón

Bekannteste spanische Comicreihe, die 1957 von Francisco Ibañez als Parodie auf Sherlock Holmes und Dr. Watson erschaffen wurde. Sie erzählt die Abenteuer zweier Agenten der Geheimorganisation **T.I.A.** In Deutschland sind diese beiden Helden als "Clever & Smart" bekannt.

Superlópez

Hauptfigur des von Juan López erdachten Comics mit gleichem Namen. **Superlópez** stammt wie auch Supermann von einem zerstörten Planeten (**Chitón**) und wurde von Menschen adoptiert. In Barcelona, wo er unter falscher Identität als Juan López lebt, ist er nur ein unbedeutender Büroangestellter.

Zipi y Zape

Seit Ende der 50er Jahre zwei der wichtigsten Comic-Helden des spanischen **tebeo** (Comic), erschaffen von José Escobar. Das Zwillingspärchen unterscheidet sich durch die Haarfarbe – Zipi ist blond, Zape dunkelhaarig – und charakterisiert sich vor allem dadurch, dass es bei jeder Gelegenheit in die haarsträubendsten Abenteuer gerät. Nach **Mortadelo y Filemón** ist **Zipi y Zape** der am häufigsten übersetzte Comic Spaniens.

Spanische Feste Fiestas españolas

El Carnaval

Die bekanntesten Karnevalsfeiern Spaniens finden in Santa Cruz auf Teneriffa und in Cádiz statt.

La Feria de Abril

Berühmtes Volksfest, das ein bis zwei Wochen nach der **Semana Santa** in Sevilla stattfindet und eine Woche dauert. Wurde früher der erfolgreiche Verkauf von Vieh gefeiert, sind die Hauptattraktionen heute Gesang und Tanz (**sevillanas**), typische Produkte der Region und Stierkämpfe.

La Fiesta de San Fermín

Siehe **Pamplona**.

La Fiesta de San Isidro

 Unidad 11

La Navidad

Der 24. Dezember wird in Spanien üblicherweise innerhalb der Familie mit einem besonderen Abendessen gefeiert. Am 25. Dezember gibt es ein festliches Mittagessen. Eine Tradition ist das Aufstellen von Krippen in den Wohnungen, auch wenn diese mittlerweile immer häufiger durch Weihnachtsbäume ergänzt werden. Der Tag der weihnachtlichen Bescherung ist der 6. Januar. In vielen Familien erhalten die Kinder bereits am 25. Dezember einen Teil der Geschenke, damit sie damit während der Schulferien spielen können.

La Nochevieja

Die letzte Nacht des Jahres wird in Spanien ähnlich gefeiert wie bei uns. Eine Besonderheit gibt es jedoch: Mit jedem der zwölf Glockenschläge um Mitternacht wird eine Weintraube gegessen, die einen Wunsch für das neue Jahr symbolisiert.

Los Reyes Magos

Am Abend des 5. Januar findet an vielen Orten der festliche Einzug der Heiligen Drei Könige statt, die mit viel Gepäck auf Pferden und Kamelen durch die Straßen ziehen und Süßigkeiten verteilen. Am Morgen des 6. Januar findet dann die eigentliche Bescherung in den Familien statt.

La Semana Santa

Die christlich-religiösen Feiern der Karwoche werden von Bruderschaften organisiert. Dabei werden unter großer Anteilnahme der Bevölkerung von den maskierten Büßern (**nazarenos**) Heiligen- und Jungfrauenstatuen durch die Straßen der Städte und Dörfer getragen. Die bekanntesten Feiern und Prozessionen finden in Andalusien statt.

Arbeitstechniken

Texte verstehen

1 Texte lesen

Wenn du Texte liest, verfolgst du in der Regel unterschiedliche Absichten. Häufig interessiert dich der ganze Text, z.B. wenn du ein spannendes Buch liest. Manchmal interessiert dich jedoch nur ein Detail, z.B. wenn du einen bestimmten Film ansehen möchtest und die passende Kinovorstellung in einer Zeitung oder Zeitschrift heraussuchst.

In diesem Lehrbuch gibt es unterschiedliche Leseaufträge. Entweder musst du den ganzen Text verstehen, wie z.B. den Lektionstext, oder du benötigst eine bestimmte Information aus einem Text, z.B. bei einer Internet-Recherche.

a) Mit dem Lektionstext arbeiten

Sieh dir zunächst die Überschrift und die Bilder an, bevor du den Text liest. Sie verraten häufig eine Menge über das Thema und den Inhalt und können dir helfen, unbekannte Vokabeln des Textes zu verstehen. Überlege kurz, welche Wörter dein Lehrer/deine Lehrerin vorher vorgestellt hat und welche Bedeutung sie für die Lektion haben könnten.

Wenn du den Text liest, konzentriere dich auf das, was du verstehst, und nicht auf das, was du nicht verstehst. Nimm die Bilder zur Hilfe. Überprüfe den unbekannten Text anhand deiner Vorüberlegungen. Versuche zu verstehen, worum es im Großen und Ganzen geht. Die Beantwortung der W-Fragen kann hierbei hilfreich sein:
- **Wer** spricht?
- **Wo** ist/sind die Person/en?
- **Worüber** spricht/sprechen sie?
- **Was** macht/machen sie?
- **Warum** spricht/sprechen sie oder macht/machen sie etwas?

Konzentriere dich nun auf die Details, indem du die Wörter suchst, die du gar nicht verstehst und die du für das Textverständnis unbedingt benötigst. Die Hinweise unter "Unbekannte Wörter verstehen" auf S. 154 können dir jetzt weiterhelfen. Verwende nur dann ein Wörterbuch, wenn dich diese Tipps nicht weiterbringen.

b) In einem Text bestimmte Informationen heraussuchen

Wenn du ganz bestimmte Informationen suchst, musst du nicht immer wieder den gesamten Text durchlesen. Bei Fragen zu einer Person suchst du beispielsweise im Text nach Zeilen, in denen der Name genannt wird.

Auch bei einer Internet-Recherche ist es nicht nötig, alles auf einer Website zu lesen. Lies dir zuerst die Arbeitsaufgaben durch und suche auf der Website nach Oberbegriffen, unter denen du die Informationen finden könntest. Konzentriere dich nur auf die Beantwortung der Fragen. So schaffst du es, wichtige Informationen in kurzer Zeit aus Originaltexten zu ziehen.

2 Texte hören

Im Unterricht hörst du Gespräche, kurze Texte oder Lieder auf Spanisch. Am Anfang wirst du nicht alles sofort verstehen. Wichtig ist, dass du dir vorher die Aufgaben zu dem Hörtext genau durchliest.

a) Gesprochene Texte im Allgemeinen verstehen oder das Thema heraushören

Gibt es eine Überschrift oder Bilder? Überlege dir, um welches Thema es gehen könnte, was die abgebildeten Personen machen und welche Vokabeln vorkommen könnten. Höre dir dann das Gespräch oder den Text

Estrategias

ein erstes Mal an. Dabei musst du nicht jedes Wort verstehen. Schreibe auf, was du verstanden hast. Richte dich nach den W-Fragen (siehe 1a) und mache dir Notizen (siehe 3):
- **Wer** spricht?
- **Wo** ist/sind die Person/en?
- **Worüber** spricht/sprechen sie?
- **Was** macht/machen sie?
- **Warum** spricht/sprechen sie oder macht/machen sie etwas?

Am Anfang ist es hilfreich, wenn du dich mit anderen darüber austauschst. Versuche, deine Informationen und die deines Mitschülers/deiner Mitschülerin zu verbinden. Wenn du den Text oder das Gespräch ein zweites Mal hörst, überprüfe die Informationen auf Richtigkeit und Vollständigkeit.

Manchmal geben auch Nebengeräusche oder der Tonfall eines Sprechers Hinweise auf eine Situation oder ein Thema. Wenn du mit jemandem aus einem spanischsprachigen Land sprichst, hilft es sehr, auf Gestik und Mimik zu achten.

b) Bestimmte Informationen heraushören und aufschreiben

Kläre, welche Informationen du heraushören sollst, und höre dir die gesamte Hörverstehensübung an. Es kann beispielsweise um die Unterscheidung von Buchstaben, Zahlen, Straßennamen oder von einzelnen Informationen zu Personen oder Tieren gehen. Hierbei musst du nicht den ganzen Text und jedes Wort verstehen. Zur besseren Konzentration kannst du auch die Augen schließen, dann bist du nicht von anderen Dingen abgelenkt.

Schreibe beim zweiten Hören die Zahlen, Wörter oder ein bis zwei Informationen zu einer Person oder Situation auf. Hast du noch Lücken? Vergleiche mit einem/einer Mitschüler/in. Vier Ohren hören mehr als zwei!

c) Richtig- oder Falsch-Übungen lösen

Bei diesen Übungen hörst du Informationen zum Lektionstext oder einen anderen Text und musst entscheiden, ob die Aussagen richtig oder falsch sind. Lies dir zur Vorbereitung erst einmal alle Sätze durch und frage nach, wenn du etwas nicht verstanden hast. Höre dann den Text.

d) Den Hörverstehenstext einem Bild zuordnen

Schaue dir, bevor du den Text hörst, die Bilder an und stelle wesentliche Unterschiede fest. Überlege dir, wie du diese Unterschiede auf Spanisch formulieren würdest. Wenn du dann den Text hörst und auf diese Unterschiede achtest, kannst du das richtige Bild schneller dem Text zuordnen. Wenn du die richtige Beschreibung zu einem Bild auswählen sollst, überlege dir vor dem Hören, wie du es beschreiben würdest.

3 Notizen anfertigen

Wenn du alle Fragen beantworten oder möglichst viele Informationen zu einer bestimmten Situation aufschreiben möchtest, hast du keine Zeit, ganze Sätze mitzuschreiben. Es ist deshalb sinnvoll, nur Stichwörter aufzuschreiben und genügend Platz dazwischen zu lassen, um diese ergänzen zu können. Du kannst auch eine Tabelle mit den deutschen W-Fragen oder den spanischen Fragewörtern anfertigen und in diese deine Notizen eintragen.

¿Quién/Quiénes?	¿Dónde?	¿Cuándo?	¿Qué pasa?	¿Por qué?

ciento cincuenta y tres | **153**

Arbeitstechniken

Unbekannte Wörter verstehen

a) Das Allgemeinwissen nutzen

Es gibt Wörter, die du dank deines Allgemeinwissens verstehst. Ohne viel Spanisch zu sprechen, verstehst du:
Madrid es la capital de España.

Was bedeutet der folgende Satz?   **El 25 de diciembre es Navidad.***

b) Internationale Wörter

Den ersten Satz unter **a)** verstehst du auch, weil im Englischen das Wort genauso lautet:
la capital   = *the capital*

Achte auf die Unterschiede in der Schreibweise: **la música**   *die Musik*   *the music*

… und auch auf den Artikel: **el chocolate**   *die Schokolade*

Was bedeuten die folgenden spanischen Wörter?
- **el fútbol**   • **el minuto**   • **el color**   • **el autobús**

c) Wörter aus dem Zusammenhang erschließen

Viele Wörter kannst du aus dem Zusammenhang erschließen,
d.h. aus der Verbindung mit anderen, bekannten Wörtern.

Was bedeutet der folgende Satz auf Deutsch?
El chico está en un café y *toma* una limonada.

d) Wörter durch Fotos und Zeichnungen verstehen

Fotos oder Zeichnungen begleiten häufig einen Text. Wenn du dir die vorhandenen Bilder genau ansiehst, kannst du unbekannte Wörter erschließen.

Wie lautet der Satz auf Deutsch?
Raúl juega al baloncesto.

e) Wortfamilien

Neue Wörter können zu bekannten Wortfamilien gehören. Sie haben oft denselben Wortstamm.
An den Endungen oder am Artikel kannst du erkennen, ob es ein Verb, ein Adjektiv oder ein Substantiv ist.

comer – la comida
Du kennst aus der **Unidad 2 comer** = *essen*. Das Substantiv **la comida** heißt also *das Essen*.

el helado – la heladería
Du kennst aus der **Unidad Empezamos el helado** = *das Eis.* Und du kaufst es in einer *Eisdiele*.

Was heißen die folgenden Wörter auf Deutsch?
- **España – el español/la española**   • **leer – la lectura**

154 | ciento cincuenta y cuatro   * Die Lösungen findest du am Ende dieser Seiten.

Estrategias

Schreiben

Wenn du eine neue Sprache lernst, ist es nicht einfach, eigene Texte zu schreiben. Es fehlen die passenden Vokabeln, die unterschiedlichen Zeiten sind noch nicht bekannt und vielleicht möchtest du bereits viel mehr ausdrücken, als du schon sagen kannst. Damit der Anfang leichter fällt, hier ein paar Tipps.

1 Einen Text schreiben

- Überlege, welche **Art von Text** du schreiben möchtest und **an wen** er sich richtet. Soll es ein Brief oder eine E-Mail werden, dann muss er eine Anrede und einen Abschiedsgruß enthalten. Bei einem Dialog ist es wichtig zu klären, welche Personen beteiligt sein sollen.

- **Sammle** zunächst **Ideen** für deinen Text und fertige dir eine Liste mit Stichwörtern zu dem Thema an.

- **Suche** in deinem Spanischbuch nach einem Text, der dir als **Vorlage** dienen kann. Das heißt nicht, dass du ihn abschreiben sollst, aber er kann dir bei der Erstellung deines eigenen Textes helfen.

- Beginne dann **zügig** mit dem Schreiben. Es ist zunächst noch nicht so wichtig, dass alles geordnet und richtig geschrieben ist. Nimm dir lieber am Ende noch einmal Zeit für eine Überarbeitung.

- **Überarbeite** deinen Text. Wenn du bei einigen Wörtern unsicher bist, überprüfe die Schreibweise im **Vokabelanhang** oder im **Wörterbuch**. Ebenso solltest du bei der **Grammatik** verfahren. Sind die Verb-Endungen richtig an die Personen angeglichen, stimmen die Endungen der Adjektive?

- **Überprüfe**, ob dein Text auch **logisch aufgebaut** ist. Das bedeutet, dass du deine Ideen sortiert hast und alles in einem Zusammenhang steht.

- **Lies** dir deinen Text jetzt ein weiteres Mal **durch**. Vielleicht gibt es noch **etwas zu verbessern?** Manchmal können schon ein paar **kleine Wörter** einen Text **spannender oder abwechslungsreicher** gestalten. Gerade bei den **Satzanfängen und -verbindungen** kannst du variieren. Auch unterschiedliche Adjektive machen einen Text ansprechender.

- **Tausche** dich mit einem/einer Mitschüler/in **aus**. Lest euch gegenseitig eure Texte vor. Vielleicht gibt es noch **Verbesserungsvorschläge**, die du aufnehmen kannst. Dann bist du am Ziel. Jetzt kannst du deinen Text **präsentieren**!

- **Schreibe** deinen Text ins **Reine**. Wenn du ihn besonders gelungen findest, kannst du ihn in deinem Portfolio-Ordner ablegen. Du wirst staunen, wie sehr sich deine Texte im Laufe der Zeit verändern und was du nach kurzer Zeit schon alles ausdrücken kannst!

2 Einen Text zusammenfassen

Wenn du ein **resumen** schreiben möchtest, gibt es einige Dinge zu beachten, die du sicherlich schon aus dem Deutsch- oder Englischunterricht kennst.

- **Konzentriere** dich auf die **wichtigsten Aspekte** des Textes.
- **Beginne** die Zusammenfassung mit einem **einleitenden Satz**, der dem Leser/der Leserin sagt, worum es geht:
El texto habla de la familia Navarro que pasa el fin de semana en Santander.
- Verwende beim Schreiben stets das **Präsens** und keine direkte Rede.
- **Achte** auf **ordnende Strukturwörter** und **Satzverbindungen**:
primero; después; al final; por eso; para; porque etc.
- **Denke** daran, dass ein **resumen** nicht länger als ein Drittel des ursprünglichen Textes sein sollte.

ciento cincuenta y cinco

Arbeitstechniken

Sprechen

Im Laufe deines Spanischunterrichts wird das freie Sprechen immer umfangreicher werden. Am Anfang antwortest du auf Fragen, spielst einen Dialog vor oder lernst kurze Texte auswendig. Später wirst du in der Klasse schon kleine Vorträge auf Spanisch halten. Es ist ganz normal, dabei Fehler zu machen. Entscheidend ist, dass du dich verständlich machen kannst. Wie beim Erlernen einer Sportart ist das Üben und Wiederholen eine wichtige Voraussetzung, um immer besser zu werden!

Lernst du Texte oder Teile davon auswendig, ist es sinnvoll, den Text Satz für Satz zu lesen. Wiederhole jeden Satz laut. Durch das laute Nachsprechen lernst du schneller als durch das stille Lesen.

Hältst du einen Vortrag oder eine Präsentation auf Spanisch, schreibe dir Schlüsselwörter zu deinem Thema auf eine oder mehrere Karteikarten. Die Wörter helfen dir, deinen Vortrag zu strukturieren. Übe den Vortrag mehrmals laut zu Hause. Du kannst ihn deinen Eltern, Geschwistern oder auch deinem Haustier vortragen.

Im direkten Gespräch ist es wichtig, dass du zeigst, wenn du etwas nicht verstanden hast. Frage nach!

Vokabellernen

Es gibt viele verschiedene Arten, Vokabeln zu lernen. Probiere einfach aus, welche Methode für dich am besten ist, und tausche dich mit deinen Mitschülern/Mitschülerinnen über deine Erfahrungen aus!

- Es ist grundsätzlich sinnvoll, nicht mehr als **30 neue Vokabeln am Tag** zu lernen.

- Teile dir die neuen Wörter in **Blöcke von ungefähr sechs bis sieben Vokabeln** ein. Nach jedem Vokabelblock solltest du eine Pause einlegen und etwas anderes tun. Danach beginnst du mit dem nächsten Abschnitt und so weiter. Vergiss die **Pausen** nicht!

- Versuche, dir möglichst jede Vokabel in einem **konkreten Zusammenhang** vorzustellen.

- Du kannst die Wörter beim Lernen auch **laut aussprechen,** dann behältst du sie besser.

- Zu vielen oder aus vielen Wörtern lässt sich ein **Bild malen**.

- Du kannst die neuen Vokabeln oder Sätze **auf kleine Zettel schreiben** und an den entsprechenden Gegenständen oder Möbeln im Haus befestigen.

- **Höre** sie dir immer wieder von einer Kassette oder einem MP3-Player **an**, nachdem du sie aufgenommen hast.

- Sammle deine **Lieblingswörter** oder solche, die dir nicht so sympathisch sind.

- **Bewege** dich einfach mal während des Lernens, verbinde bestimmte Worte mit **Gesten** oder schreibe die Vokabeln in die Luft.

156 ciento cincuenta y seis

Estrategias

- Wörter prägen sich besser ein, wenn du sie in einen Zusammenhang stellst. Bilde **Gegensatzpaare**, z.B.:
  grande – pequeño   a la izquierda – a la derecha

- **Wortfamilien**, z.B.:
  español – España   leer – libro – librería

- Du kannst aus besonders schwierigen Vokabeln oder auch aus deinen Lieblingswörtern **Reime oder Lieder** machen und diese auswendig lernen.

Probiere das Arbeiten mit einer **Lernkartei** aus. Auf die Vorderseite der **Karteikarten** schreibst du das **spanische Wort**, auf die Rückseite die **deutsche Bedeutung**. Auf beiden Seiten kannst du einen passenden Beispielsatz ergänzen, damit du die Vokabel in einem Zusammenhang siehst.
Im **ersten Fach** der Lernkartei sammelst du alle Karten. Wenn du die richtige Übersetzung eines Wortes beherrschst, kommt die Karte ins zweite Fach. Ansonsten bleibt sie im ersten Fach.
Die Wörter aus dem ersten Fach wiederholst du täglich. Die Vokabeln aus dem **zweiten Fach** solltest du regelmäßig wiederholen. Wenn du sie richtig übersetzt, kommen sie ins nächste Fach. Im anderen Fall landen sie wieder im ersten Fach und werden am nächsten Tag wiederholt. Du kannst die Lernkartei auch gut mit anderen zusammen verwenden.

Vokabelnetz (red de vocabulario)

- Schreibe in die Mitte eines großen Blattes Papier einen **Oberbegriff**.
- Überlege dir **Unterbegriffe**, die mit deinem zentralen Wort zusammenhängen.
- Verwende **verschiedene Farben**, um die Übersichtlichkeit zu erhöhen.
- Denke nicht zu lange darüber nach, an welcher Stelle du dein Vokabelnetz erweitern möchtest. Sonst kann dein **Gedankenfluss** leicht ins Stocken geraten. Man denkt viel schneller, als man schreibt! Ergänzungen kannst du später immer noch in eine überarbeitete Version aufnehmen.
- **Sammle** deine persönlichen **Vokabelnetze** und hefte sie ab. So kannst du immer wieder auf sie zurückgreifen.

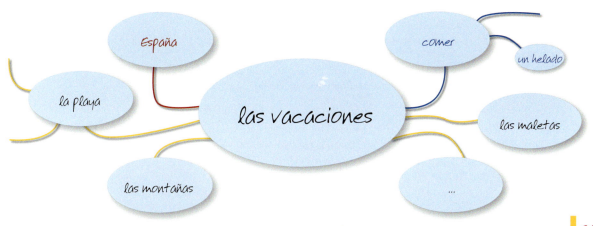

Arbeitstechniken

Mit dem Wörterbuch arbeiten

Überlege, bevor du zu einem Wörterbuch (**diccionario**) greifst, ob du das unbekannte Wort nicht über andere Techniken erschließen kannst (siehe unter "Unbekannte Wörter verstehen", S. 154).

1 Im Minidiccionario nachschlagen

Im **Minidiccionario** dieses Lehrbuches findest du in dem deutsch-spanischen und dem spanisch-deutschen Teil alle Wörter des Buches in alphabetischer Reihenfolge. Daneben steht die Übersetzung sowie die Lektion, in der das Wort erstmals vorkommt. Hinter einem Substantiv kann zudem ein f für *weiblich* stehen, der spanische Artikel lautet dann **la**. Oder aber ein m für *männlich*, der Artikel ist **el**. Du findest auch noch andere Hinweise hinter Wörtern wie z.B. *ugs.* Das bedeutet, dass das Wort nicht in jeder Situation passend ist und umgangssprachlich verwendet wird.

2 Im zweisprachigen Wörterbuch nachschlagen

Die Arbeit mit dem zweisprachigen Wörterbuch ist vor allem eine Sache der Übung. Es ist wichtig, dass du nicht sofort die erste eingetragene Bedeutung hinter einem Wort benutzt, sondern zunächst den gesamten Eintrag durchliest. Viele Wörter im Spanischen haben unterschiedliche Bedeutungen. Die passende Übersetzung kannst du erst herausfinden, wenn du dir alle Informationen angeschaut hast. Dabei stößt du häufig auf feststehende Ausdrücke oder Übersetzungen, die zu einem bestimmten Fachgebiet wie z.B. der Medizin gehören. Das Wörterbuch bietet dir viele Hilfen in Form von Abkürzungen, die du in einer Legende nachschlagen kannst.

Wenn du dir den Eintrag *Haus* in einem Wörterbuch ansiehst, könnte dort Folgendes stehen:

Haus *n*

1. casa *f*
nach **~e** a casa; **zu ~e** en casa; en su tierra; **außer ~e** fuera (de casa); **das ~ hüten** guardar la casa

f steht genau wie *m* oder *n* für das Geschlecht des Substantives, also feminin, maskulin oder neutral.

2. (Familie) familia *f*, casa *f*;
aus gutem ~e de buena familia; **von ~e aus** de por sí, de origen

Die Welle (~) ersetzt das Wort, unter dessen Eintrag du suchst und hat, wenn nötig, die Endung oder einen weiteren Wortteil dahinter.

3. *teat* sala *f*, teatro *m*;
das ~ ist ausverkauft *teat* todas las localidades están vendidas

teat steht für Theater und zeigt dir an, dass das deutsche Wort in diesem Zusammenhang eine andere spanische Übersetzung hat.

~aufgabe *f* deber(es) *m (pl)*
~boot *n* casa *f* flotante

(pl) steht für Plural und bedeutet, dass dieses Wort nur im Plural gebraucht wird.

Sieh dir nun dein eigenes Wörterbuch an und suche nach der Erklärung für die folgenden Abkürzungen:

adj *Am* *chem* *geo* *astr* *fig* *adv*

ciento cincuenta y ocho

Estrategias

Sprachmittlung

Bei der Sprachmittlung bist du als Übersetzer/in oder Dolmetscher/in für andere Personen gefordert, die sich ohne deine Hilfe nicht verständigen können.

Vielleicht begegnest du in Deutschland einem Touristen/einer Touristin aus einem spanischsprachigen Land oder einem Austauschschüler/einer Austauschschülerin, der/die kein oder wenig Deutsch spricht. Oder du möchtest jemandem, der kein Spanisch versteht, den Inhalt eines spanischsprachigen Textes (z.B. eines Prospektes oder einer E-Mail) vermitteln.

Sprachmittlung meint nicht die wörtliche Übersetzung, sondern die Fähigkeit, die wichtigsten Informationen eines Gesprächs oder eines Textes von der Fremdsprache in die Muttersprache und von der Muttersprache in die Fremdsprache zu übertragen.

Vuestros profes aquí en el insti son simpáticos, pero hablan demasiado rápido. ¡No comprendo nada!

Elena findet unsere Lehrer okay, sie sprechen aber viel zu schnell. Sie versteht kaum etwas.

Lösungen

Unbekannte Wörter verstehen
a) Madrid ist die Hauptstadt von Spanien.
   Am 25. Dezember ist Weihnachten.
b) • Fußball • Minute • Farbe • Bus
c) Der Junge ist in einem Café und trinkt eine Limonade.
d) Raúl spielt Basketball.
e) Spanien – der Spanier/die Spanierin
   lesen – die Lektüre

Mit dem Wörterbuch arbeiten
2 *adj* Adjektiv; *Am* Lateinamerika; *chem* Chemie; *geo* Geografie;
   astr Astronomie oder Astrologie; *fig* figurativ/übertragene Bedeutung; *adv* Adverb

ciento cincuenta y nueve | **159**

Vokabular

VOCABULARIO

Hier sind alle neuen Wörter in der Reihenfolge aufgelistet, in der sie im Buch vorkommen.
In der linken Spalte befindet sich das spanische Wort oder ein spanischer Ausdruck, in der mittleren Spalte steht die deutsche Entsprechung dafür, und in der rechten Spalte findest du oft Beispielsätze oder kleine Bilder. Diese helfen dir dabei, dir die neuen Vokabeln besser einzuprägen.
Alle **fett** gedruckten Wörter solltest du dir merken.
Die Lektion F ist eine fakultative Lektion, deren Vokabeln grundsätzlich nicht zum Lernwortschatz gehören.

fett	Lernwortschatz	*ugs.*	umgangssprachlich
normal	fakultativer Wortschatz	*jdm.*	jemandem
		jdn.	jemanden
algo	etwas	*etw.*	etwas
a alguien	jemanden; jemandem	o→ue	Verb mit Stammwechsel
		e→ie	Verb mit Stammwechsel
Symbole und Abkürzungen:		u→ue	Verb mit Stammwechsel
m	maskulin	#	unregelmäßiges Verb oder Verb mit
f	feminin		Besonderheit, s. S. 126/127
pl.	Plural	≠	gegenteilige Bedeutung
sg.	Singular	=	gleiche / ähnliche Bedeutung
col.	*coloquial* (umgangssprachlich)	<	Verweis auf die Herkunft, z. B.
Lat.	*Latinoamérica* (Lateinamerika)		Wortfamilie

¿Qué pasa?	Was ist los?	

Empezamos – Las vacaciones en Ribadesella

empezamos (empezar) (e→ie)	wir beginnen, wir fangen an	
los/las	die *(best. Artikel, pl.)*	
las vacaciones *pl.*	Urlaub; Ferien	
en	in, auf, an	
hola	hallo	
me llamo (llamarse)	ich heiße	*Hola, me llamo* Lucía.
soy (ser #)	ich bin	
de	von, aus	*Soy de* Madrid.
para	für	
mí	mich, mir	
son (ser #)	sie sind	
la montaña	Berg; Gebirge	
y	und	
el/la amigo/-a	Freund/in	*Para mí* las vacaciones *son*
es (ser #)	er/sie/es ist	*las montañas y los amigos.*
Éste es … / Ésta es …	Das ist …	
yo	ich	
el/la	der/die/das *(best. Artikel, sg.)*	
el/la hermano/-a	Bruder/Schwester	*Éste es* Miguel, *el hermano* de Lucía.
		Lucía es *la hermana* de Miguel.
la playa	Strand	
el helado	(Speise)eis	*el helado*
comer algo	etw. essen	
un, una	ein, eine *(unbest. Artikel, sg.)*	
el deporte	Sport	*Para Raúl las vacaciones son el deporte,*
		una playa y los amigos.
el país	Land	

160 ciento sesenta

Vocabulario

	la gente	Leute
	la comunidad autónoma	autonome Region
	¡Buenos días!	Guten Morgen!, Guten Tag!
	el sol	Sonne
	el restaurante	Restaurant
	el papá *(col.)*	Papa, Vati *(ugs.)*
	la música	Musik
	el/la chico/-a	Kind, Junge/Mädchen
	guapo/-a	gut aussehend
	el/la primo/-a	Cousin/Cousine
	el café	Kaffee; Café
	la fiesta	Fest, Feier
	¡Adiós!	Auf Wiedersehen!, Tschüss!
	¡Hasta luego!	Bis später!
	la actividad	Tätigkeit; *hier:* Übung
1	¿cómo?	wie?
	te llamas (llamarse)	du heißt
	el ejemplo	Beispiel
	¿de dónde?	woher?
	eres (ser #)	du bist
	¿De dónde eres?	Woher kommst du?, Woher bist du?
	¡Hasta mañana!	Bis morgen!
	tú	du
»«	Así se dice.	So sagt man., So heißt es.
	¡Buenas tardes!	Guten Tag!, Guten Abend!
	¡Buenas noches!	Guten Abend!, Gute Nacht!
2	el alfabeto	Alphabet
3	la ciudad	Stadt
4	tu/tus	dein/e
	el nombre	Name
	se escribe (escribir algo)	man schreibt
	¿Cómo se escribe …?	Wie schreibt man …?
5	¡Agáchate!	Bück dich!
	¡Vuélvete a agachar!	Bück dich wieder!
	que	*hier:* denn
	el/la agachadito/-a	der/die Kleine, der/die gebückt ist/sich bückt
	no	nein; nicht; kein
	saben (saber #)	sie wissen, sie können
	bailar	tanzen
	si	wenn, falls
	me	mich; mir
	quieres (querer) (e→ie)	du hast gern, du magst
	otro/-a	ein anderer, eine andere
	tengo (tener #)	ich habe
	el chocolate	Schokolade
	el molinillo	kleine Mühle
	¡Corre!	Renn!, Lauf!
	te	dich; dir
	te pillo	*hier:* ich fange dich
6	el idioma	Sprache
	el artículo	Artikel
	la discoteca	Diskothek

¡Buenos días!
el sol

Para Tito las vacaciones son el deporte, *el sol, el restaurante de papá, la música* y *las chicas guapas.*
Ésta es Clara, *la prima* de Lucía y Miguel.

¡Adiós!   ¡Hasta luego!

¿De dónde eres? Soy de Lugo.

> **¡Buenos días!** Guten Morgen!, Guten Tag! *(bis ca. 14:00 Uhr)*
> **¡Buenas tardes!** Guten Tag!, Guten Abend! *(ab ca. 14:00 Uhr, bis ca. 20:00 Uhr)*
> **¡Buenas noches!** Guten Abend!, Gute Nacht! *(ab ca. 20:00 Uhr)*

¿Cómo se escribe tu nombre?

> *"-ito" bzw. "-ita" an einem Adjektiv oder Substantiv ist eine Verkleinerungsform, die liebevoll und wohlwollend gemeint ist.*

"El", "la", "un" y "una" son *artículos*.

ciento sesenta y uno **161**

Vokabular

	el hotel	Hotel	
7	la limonada	(Zitronen)limonade	
8	el plural	Plural, Mehrzahl	*El plural* de "helado" es "helados".
9	el diálogo	Gespräch, Dialog	
	no	nein; nicht; kein	
	¿qué?	was?; welche(r, s)?	
	ser (soy #)	sein	
	ti	dich	
	para ti	für dich	¿Qué son *para ti* las vacaciones?

Unidad 1 – ¿Dónde está Miguel?

la unidad	Einheit; *hier:* Lektion	
¿dónde?	wo?	
está (estar #)	er/sie/es ist	¿Dónde está Miguel?
¿Qué tal?	Wie geht's?	
bien	gut	
también	auch	
¡Oye! (oír #)	Hör mal!	
aquí	hier(her), da	
estás (estar #)	du bist	
el/la socorrista	Rettungsschwimmer/in, Bademeister/in	

busco (buscar a alguien)	ich suche
mi/mis	mein/e
¿Cómo es …?	Wie ist …?; *hier:* Wie sieht … aus?

Busco a *mi* prima.

tu hermano	dein Bruder
¿cuánto?	wie viel?
el año	Jahr
tiene (tener algo #)	er/sie/es hat
¿Cuántos años tiene?	Wie alt ist er/sie/es?
pelirrojo/-a	rothaarig
gordo/-a	dick
nueve	neun
Tiene … años.	Er/Sie ist … Jahre alt.
se llama (llamarse)	er/sie/es heißt
¿Cómo se llama?	Wie heißt er/sie?
completo/-a	vollständig, komplett

Miguel es *pelirrojo*.

Mi hermano *se llama* Miguel.

El nombre *completo* de Miguel es Miguel García Serrano.

por favor	bitte
el momento	Augenblick, Moment
tranquilo/-a	ruhig
¡Tú tranquilo/-a!	Beruhige dich!
el pueblo	Dorf
pequeño/-a	klein
¡Atención!	Achtung!
te busca (buscar a alguien)	er/sie/es sucht dich
¡Ven! (venir #)	Komm!
la torre	Turm
el socorrismo	Rettungsdienst
¡Qué …!	Wie …!, Was für ein(e) …!
rico/-a	reich; *hier:* lecker
¡Toma! (tomar)	Nimm!

Es *un pueblo pequeño*.

¡Ven, Miguel! Lucía *te busca*.
una torre

162 ciento sesenta y dos

Vocabulario

	dos	zwei
	gracias	danke
	¡Guay! *(col.)*	Klasse! *(ugs.)*
	entonces	dann
	los dos	beide
1	¿Es correcto?	Ist das richtig?
	ocho	acht
	la pizza	Pizza
	su/sus	sein/e; ihr/e
4	el número	Zahl; Nummer
5	calcular algo	etw. rechnen
	¡A calcular!	*hier:* Lasst uns rechnen!
	más	und, plus
	menos	minus
	dividido entre	geteilt durch
	por	durch; *hier:* mal
6	tener algo (tengo #)	etw. haben
	el teléfono	Telefon
	¿Tienes teléfono?	*hier:* Kannst du mir deine Telefonnummer geben?
	sí	ja
7	el elefante	Elefant
	se balanceaba (balancear)	er/sie/es schaukelte
	sobre	auf; über
	la tela de araña	Spinnennetz
	como	*hier:* als
	veía (ver #)	er/sie/es sah
	que	*hier:* dass
	se caía (caerse #)	er/sie/es fiel hin
	fue a llamar a alguien	er/sie/es rief jdn.
	otro/-a	*hier:* noch eine(r, s), ein(e) zweite(r, s)
	se balanceaban (balancear)	sie schaukelten
	veían (ver #)	sie sahen
	se caían (caerse #)	sie fielen hin
	fueron a llamar a …	riefen sie …
9	la frase	Satz
11	el quiosco	Kiosk
12	los hermanos *pl.*	Geschwister
	o	oder
	él	er
	ella	sie; ihr
13	ya	schon, bereits
	sé (saber algo #)	ich weiß, ich kann

Lucía y Raúl son amigos. *Los dos* son de Madrid.

una pizza

3 *más* 2 son 5.
3 *menos* 2 es 1.
9 *dividido entre* 3 son 3.
3 *por* 3 son 9.

¿Tienes teléfono?

una tela de araña

"Ribadesella es un pueblo pequeño." es *una frase*.

Unidad 2 – La vuelta a casa

la vuelta	(Um)drehung; *hier:* Rückkehr
a	in, zu; nach
la casa	Haus
a casa	nach Haus(e)
estar (estoy #)	sein, sich befinden
¿Cómo estáis?	Wie geht es euch?

La vuelta de Lucía a casa.

¿Cómo estáis?

ciento sesenta y tres **163**

Vokabular

muy	sehr
muy bien	sehr gut
pero	aber
cansado/-a	müde
el viaje	Reise
claro	klar, natürlich
normal	normal
¡Eso es!	Das ist es! So ist es!
la costa	Küste
¿Verdad?	Stimmt's?, Nicht wahr?
la madre	Mutter
¿Qué tal …?	*hier:* Wie war es …?, Wie waren …?
bueno/-a	gut; schön
como	wie
siempre	immer
el verano	Sommer
horrible	schrecklich
vosotros/-as	ihr
fenomenal	*hier:* toll *(ugs.)*
agradable	angenehm
con	mit
el padre	Vater
la comida	Essen
la mamá	Mama, Mutti
el hambre *f*	Hunger
la hora	Stunde; Uhr
¿A qué hora?	Um wie viel Uhr?
comemos (comer algo)	wir essen
¡Ay!	*hier:* Ach!
pues	dann, also
¡Vamos! (ir #)	Los!, Auf!, Gehen wir!
el/la niño/-a	Kind, Junge/Mädchen
ahora	jetzt, nun
preparo (preparar algo)	ich bereite vor
compra (comprar algo)	er/sie/es kauft
el pan	Brot
lleváis (llevar algo)	ihr tragt
la maleta	Koffer
la habitación	Zimmer; Wohnung
a las tres	um drei Uhr
hablo (hablar)	ich spreche
ayudas a … (ayudar a alguien)	du hilfst …
¡Bienvenido/-a!	Willkommen!
¡Qué bien estoy en …!	Wie wohl ich mich fühle in …!
la cama	Bett
el armario	Schrank
el póster	Poster
el escritorio	Schreibtisch
el ordenador	Computer
la estantería	Regal
el coche	Auto
el juguete	Spielzeug

Estoy *muy bien, pero* también *muy cansado.*

Es *la costa* de Asturias.

El verano en la costa *siempre* es *agradable.*

¿Tienes *hambre*? Sí, tengo *hambre*.

¿*A qué hora comemos*?

La chica *compra pan*.

La maleta está en *la habitación*.
Comemos *a las tres*.

– ¿*Ayudas* a Lucía?
– Sí, ayudo a Lucía.

Es *el ordenador* de Miguel.

164 ciento sesenta y cuatro

Vocabulario

genial	genial; *hier:* toll	El *juguete* es *genial*. 
aburrido/-a	langweilig	
hablan de … (hablar de …)	sie sprechen über …	
la tontería	Dummheit; *hier:* Lappalie	
¿cuándo?	wann?	
quedar	bleiben; *hier:* sich verabreden	
hoy	heute	
¿por qué?	warum?	
quedamos (quedar)	*hier:* wir verabreden uns	¿*Quedamos hoy*? No, no *quedamos hoy*.
mañana	morgen	*Quedamos mañana.*
hay (haber #)	es gibt, ist/sind	
la película	Film	
nuevo/-a	neu	*Hay una película nueva.*
el cuarto	Viertel	el cuarto
a las … menos cuarto	um Viertel vor …	
veinte	zwanzig	
a las … y …	um … nach …	
el cine	Kino	
hablamos (hablar)	wir sprechen	
¡Vale!	In Ordnung!	
no funciona (funcionar)	*hier:* außer Betrieb	
1 falso/-a	falsch	
llevan (llevar algo)	sie tragen, sie bringen hin	
habla (hablar)	er/sie/es spricht	
Estoy bien.	Mir geht es gut.	– ¿Cómo estás? – Estoy bien.
Así, así.	Einigermaßen.	
regular	*hier:* mittelmäßig	
mal	schlecht	– No estoy bien. – Estoy mal.
7 el verbo	Verb	
hablar	sprechen, reden	Lucía *habla* con Patricia.
comprar algo	etw. (ein)kaufen	El padre *compra* el pan y
preparar algo	etw. vorbereiten; zubereiten	*prepara* la comida.
llevar algo	etw. tragen	Los chicos *llevan* las maletas a la habitación.
ayudar a alguien	jdm. helfen, jdn. unterstützen	
8 tomar algo	etw. nehmen; zu sich nehmen; trinken	
buscar algo	etw. suchen	
12 ¿Qué hora es?	Wie spät ist es?	
… y media	halb	
13 el museo	Museum	
el parque	Park	*Un museo y un parque.* 
15 el paquete	Paket	

16 dieciséis
17 diecisiete
18 dieciocho
19 diecinueve
20 veinte
21 veintiuno
22 veintidós
23 veintitrés
(…)
31 treinta y uno
32 treinta y dos
33 treinta y tres
(…)
40 cuarenta
41 cuarenta y uno
(…)

Unidad 3 – En el instituto

En la clase

el instituto	Gymnasium	
la clase	*hier:* Klasse; Unterricht, Klassenzimmer	
la pizarra	Tafel	
la tiza	Kreide	

ciento sesenta y cinco **165**

Vokabular

la papelera	Papierkorb	El alumno y la alumna están en la clase.
el/la alumno/-a	Schüler/in	En el instituto hay pizarras, papeleras y libros.
el libro	Buch	
el cuaderno	Heft	
la pluma	*hier:* Füller	
el/la profesor/a	Lehrer/in	
el/la profe *(col.)*	Lehrer/in	
el estuche	Etui; *hier:* Federmäppchen	
la mochila	Rucksack; Ranzen	
la silla	Stuhl	
la mesa	Tisch	*una silla*
el mapa	(Land)karte	
el lápiz	Bleistift	
el bolígrafo	Kugelschreiber	Tengo *un lápiz* y dos *bolígrafos.*
el boli	Kuli	
la pared	Wand	
el suelo	*hier:* (Fuß)boden	
la ventana	Fenster	En la clase hay dos *ventanas.*
la calculadora	Taschenrechner	
la carpeta	(Schreib)mappe	
el alemán	Deutsch (als Fach/Sprache)	

En el instituto

la clase de alemán	Deutschunterricht	
veintiocho	achtundzwanzig	
el/la profesor/a de alemán	Deutschlehrer/in	
entrar	hineingehen, eintreten	
A ver, …	Lass(t) mal sehen, …	
en casa	zu Haus(e)	El chico está *en casa.*
¡Escuchad! (escuchar)	Hört zu!, Hört euch an!	
¡Repetid! (repetir) (e→i)	Wiederholt!	
el coro	Chor	¡Repetid en coro!
comes (comer algo)	du isst	
algo	etwas	
como (comer algo)	ich esse	
no … nada	nichts	
el chicle	Kaugummi	
¡Mira! (mirar)	Schau!	*un chicle*
allí	dort, da	
¡Tira! (tirar algo)	*hier:* Wirf … weg!	
tirar algo	etw. (weg)werfen	
la pregunta	Frage	¿Cuántos años tienes? es *una pregunta.*
Dime. (decir algo a alguien #)	Sage (es) mir.	
necesitar algo	etw. benötigen, brauchen	
especial *(adjetivo)*	besonders, speziell *(Adjektiv)*	¿*Necesito algo especial* para la clase de alemán?
los deberes *m pl.*	Hausaufgaben	
naturalmente	natürlich, selbstverständlich	*Naturalmente necesitas* un cuaderno para *los deberes.*
el libro de alemán	Deutschbuch	
la hoja de actividades	Übungsblatt, Arbeitsblatt	
continuar (continúo #)	*hier:* fortfahren, weitermachen	
comprendo (comprender algo)	ich verstehe, ich begreife	
¿Cómo se dice?	Wie sagt man es?, Wie heißt es?	

Vocabulario

más	mehr (als)	
despacio	langsam	
más despacio	langsamer	¡Repite la frase *más despacio!*
¡Repite! (repetir) (e→i)	Wiederhole!	
¿Cómo?	*hier:* Wie bitte?	
alto	laut	
más alto	lauter	¡Repite la frase *más alto!*
¡Hombre!	Mann!, Mensch!	
difícil	schwer, schwierig	
fácil	leicht, einfach	*difícil ≠ fácil*
¡Abrid …! (abrir algo)	Macht … auf!, Öffnet …!	
la página	Seite	
primero	zuerst, zunächst	¡Primero *abrid* el libro en *la página* 32!
el texto	Text	
después	danach	
¡Leed! (leer algo)	Lest!	¡Después *leed el texto!*
la pareja	Paar	
en parejas	paarweise, zu zweit	
4 las matemáticas *pl.*	Mathematik	Fátima no es profesora de *matemáticas*, es profesora de alemán.
come (comer algo)	er/sie/es isst	
repiten (repetir) (e→i)	sie wiederholen	
😂 el español	Spanisch	¿Cómo se dice "Deutsch" en español?
¿Cómo se dice … en …?	Wie sagt man/Wie heißt … auf …?	

Nosotros leemos.

7 la terminación	*hier:* (Wort)endung	
abrir algo	etw. aufmachen, öffnen	
8 leer algo	etw. lesen	
nosotros/-as	wir	
9 escribir algo	etw. schreiben	
10 la oveja	Schaf	
negro/-a	schwarz	
la oveja negra	schwarzes Schaf	

una oveja negra

11 la pronunciación	Aussprache	
13 mucho/-a (*adjetivo*)	viel (*Adjektiv*)	
la cosa	Sache, Gegenstand, Ding	
14 comprender algo	etw. verstehen, begreifen	¿Comprendes el texto?
16 el robot	Roboter	
el marimandón	herrschsüchtige Person	
17 ¡Escucha! (escuchar)	Hör(e) zu!	
¡Abre! (abrir algo)	Mach(e) … auf!, Öffne …!	
¡Cierra! (cerrar) (e→ie)	Schließ(e)!	
¡Lee! (leer algo)	Lies!	
¡Escribe! (escribir algo)	Schreibe!	
¡Haz! (hacer algo #)	Mach(e)!	
¡Saca! (sacar) (c→qu)	Hole!	

Repaso 1

1 la palabra	Wort	¡Escribe una palabra! ¡Después *lee la palabra!*

ciento sesenta y siete | **167**

Vokabular

Unidad 4 – Una compañera nueva

el/la compañero/-a	*hier:* Mitschüler/in	*Los compañeros* comen algo en *el recreo*.
el recreo	(Schul)pause	
la cafetería	Café; *hier:* Cafeteria	
el bocadillo	belegtes Brötchen	
bastante	ziemlich	
grande	groß	*El bocadillo* es *bastante grande*.
un poco	ein bisschen	
simpático/-a	sympathisch	La profe es *simpática*.
moreno/-a	dunkelfarbig; *hier:* dunkelhaarig	La chica es *morena*.
el pelo	Haar	
corto/-a	kurz	Raúl tiene el *pelo corto*.
¿quién?	wer?	
alto/-a	hoch; *hier:* groß	La chica es *alta*.
que (pronombre relativo)	der/die/das (Relativpronomen)	
rubio/-a	blond	
delgado/-a	dünn, schlank	
bajo/-a	tief; niedrig; *hier:* klein	El chico es *rubio* y *bajo*.
solo/-a	allein	
Colombia	Kolumbien	
los hermanos *pl.*	Geschwister	Los chicos son *hermanos*.
mayor (< grande)	größer; älter	
la mayor	*hier:* die Älteste	
vivir	leben, wohnen	
a veces	manchmal	
latoso/-a	lästig	A *veces*, los hermanos son *latosos*.
uno/-a	*hier: (als Verstärkung)* ziemlich; wirklich	
pesado/-a	schwer; *hier:* aufdringlich, lästig	
el insti *(col.)*	Gymnasium	
mucho/-a *(adjetivo)*	viel *(Adjektiv)*	
depender de algo	abhängig sein von etw.	
por ejemplo	zum Beispiel	
poco/-a	wenig, gering	– ¿Tienes *pocos* deberes? – No, tengo muchos deberes.
la/el internet	Internet	
la sala	Saal, Raum	
la tortilla	Tortilla, Omelett(e)	
el pimiento	Paprika, Paprikaschote	
quieres (querer) (e→ie)	du hast gern, du magst	
¡Muchas gracias!	Vielen Dank!	
¡Qué rollo! *(col.)*	Wie blöd! *(ugs.)*	Tenemos muchos deberes. ¡Qué rollo!
rápido/-a	schnell	*rápido* ≠ *despacio*
pasar	vorbeigehen, vorübergehen; *hier:* vergehen	
por suerte	zum Glück, glücklicherweise	
sólo	nur, lediglich	
1 la confusión	Verwechslung; *hier:* Durcheinander	
2 preguntar algo/a alguien	etw./jdn. fragen	
¡A preguntar!	Lasst uns Fragen stellen!	
4 la red	Netz	

168 ciento sesenta y ocho

Vocabulario

6	el adjetivo	Adjektiv, Eigenschaftswort	
	fantástico/-a	*hier:* toll	
7	**inteligente**	intelligent	
	largo/-a	lang	*largo ≠ corto* Lucía tiene el pelo *largo*.
	liso/-a	glatt	
	rizado/-a	lockig, gelockt	*liso ≠ rizado*
8	**normalmente**	normalerweise	
	el tiempo	Zeit	
	la idea	Idee	
	el CD	CD	
9	**la entrevista**	Interview	
	los padres *pl.*	Eltern	Isabel y Victor son los *padres* de Lucía y Miguel.

Unidad 5 – Nuestro barrio

nuestro/-a	unser/e	
el barrio	(Stadt)viertel, Stadtteil	La Latina es *un barrio* de Madrid.
después de	nach *(zeitlich)*	
esperar algo/a alguien	auf jdn. warten; etw./jdn. erwarten	
delante de	vor	
¿Vamos? (ir #)	Gehen wir?, Wollen wir gehen?	
la calle	Straße	En una ciudad hay muchas *calles*.
mismo/-a	derselbe/dieselbe/dasselbe	
vuestro/-a	euer/eu(e)re	
lejos de	weit (weg) von, weit (entfernt) von	
si	wenn, falls	
el tiempo	Zeit	
saber algo (sé #)	etw. wissen; können	
No lo sé. (saber #)	Ich weiß es nicht.	
haces (hacer algo #)	du machst, du tust	
tener ganas de algo	Lust auf etw. haben	¿*Tienes ganas* de ir al cine?
tener tiempo	Zeit haben	
enseñar algo	etw. zeigen; (vor)führen	
chévere *(col. Lat.)*	erstklassig, dufte *(ugs.)*	
llamar (por teléfono) a alguien	jdn. anrufen	
decir algo a alguien (digo #)	jdm. etw. sagen	
ninguno/-a	keine/r/s	
el problema	Problem, Schwierigkeit	
vais (ir #)	ihr geht	
el pie	Fuß	
a pie	zu Fuß	
ir a pie	zu Fuß gehen	
el metro	U-Bahn	
ir en metro	mit der U-Bahn fahren	
voy (ir #)	ich gehe	– ¿Y Lucía, *va* a casa en *metro o a pie*?
va (ir #)	er/sie/es geht	– Ella siempre *va a pie*.
la estación	Bahnhof; Station	
lindo/-a	hübsch, schön	
mirar algo	etw. (an)sehen, (an)schauen	

Vokabular

¡Madre mía!	(Ach) du meine Güte!	
cuánto/-a	wie viel(e)	
la tienda	Geschäft, Laden	
la ropa	Wäsche; Kleidung	
(por) aquí	hier	
al lado de	neben	*La tienda de ropa* está *al lado del* cine.
el cibercafé	Internetcafé	
a la derecha de	rechts von	
el supermercado	Supermarkt	
a la izquierda de	links von	← *a la izquierda* ≠ *a la derecha* →
la videoteca	Videothek	
la heladería	Eiscafé	Lucía y Miguel compran un helado en *la heladería* "Valencia".
preferido/-a	bevorzugt, Lieblings-	
enfrente de	gegenüber von	
este/-a *(adjetivo)*	diese(r, s), der/die/das (hier) *(Adjektiv)*	
Lo siento. (sentir)	Es tut mir leid.	
sin	ohne	*sin* ≠ *con*
estar sin blanca *(col.)*	keinen Cent mehr haben, blank sein *(ugs.)*	*estar sin blanca* = *no tener dinero*
el dinero	Geld	
si	ob	
la vez *(pl.: veces)*	Mal	
esta vez	diesmal	
la suerte	Glück	
próximo/-a	nächste(r, s)	Lucía y Yolanda tienen *suerte*: *Esta vez*
pagar algo	etw. bezahlen	*paga* Raúl, *la próxima vez pagan* ellas.
de acuerdo	einverstanden	

1 van (ir #) sie gehen
el autobús Bus

2 el gato Katze; Kater
detrás de hinter
cerca de nahe bei; in der Nähe von
entre zwischen
debajo de unter
encima de auf

4 el/la tío/-a Onkel/Tante
el bar (Steh)café; Kneipe
el día Tag
la noche Abend; Nacht

5 el centro Zentrum
6 la llamada telefónica Anruf
tu/tus dein/e
super *(col.)* hier: sehr, super- *(ugs.)*
majo/-a *(col.)* hier: nett, sympathisch
su/sus sein/e; ihr/e
la familia Familie
nuestro/-a unser/e
vuestro/-a euer/eu(e)re
mi/mis mein/e
llegar eintreffen; ankommen
el beso Kuss
igualmente danke, gleichfalls

a la izquierda de	links von
a la derecha de	rechts von
enfrente de	gegenüber von
al lado de	neben
lejos de	weit (weg) von
cerca de	nahe bei
delante de	vor
detrás de	hinter
debajo de	unter
encima de	auf
entre	zwischen
en	in, auf, an

170 ciento setenta

Vocabulario

7	el/la abuelo/-a	Großvater/Großmutter
	el/la tío/-a	Onkel/Tante
	el/la nieto/-a	Enkel/in
	el/la hijo/-a	Sohn/Tochter
	significar	bedeuten
9	ir (voy #)	gehen; fahren
10	¿adónde?	wohin?
11	el tren	Zug
	la bicicleta	Fahrrad
	la bici *(col.)*	Rad
	el avión	Flugzeug
	el barco	Schiff
	España	Spanien
	¡Perdón!	Entschuldigung!, Verzeihung!
	por aquí	hier (entlang)
	Ni idea.	Keine Ahnung.
12	español/a *(adjetivo)*	spanisch *(Adjektiv)*
	preguntar por	fragen nach
13	hacen entrevistas	sie führen Interviews
14	ves (ver #)	du siehst

Aquí hay *un abuelo* con su *nieta*.

un tren

– ¿Vas al instituto en *bicicleta*?
– No, voy en metro. ¿Y tú?
– Yo voy a pie.

– ¿Dónde está la heladería "Valencia"?
– *Ni idea.*

Unidad 6 – Un e-mail para Clara

el e-mail	E-Mail
el curso	Kurs; *hier:* Schuljahr
enviar algo	etw. schicken; absenden, versenden
la cuenta	Rechnung; *hier:* Konto
la opción	Wahl; Option
el asunto	Angelegenheit, Sache; *hier:* Betreff
aprender algo	etw. lernen
la semana	Woche
a la semana	in der/pro Woche
el martes	Dienstag
los martes	dienstags
el jueves	Donnerstag
los jueves	donnerstags
me	mich; mir
gustar a alguien	jdm. gefallen; schmecken
mucho	sehr, viel
más grande	größer
que	*hier:* als
el cole *(col.)* (< colegio)	Schule
el patio de recreo	Schulhof, Pausenhof
juegan (jugar a algo) (u→ue)	sie spielen
el fútbol	Fußball
el baloncesto	Basketball
pasar	*hier:* verbringen
ver algo/a alguien (veo #)	etw./jdn. sehen
charlar	plaudern, s. unterhalten

Lucía *aprende* alemán en el instituto.
Tú *aprendes* español.

Me gusta comer helado.

El instituto es *más grande que el cole.*

– ¿*Juegas* al *fútbol*?
– No, *juego* al *baloncesto*.
Los alumnos *pasan* también tiempo en el patio de recreo.

ciento setenta y uno | **171**

V Vokabular

por la mañana	morgens	Miguel va al colegio *por la mañana*.
empieza (empezar) (e→ie)	er/sie/es fängt an, beginnt	
terminar	enden; abschließen, fertig stellen	*terminar* ≠ *empezar*
hasta	bis (zu)	
el minuto	Minute	
la asignatura	Fach	
la tecnología	Technologie; Technik	
menos	weniger	*más* ≠ *menos*
libre	frei	
el tiempo libre	Freizeit	En su *tiempo libre* charla con su amiga.
el lunes	Montag	
los lunes	montags	
el miércoles	Mittwoch	
los miércoles	mittwochs	
la tarde	Nachmittag; Abend	
por la tarde	am Nachmittag; am Abend	¿Qué haces hoy *por la tarde*? *Por la tarde* voy al cine.
la piscina	Schwimmbad	
el sábado	Samstag, Sonnabend	
los sábados	samstags, sonnabends	
tocar algo	*hier:* (Instrument) spielen	
la batería	Batterie *(Technik, Elektronik)*; *hier:* Schlagzeug	*una batería*

el grupo	Gruppe; Musikgruppe	*Toca la batería* en *un grupo*.
contento/-a	froh; zufrieden	Lucía está muy *contenta* en el instituto.
tener mucho que hacer	viel zu tun haben	*Tengo mucho que hacer*: los lunes y los miércoles voy a *la piscina*, *los sábados* y los martes *monto a caballo* y los jueves juego al fútbol.
hacer algo (hago #)	etw. machen, tun	
montar (a caballo)	reiten	
el caballo	Pferd	
nadar	schwimmen	
todavía no	noch nicht	No voy a *nadar* porque *todavía no* me gusta *el agua*.
el agua *f*	Wasser	
el inicio	Beginn	
el horario	Stundenplan	
1° ESO	1. Jahr der vierjährigen Mittelstufe	
el inglés	Englisch	
la religión	Religion	
la geografía	Geografie, Erdkunde	Tiene *inglés* y *religión* en el insti y también *geografía e historia*.
e	und *(vor anlautendem „(h)i")*	
la historia	Geschichte	
la lengua	Sprache	
la literatura	Literatur	*Literatura, ciencias y educación física* son asignaturas en el insti.
las ciencias *pl.*	Naturwissenschaften	
la educación	(Aus)bildung; Erziehung	
la educación física	Turnen, Sportunterricht	
la tutoría	Sprechstunde	
la educación plástica y visual	Kunstunterricht	
el viernes	Freitag	
1 empiezan (empezar) (e→ie)	sie fangen an, beginnen	
¿con quién?	Mit wem?	¿*Con quién* está Lucía en el recreo?
2 empezar (e→ie)	anfangen, beginnen	
el día	Tag	¿*Qué día* toca la batería?

172 ciento setenta y dos

Vocabulario

4	correcto/-a	richtig, korrekt	
6	escuchar algo/a alguien	etw./jdm./jdn. (zu)hören	
	la tele	Fernsehen	¿Te gusta ver *la tele*?
	el piano	Klavier	
	el mar	Meer, See	
	(no) ... nada	überhaupt nicht, gar nicht	
7	el examen	Prüfung, Test	
8	a mí	mich, mir	*A mí* no me gusta.
	tampoco	auch nicht	A mí *tampoco*.
	la música pop	Popmusik	
10	jugar a algo (u→ue)	*(Spiel, Sport)* etw. spielen	
11	el trabalenguas	Zungenbrecher	¿Te gusta jugar al *ajedrez*?
	el ajedrez	Schach	
	junto a	neben, an	
	joven	jung	
	el/la juerguista	Nachtschwärmer	
	agujerear algo	etw. durchlöchern	
	la gorra	Mütze	
	lujoso/-a	luxuriös; *hier:* teuer	
	la paja	Strohhalm	
12	el ejercicio	Übung	
17	ir a casa de alguien	zu jdm. nach Hause gehen	
	el domingo	Sonntag	
19	el mensaje	Botschaft, Mitteilung, SMS	
	atrás	*hier:* zurück	

Los días de la semana	Die Wochentage
el lunes	(am) Montag
el martes	(am) Dienstag
el miércoles	(am) Mittwoch
el jueves	(am) Donnerstag
el viernes	(am) Freitag
el sábado	(am) Samstag
el domingo	(am) Sonntag
los lunes	montags
los martes	dienstags
(...)	

Unidad 7 – De compras en Madrid

La ropa

la compra	Kauf, Einkauf	
ir de compras	einen Einkaufsbummel machen, einkaufen gehen	
el jersey	Pullover	
verde	grün	
el euro	Euro	
el pantalón	Hose	
marrón	(kastanien)braun	
el cinturón	Gürtel	
la zapatilla	Hausschuh; Turnschuh	
blanco/-a	weiß	
la blusa	Bluse	
amarillo/-a	gelb	
la chaqueta	Jacke	
la chaqueta vaquera	Jeansjacke	
azul	blau	
la falda	Rock	
el zapato	Schuh	
rojo/-a	rot	
la camiseta	T-Shirt	
la camisa	(Ober)hemd	
la raya	Strich, Linie; Streifen	
a rayas	gestreift	
la gorra	Mütze	

un jersey verde

una zapatilla blanca

una chaqueta amarilla

una camiseta roja

una camisa a rayas

Vokabular

	los vaqueros *pl.*	Jeans
	la bota	Stiefel
	gris	grau
	la sudadera	Sweatshirt
1	la persona	Person
2	el color	Farbe
	¿De qué color es …?	Welche Farbe hat …?
4	hacer la maleta	den Koffer packen

una sudadera gris

¡Hacemos la maleta! Llevamos una chaqueta vaquera y unos vaqueros.

De compras en Madrid

la calle comercial	Geschäftsstraße
les	ihnen
bonito/-a	hübsch, schön
costar (o→ue)	kosten
¿Cuánto cuesta?	Wie viel kostet er/sie/es?
… euro(s) con …	… Euro und … (Cent)
nos probamos (probarse) (o→ue)	wir probieren an
encantar a alguien	jdn. erfreuen; begeistern
ése/ésa/eso *(pronombre)*	diese(r, s), der/die/das (da) *(Pronomen)*
ahí	da, dort
os	euch
éste/ésta/esto *(pronombre)*	diese(r, s), der/die/das (hier) *(Pronomen)*
el cómic	Comic
la librería	Buchhandlung
porque	weil, da

El jersey es *bonito*. La blusa también es *bonita*.

En *una librería* hay muchos libros y *cómics*.
– ¿Por qué entras en la librería?
– Entro en la librería *porque* necesito un libro para el instituto.

sí	*hier:* doch
se prueban (probarse) (o→ue)	sie probieren an
quedar a alguien	*hier:* jdm. passen; stehen
Me queda/n …	Mir steht/stehen …
demasiado	(all)zu; zu viel
la verdad	Wahrheit
ser verdad	wahr sein, stimmen
¿Quieres …? (querer) (e→ie)	Möchtest/willst/magst du …?
otro/-a	ein anderer, eine andere
la talla	(Konfektions)größe
creer algo	etw. glauben, denken
Creo que no.	Ich glaube nicht. Ich denke nicht.
Te queda guay. *(col.)*	Das steht dir super. *(ugs.)*
ir a hacer algo	etw. machen werden
la mancha	Fleck
el descuento	Rabatt, Nachlass
¿Por qué no te pruebas …?	Warum probierst du nicht … an?
aquel/aquella/aquello *(adjetivo)*	diese(r, s) (dort), jene(r, s) *(Adjektiv)*
aquél/aquélla/aquello *(pronombre)*	diese(r, s) (dort), jene(r, s) *(Pronomen)*
rosa	rosa(farben)
el rojo	Rot

El jersey *te queda* bien.

Los colores	Die Farben
rojo, -a	✳ rot
amarillo, -a	✳ gelb
blanco, -a	✳ weiß
negro, -a	✳ schwarz
rosa	✳ rosa
azul	✳ blau
verde	✳ grün
marrón	✳ braun
gris	✳ grau

174 ciento setenta y cuatro

Vocabulario

	al final	schließlich; am Ende	Raúl va a muchas librerías. *Al final* compra su cómic preferido en la librería "Cervantes".
	por	durch; *hier:* für	
	el departamento	Abteilung	
	le	ihn; ihm; ihr	
5	por eso	deshalb	
	se prueba (probarse) (o→ue)	er/sie/es probiert an	
6	ese/-a *(adjetivo)*	diese(r, s), der/die/das (da) *(Adjektiv)*	*Ese* coche es azul y aquel coche es rojo.
	aquel/aquella *(adjetivo)*	diese(r, s) (dort), jene(r, s) *(Adjektiv)*	
	aquél/aquélla/aquello *(pronombre)*	diese(r, s) (dort), jene(r, s) *(Pronomen)*	
9	la moda	Mode	
	el denim	Jeans	
	el complemento	Ergänzung; *hier:* Accessoire	
	todo	alles	
	El Corte Inglés	*große spanische Kaufhauskette*	
	el canto	Singen; Gesang	
	el/la loco/-a	Verrückte/r; Wahnsinnige/r	
	la fórmula	Formel	
	el polo	Pol; *hier:* Polohemd	
	la línea	Linie	
10	publicar algo	etw. veröffentlichen	El grupo *publica* un CD.
	el junio	Juni	
	la canción	Lied	¿Te gusta *la canción*?
	el instrumento	(Musik)instrument	
11	le	ihn; ihm; ihr	
	les	ihnen	
	os	euch	
	nos	uns	
14	la cadena	Kette	*una cadena*
16	ir a hacer algo (#)	etw. machen werden	
17	el fin de semana	Wochenende	*el fin de semana:* sábado y domingo
18	¿de qué?	worüber?; wovon?	
	la gira	Ausflug; *hier:* Tournee	
	el enero	Januar	

Repaso 2

el/la compañero/-a de intercambio	Austauschschüler/in	

Unidad F – ¡Bienvenidos a Madrid!

organizar algo	etw. organisieren	
el intercambio	Austausch	Los alumnos *organizan un intercambio.*
Alemania	Deutschland	
el programa	Programm	
la visita	Besucher/in; Besuch	
presentar	zeigen, vorstellen	*Presentan* su *programa* para *la visita.*
famoso/-a	berühmt	
la tapa	Häppchen *(kleine Gerichte, die in spanischen Bars gereicht werden)*	

ciento setenta y cinco | **175**

Vokabular

nacional	national; National-	
el arte	Kunst	
importante	bedeutend, wichtig	
la obra	Werk	En los museos españoles hay *obras* de *pintores importantes* y *famosos* como Goya o Velázquez.
el/la pintor/a	Maler/in	
europeo/-a	europäisch	El español es una lengua *europea*.
el campo de fútbol	Fußballplatz	
geográfico/-a	geografisch	
el kilómetro	Kilometer	
la plaza	Platz	
antiguo/-a	alt	
el parque de atracciones	Vergnügungspark	
enorme	enorm, gewaltig	
la atracción	Attraktion	
el espectáculo	Show	
el animal	Tier	¡Mira, *un animal* a rayas!
el mercadillo	Straßenmarkt, Flohmarkt	
solamente	nur, lediglich	
el juego de ordenador	Computerspiel	
los grandes almacenes *pl.*	Kaufhaus	
moderno/-a	modern	
internacional	international	*internacional* = no sólo en un país

1 Cada oveja con su pareja. — Gleich und gleich gesellt sich gern.

4
el aeropuerto	Flughafen	En *un aeropuerto* hay muchos aviones.
el picnic	Picknick	
el rally	Rallye	
la excursión	Ausflug	*una excursión* = un viaje corto
la despedida	Abschied, Verabschiedung	
¡Querido/-a …!	Liebe/r …! (*Briefanrede*)	
la alternativa	Alternative	
¡Hasta pronto!	Bis bald!	

Unidad 8 – En el campo

el campo	Land; Acker, Feld	– ¿Te gusta *el campo*?
		– Sí, me gusta mucho pasar el fin de semana *en el campo*.
en el campo	auf dem Lande	
quiere (querer) (e→ie)	er/sie/es will; hat gern; mag	
donde	wo	
todos/-as *pl.*	alle	
(estar #) listo/-a	fertig, bereit (sein)	
todavía	noch	
tengo que (+ *infinitivo*)	ich muss (+ *Infinitiv*)	
el móvil	Handy	
para (+ *infinitivo*)	um zu (+ *Infinitiv*)	
¡Venga! (venir #)	Los!, Komm!	
quiero (querer) (e→ie)	ich will; habe gern; mag	
divertido/-a	lustig	Jugar con el ordenador es muy *divertido*.
puedes (poder) (o→ue)	du kannst; darfst	
el animal	Tier	
¡Cómo no!	Aber klar!	
trabajar	arbeiten	

176 ciento setenta y seis

Vocabulario

la granja	Bauernhof, Farm	
que (*pronombre relativo*)	der/die/das (*Relativpronomen*)	
pues sí	ja, doch	
la vaca	Kuh	
el cerdo	Schwein	¿Cuántas *vacas* y cuántos *cerdos* tienen el tío y la tía?
el conejo	Kaninchen	
el perro	Hund	
podemos (poder) (o→ue)	wir können; dürfen	
estupendo	toll, prima	
tenemos que (+ *infinitivo*)	wir müssen (+ *Infinitiv*)	
puedo (poder) (o→ue)	ich kann; darf	
dar (doy #)	geben	
dar de comer a un animal	ein Tier füttern	
la gallina	Huhn, Henne	
¡Espera!	Warte!	
el cubo	Eimer	
el grano	Korn	
¡Qué gallinas más pesadas!	Was für lästige Hühner!	
¡Socorro!	Hilfe!	
ay	autsch, au	
que	*hier:* wie (*zur Verstärkung*)	
picar algo/a alguien	etw./jdn. stechen; picken	*Las gallinas pican grano.*
tonto/-a	dumm	
irse (me voy #)	(weg-, fort-)gehen	
tenéis que (+ *infinitivo*)	ihr müsst (+ *Infinitiv*)	
el cuidado	Sorgfalt, Vorsicht	
tener cuidado	aufpassen	En la calle siempre tienes que *tener cuidado* con los coches.
puede ser (poder #)	es kann sein	
peligroso/-a	gefährlich	
venir (vengo #)	kommen	
tan … como	so … wie	Miguel no es *tan* alto *como* Lucía.
el rayo	Strahl; Blitz	
¡A comer!	Zu Tisch!; Essen kommen!	
la caldereta	Fisch-, Fleischragout	
estar en su punto	gar sein; fertig sein	
ahora mismo	gleich, sofort	
¡Me muero de hambre! (morirse)	Ich sterbe vor Hunger!	
morirse de hambre (o→ue)	verhungern	
el postre	Nachtisch	Hoy hay helado de *postre*.
la granja escuela	Schulbauernhof	
animales sueltos *pl.*	*Auf Verkehrsschildern, etwa:* Achtung, frei laufende Tiere!	
1 **quieren (querer) (e→ie)**	sie wollen; haben gern; mögen	
así	so	
2 comer	*hier:* fressen	
la hierba	Gras	
el toro	Stier, Bulle	*Un toro come hierba.*
elegante	elegant	
el burro	Esel	
el pato	Ente	
uno/-a … y el/la otro/-a	eine(r, s) … und der/die andere	

ciento setenta y siete **177**

Vokabular

	el canario	Kanarienvogel
	cantar	singen
	el ganso	Gans
	el ruido	Geräusch; Lärm
3	ellos/ellas	sie
4	loco/-a	wahnsinnig, verrückt
5	¡A cantar!	Lasst uns singen!
	venir a ver (#)	besuchen kommen
	popular	volkstümlich
	hermoso/-a	schön
	la foca	Robbe, Seehund
	el buitre	Geier
	el gorila	Gorilla
	el cocodrilo	Krokodil
	el pingüino	Pinguin
	el mono	Affe
	el oso	Bär
	la hiena	Hyäne
6	querer algo/a alguien (e→ie)	etw./jdn. wollen; gern haben, mögen
	tener que hacer algo	etw. machen müssen
7	poder algo (o→ue)	etw. können; dürfen
8	el trabajo	Arbeit
	el/la vecino/-a	Nachbar/in
9	visitar a alguien	jdn. besuchen
	Alemania	Deutschland
	¡Ten cuidado!	Pass auf!
11	la situación	Lage, Situation
12	fuerte	stark
	interesante	interessant
13	el zoo	Zoo
	la jirafa	Giraffe
	el tigre	Tiger
	el koala	Koala
	el canguro	Känguru
	la cebra	Zebra
	el delfín	Delfin
	el chimpancé	Schimpanse
14	la entrada	Eingang; Eintritt(skarte)
	la tarifa	Tarif, Gebühr
	La vida en vivo	Das Leben live
	el aquarium	Aquarium
	África	Afrika
16	Australia	Australien
	patinar	eislaufen; Schlittschuh laufen
18	el horóscopo	Horoskop
	Géminis	Zwillinge (Sternzeichen)
	el mayo	Mai
	el amor	Liebe
	¡Enhorabuena!	Herzlichen Glückwunsch!

un canario

Este *burro* hace mucho *ruido*.

una foca

un pingüino

Lucía no *está lista*. Todavía tiene *que* llamar a su amiga.

Carmen es *la vecina* de la familia García Serrano.

Los toros y los osos son *fuertes*, pero los patos no son *fuertes*.

En *el zoo* hay muchos animales, por ejemplo *jirafas* bonitas.

En *África* vive mucha gente.

el amor

178 ciento setenta y ocho

Vocabulario

contigo	mit dir, bei dir	Voy al campo *contigo*.
		= Tú y yo vamos al campo.
controlar	kontrollieren, überprüfen	
el impulso	(An)stoß; *hier:* Impuls	
¡Ojo!	Achtung!, Vorsicht!	*¡Ojo!* = ¡Cuidado!
el romance	Romanze	
a la vista	anscheinend; *hier:* in Sicht	
la salud	Gesundheit	
la forma	Form, Gestalt	
la armonía	Harmonie	
los estudios	(Hochschul)studium	
estudiar	lernen	Los alumnos tienen que *estudiar* mucho.
importante	bedeutend, wichtig	El agua es muy *importante* para las personas
		y los animales.
Virgo	Jungfrau *(Sternzeichen)*	
Libra	Waage *(Sternzeichen)*	
Piscis	Fische *(Sternzeichen)*	

19

el trigo	Weizen	
triste	traurig	
el trigal	Weizenfeld	
había	es gab, es war einmal	
el carro	Fuhrwerk; Wagen	
vino (venir #)	*hier:* da kam	
mordió (morder) (o→ue)	er/sie biss	
el rabo	Schwanz	
la barriga	Bauch	
se fueron corriendo (irse #)	sie rannten	
arriba	oben; herauf, hinauf	

Debajo del *carro* hay un perro.

Unidad 9 – Una noche de miedo

la noche	Abend; Nacht	
el miedo	Angst, Furcht	
de miedo *(col.)*	sensationell, toll	*de miedo* = guay
cenar	zu Abend essen	
el salón	Wohnzimmer	
la carta	*hier:* Spielkarte	Los chicos juegan a *las cartas*.
se sientan (sentarse) (e→ie)	sie setzen sich	Los padres de Lucía y Miguel *se sientan*
		a la mesa para tomar un café.
irse (#)	(weg-, fort-)gehen	
¡Porfa! *(col.)*	Bitte!	
¡Déjanos ...! (dejar)	Lasst uns …!	
dejar	lassen	
el rato	Weile	
la partida	Abfahrt; *hier:* Partie	
ganar	gewinnen	
nos acostamos (acostarse) (o→ue)	wir gehen ins Bett, legen uns hin	
(o→ue)		
más tarde	später	Los sábados me *acuesto* un poco *más*
tarde	spät	*tarde.*
nos dormimos (dormirse) (o→ue)	wir schlafen ein	*Nos dormimos en seguida* porque
en seguida	sofort	estamos cansados.
volver (o→ue)	wenden, umdrehen;	
	zurückkehren	

ciento setenta y nueve **179**

Vokabular

temprano	früh, zeitig	
salir (salgo #)	abfahren, abreisen	*Salgo* a las ocho porque tengo mucho que hacer.
por eso	deshalb	
poner algo (pongo #)	etw. stellen, legen; anmachen, einschalten	
el despertador	Wecker	
te acuestas (acostarse) (o→ue)	du gehst ins Bett, legst dich hin	
me despierto (despertarse) (e→ie)	ich wache auf	Siempre *me despierto temprano* porque *pongo el despertador*.
pronto	prompt, schnell; *hier:* früh	
me levanto (levantarse)	ich stehe auf	
el desayuno	Frühstück	
la tienda de campaña	Zelt	*una tienda de campaña*
dormir (o→ue)	schlafen	
el jardín	Garten	
el frío	Kälte	
Hace frío.	Es ist kalt.	
el viento	Wind	
Hace viento.	Es ist windig.	
¡No importa!	(Das) macht nichts!	
más emocionante	rührender; *hier:* spannender	
¡No te preocupes!	Mach dir keine Sorgen!	
montar algo	steigen auf; *hier:* etw. aufbauen	El tío Antonio y Miguel *montan la tienda de campaña*.
afuera	draußen	Los chicos quieren *dormir afuera*, en *el jardín*, porque no *hace frío*.
el papi *(col.)*	Papi, Vati *(ugs.)*	
la mami *(col.)*	Mutti, Mami *(ugs.)*	
¡Cómo mola! *(col.)*	Wie cool! *(ugs.)*	
pasar	*hier:* passieren	
No pasa nada.	Es ist nichts.	
el lugar	Ort, Platz	
el árbol	Baum	En el jardín hay muchos *árboles*.
el lobo	Wolf	*un lobo*
el zorro	Fuchs	
el jabalí	Wildschwein	
¡Qué miedo!	Wie fürchterlich!	
tener miedo de algo/alguien	vor etw./jdm. Angst haben, sich vor etw./jdm. fürchten	
valiente	tapfer, kühn; *hier:* mutig	Una persona *valiente* no *tiene miedo* de los animales peligrosos.
extraño/-a	fremd; *hier:* sonderbar, merkwürdig	
encender algo (e→ie)	etw. anzünden; anmachen, anschalten	
la linterna	Taschenlampe	
asomarse	zeigen, erscheinen; *hier:* (Kopf aus dem Zelt) hinausstrecken	
correr	rennen, laufen	
¡Tranquilo/-a!	Beruhige dich!	
todo	alles	
Todo está bajo control.	Es ist alles unter Kontrolle.	

180 ciento ochenta

Vocabulario

	el susto	Schreck(en)
	el héroe	Held
1	durante	während
	se acuestan (acostarse) (o→ue)	sie gehen ins Bett, legen sich hin
2	el dibujo	Zeichnen; Zeichnung
5	beber algo	etw. trinken
6	la pantomima	Pantomime
7	el/la Don/Doña	*in Verbindung mit dem Vornamen gebrauchte besonders höfliche spanische Anredeform für Herr/Frau*
	el horror	Entsetzen
	¡Qué horror!	Wie schrecklich!
9	el tronco	Stamm
	dormir como un tronco	wie ein Stein schlafen
	de una vez	*hier:* endlich
10	te	dich; dir
	sentarse (e→ie)	sich setzen
	acostarse (o→ue)	ins Bett gehen, sich hinlegen
	levantarse	aufstehen
11	despertarse (e→ie)	aufwachen
	dormirse (o→ue)	einschlafen
12	desayunar	frühstücken
13	la vida	Leben
	antes de	vor *(temp.)*
15	el tiempo	*hier:* Wetter
	¿Qué tiempo hace?	Was für ein Wetter haben wir?
	nublado/-a	bewölkt
	Está nublado.	Es ist bewölkt.
	la región	Gegend, Gebiet
	la lluvia	Regen
	Hace sol.	Es ist sonnig., Die Sonne scheint.
	el calor	Wärme
	Hace calor.	Es ist warm/heiß.
	la temperatura	Temperatur
	el grado	Grad
	por la noche	nachts
	Hace ... grados.	Es sind ... Grad.
	bajo *(preposición)*	unter *(Präposition)*
	llover (o→ue)	regnen
	Está lloviendo.	Es regnet.
	nevar (e→ie)	schneien
	Está nevando.	Es schneit.
	la nieve	Schnee

Miguel, *el héroe*, tiene todo *bajo control.*

¡Buenos días, *Don* Martín!
¡Buenos días, *Doña* Rosita!

Está *nublado.*

Hace sol.

Hace calor. ≠ Hace frío.

Está *lloviendo.*

Está *nevando.*

desayunar = comer por la mañana

Unidad 10 – Preparar una fiesta

Los alimentos

los alimentos *pl.*	Nahrung(smittel)	
el queso	Käse	– ¿Te gusta *el queso*?
el jamón	Schinken	– Sí, pero me gusta más *el jamón.*

ciento ochenta y uno **181**

Vokabular

el chorizo	luftgetrocknete Paprikawurst	
el pescado	Fisch *(Ware, Gericht)*	Como *pescado* con patatas.
la tarta	Torte	*una tarta*
el chocolate	Schokolade	
la fruta	Frucht; Obst	
la verdura	Gemüse	
la cebolla	(Gemüse)zwiebel	
el plátano	Banane(nstaude)	
la naranja	Orange, Apfelsine	
el limón	Zitrone	
la manzana	Apfel	*Las manzanas, los plátanos y las naranjas son frutas.*

el melocotón	Pfirsich	
el pepino	Gurke	
la lechuga	Blattsalat	
la pera	Birne	*una pera*
la ciruela	Pflaume	
el tomate	Tomate	
la patata	Kartoffel	
la zanahoria	Mohrrübe, Karotte, Möhre	*Los tomates, las zanahorias y las cebollas son verduras.*

la uva	Traube	
la fresa	Erdbeere	*Fresas* con helado es mi postre preferido.
los gusanitos (< gusano) *pl.*	(Erdnuss)flips	
las patatas fritas *pl.*	Pommes Frites; (Kartoffel)chips	
la bebida	Getränk	
el zumo	Saft	Mi *bebida* preferida es *el zumo* de *naranja*.
la leche	Milch	
la aceituna	Olive	
el huevo	Ei	Los domingos desayuno *un huevo*.

1

mandar a alguien	jdn. schicken	
podríamos (poder) (o→ue)	wir könnten	
el bollo	Hefegebäck	
merendar (e→ie)	vespern	
el dulce	Süßspeise; Süßigkeit	
faltar	fehlen	Si *falta* algo, la madre *manda* al hijo al supermercado.
hay que *(+ infinitivo)*	man muss *(+ Infinitiv)*	

3

la macedonia	Obstsalat, Fruchtsalat	Para preparar *una macedonia* necesitamos mucha fruta.

Preparar una fiesta

haber (he #)	haben; sein *(Hilfsverb in zusammengesetzten Zeiten)*	La madre *ha* salido hoy del trabajo a las cinco de la tarde.
el mercado	Markt	
el cumpleaños	Geburtstag	
la lista de la compra	Einkaufszettel	Para la fiesta tienen que comprar muchos alimentos. Raúl ha apuntado todo en *la lista de la compra*.
el día festivo	Feiertag	
apuntar algo	(sich) etw. aufschreiben, (sich) etw. notieren	
olvidar	vergessen	Raúl no quiere *olvidar* nada.

Vocabulario

V

la bolsa	Beutel, Sack; Tüte	Necesitamos tres *bolsas* de patatas fritas
la lata	(Blech)dose, Blechbüchse	y cinco *latas* de aceitunas.
además	außerdem, ferner	
la tapa	Häppchen *(kleine Gerichte, die in spanischen Bars gereicht werden)*	
la barbacoa	(Brat)rost, Grill(fest)	
la sardina	Sardine	
la botella	Flasche	Raúl compra 12 *botellas* de zumo y de limonada para la fiesta.
¿Qué te parece?	Was hältst du davon?	
la terraza	Terrasse	
proponer (propongo #)	vorschlagen	*proponer*: tener una idea y decir qué es
tortilla de patata	Kartoffelomelett(e)	
la ensaladilla rusa	*Kartoffelsalat mit Erbsen, Karotten, gekochten Eiern, Majonäse*	
variado/-a	verschieden, unterschiedlich	Por la tarde la madre hace *tapas variadas*.
la sangría	Sangria *(spanische Rotweinbowle)*	
el kilo	Kilo	Compro un cuarto de *kilo* de jamón y
el litro	Liter	*un litro* de zumo.
el resto	Rest	
cerrar (e→ie)	schließen, zumachen	*cerrar* ≠ abrir
		He cerrado la ventana. Hace frío.
¡Buenas! *(col.)*	Guten Tag!; Guten Abend!	
el/la último/-a	Letzte(r, s)	
el/la vendedor/a	Verkäufer/in	
poner (pongo #)	*hier:* geben	Buenos días, ¿qué te *pongo*? Ponme
medio/-a	halb	*medio kilo* de queso.
el queso manchego	*typischer Käse aus La Mancha*	
el jamón serrano	luftgetrockneter Schinken	
Es todo.	Das ist alles.	
la frutería	Obsthandlung	
por último	schließlich, zu guter Letzt	
coger (cojo #)	festhalten, fassen; *hier:* nehmen, einpacken	
la barra de pan	Baguette, eine Stange Brot	
presentar	zeigen, vorstellen	
invitar a alguien	jdn. einladen	
la verbena	Kirmes, Jahrmarkt, Fest	

5	**¿a quién?**	wen?; wem?
6	resumir	zusammenfassen
	el equipo	Team, Arbeitsgruppe
	el resumen	Zusammenfassung; Resümee
7	**perfecto/-a**	vollkommen, vollendet; perfekt
	usted/es	Sie
9	**el/la cliente/-a**	Kunde/-in
	la docena	Dutzend
	el céntimo	Cent
	la oferta especial	Sonderangebot
12	**el horario**	*hier:* Geschäftszeiten; Öffnungszeiten
	abierto/-a	geöffnet
	cerrado/-a	geschlossen
	la oficina de correos	Postamt

equipo = grupo

Algo *perfecto* es algo correcto.

El cliente compra *una docena* de huevos.

El horario del supermercado es de 10 a 14 h y de 17 a 21 h.

abierto ≠ *cerrado*

Las conexiones	Die Satzverbindungen
y	und
o	oder
pero	aber
por eso	deshalb
porque	weil
para *(+ infinitivo)*	um zu *(+ Infinitiv)*
que	der, die, das, den, dem
donde	wo
primero	zuerst
después	danach
por último	zuletzt
además	zusätzlich, außerdem

ciento ochenta y tres | **183**

Vokabular

el banco	Bank	*El banco* está *abierto* de lunes a viernes. Los sábados está *cerrado*.
el horario de servicio al público	Öffnungszeiten	
el invierno	Winter	
el mes	Monat	Enero y *agosto* son *meses*.
el agosto	August	En *agosto*, normalmente, hace calor.
permanecer (permanezco #)	(ver)bleiben	

13	el pedido	Auftrag, Bestellung	
telefónico/-a	telefonisch	
14	el carro de la compra	Einkaufswagen	
15	traducir (traduzco #)	übersetzen	
16	**la receta**	Rezept	¿Conoces *una receta* de ensaladilla rusa?
la astilla	Splitter; *hier:* Stange	
la canela	Zimt	
la cáscara	Schale	
rallar	reiben, raspeln	
la cucharadita	Teelöffel	¿Pones *una cucharadita* de *azúcar* en tu café?
el azúcar	Zucker	
el cubito de hielo	Eiswürfel	En verano tomo las bebidas con *cubitos de hielo*.

pelar	schälen	
cortar	(durch)schneiden	
el cubito (< cubo)	kleiner Würfel	
la rodaja	Scheibe	
añadir	hinzufügen	
reposar	(aus)ruhen	
el gusto	Geschmack(ssinn)	
echar	werfen; *hier:* eingießen, einschenken	El chico *echa* zumo en un vaso.
suficiente	genügend, ausreichend, genug	
servir (sirvo #)	nützen; *hier:* servieren	
frío/-a	kalt	Hay que *servir* la sangría muy *fría*.

Repaso 3

2	a la tercera vez	beim dritten Mal	
6	el acuario	Aquarium; Aquazoo	
el tiburón	Hai(fisch)	
el voleibol	Volleyball	Juegan al *voleibol*.

Unidad 11 – Un cumpleaños fantástico!

el blog	Blog(page)	
el/la visitador/a	Besucher/in	236 *visitadores* han visitado ya *el blog* de Raúl.
el comentario	Kommentar	
cumplir … años	… Jahre alt werden	Hoy la niña *cumple* dos años.
la merienda	Vesper, leichte Mahlzeit am Nachmittag	
la superfiesta (col.)	Superparty (ugs.)	
la radio	Radio	
todo/-a	ganz; jede(r, s); alle	
todos los días	jeden Tag	Escucha *la radio todos los días*.
sonar (o→ue)	klingeln, läuten	
cuando	wenn; *hier:* als	

184 ciento ochenta y cuatro

Vocabulario

¡Diga! (decir #)	Ja, hallo! *(am Telefon)*	*Cuando* suena el teléfono, puedes decir *¡Diga!* o *Sí.*
la voz	Stimme	
alucinar en colores *(col.)*	verrückt werden; *hier:* baff sein *(ugs.)*	Raúl escucha *la voz* del *presentador* en la radio.
el/la presentador/a	Moderator/in	
felicitar a alguien	jdn. beglückwünschen, jdm. gratulieren	Yolanda y Lucía *felicitan* a Raúl porque es su cumpleaños.
de parte de ...	seitens; von …	
especialmente	besonders	
la sorpresa	Überraschung	Una *sorpresa* es algo que no esperas.
decorar	dekorieren, schmücken	
el comedor	Esszimmer	
alguno/-a	irgendein(e); *Plural:* ein paar	
bailar	tanzen	
mientras tanto	inzwischen, in der Zwischenzeit	
la cocina	Küche	Normalmente la familia come en *el comedor*, pero a veces también come en *la cocina*.
todo un éxito	ein voller Erfolg	La fiesta ha sido *todo un éxito* porque
el éxito	Erfolg	la gente ha bailado toda la noche.
el telediario	Nachrichten *(im Fernsehen)*	
realmente	wirklich; tatsächlich	
la televisión	Fernsehen; Fernseher	Hay una película en *la televisión*.
dormir la siesta	eine Siesta machen	
faltar	fehlen	
(no) ... nadie	niemand	No suena el teléfono. No llama *nadie*.
regalar	schenken	dar *un regalo = regalar*
el balón	Ball	
el juego	Spiel	
traer (traigo #)	bringen	He quedado para jugar con un amigo. Él *trae un balón* de fútbol.
típico/-a	typisch	
el tabú	Tabu; *hier:* Gesellschaftsspiel	
junto/-a	zusammen, miteinander, gemeinsam	Miguel y Lucía van *juntos* a la fiesta de Raúl.
(no) ... nunca	nie	*nunca ≠ siempre*
el regalo	Geschenk	Normalmente *un regalo* es una sorpresa.
varias veces	mehrmals	
los abuelos *pl.*	Großeltern	Mis *abuelos* tienen sesenta y ocho años.
el/la patrón/patrona	Schutzheilige/r, Schutzpatron/in	
el concierto	Konzert	
la tómbola	Tombola	
el reloj	Uhr	¿Qué hora es? No sé. No tengo *reloj*.
acuático/-a	Wasser-	
pensar (e→ie)	denken	¿Qué *piensas* de esta película?
el abril	April	
el mayo	Mai	
el junio	Juni	
enviar por e-mail	mailen	Raúl *envía por e-mail* a su padre las fotos de la fiesta.
3 chatear	chatten	Clara *chatea* por la noche con Lucía.
¡Cuéntame! (contar) (o→ue)	Erzähl mal!, Sag schon.	
celebrar algo	etw. feiern	*celebrar* = hacer una fiesta
el cumple *(col.)*	Geburtstag	

ciento ochenta y cinco **185**

Vokabular

	sobre todo	vor allem	
	riquísimo/-a	sehr, äußerst lecker	
	todos los años	jedes Jahr	
	el escenario	Bühne	En la calle han puesto *escenarios* para los conciertos.
	la	sie; ihr	
	toda la tarde	der ganze Abend; den ganzen Abend	
	¿En serio?	Wirklich?	
6	el cariño	Liebling, Liebes *(in der Anrede)*	– ¿Mamá, vamos a la playa hoy? – Sí, *cariño*, vamos a la playa por la tarde.
	feliz	glücklich	*feliz* ≠ triste
	¡Feliz cumpleaños!	Alles Gute zum Geburtstag!	
	desear algo a alguien	jdm. etw. wünschen	
8	el diciembre	Dezember	
	el octubre	Oktober	
	el agosto	August	
	el febrero	Februar	
	el noviembre	November	
	el septiembre	September	
	el julio	Juli	
	el marzo	März	
	el enero	Januar	
9	Argentina	Argentinien	
	que	*hier:* auf dass	
	los/las	sie	
10	¡(Muchas) Felicidades!	(Herzliche) Glückwünsche!	decir ¡*Muchas felicidades!* = felicitar a alguien
	muchísimo/-a	sehr viel	
	el abrazo	Umarmung	
	el deseo	Wunsch	desear = tener *un deseo*
11	la carta	Brief	*una carta*
12	la fiesta sorpresa	Überraschungsparty	
14	los Reyes Magos *pl.*	die Heiligen Drei Könige	
	el Carnaval	Karneval, Fasching	
	la Semana Santa	Karwoche	
	la feria	Messe; *hier:* Volksfest	
	la Navidad	Weihnachten	
	la Nochevieja	Silvester	*la Nochevieja*
	el/la español/a	Spanier/in	*un español* = una persona de España
15	el accidente	Unfall; Unglück	En la calle siempre hay *accidentes* con los coches.
	haber de hacer algo (#)	etw. tun müssen, sollen	
	la media	Durchschnitt; *hier:* Strumpf	*una media*
	el calcetín	Socke	*un calcetín*
17	el/la pesimista	Pessimist/in	
	fatal	verhängnisvoll, unselig	
	el/la director/a	Direktor/in	

Los meses	Die Monate
enero	Januar
febrero	Februar
marzo	März
abril	April
mayo	Mai
junio	Juni
julio	Juli
agosto	August
septiembre	September
octubre	Oktober
noviembre	November
diciembre	Dezember

Minidiccionario español – alemán

M

MINIDICCIONARIO

Das *Minidiccionario* enthält in alphabetischer Reihenfolge alle Wörter und Ausdrücke aus *¿Qué pasa? 1*. Die Vokabeln aus den Liedtexten und den Zungenbrechern werden nur im *Vocabulario* aufgeführt. Eigennamen und geografische Bezeichnungen werden auf den Seiten *Personas y lugares* näher erklärt.
Die Ziffer hinter dem Eintrag gibt die Fundstelle des Wortes an. Der Zusatz I bezeichnet den jeweiligen Lektionstext. Die Lektionstexte 3, 7 und 10 sind geteilt und unterscheiden deshalb die Fundstellen Ia für den vorgeschalteten Teil und Ib für den Haupttext.

fett	Lernwortschatz	*col.*	*coloquial* (umgangssprachlich)
normal	fakultativer Wortschatz	*ugs.*	umgangssprachlich
		Lat.	*Latinoamérica* (Lateinamerika)
algo	etwas	*jdm.*	jemandem
a alguien	jemanden; jemandem	*jdn.*	jemanden
		etw.	etwas
Symbole und Abkürzungen:			
m	maskulin	o→ue	Verb mit Stammwechsel
f	feminin	e→ie	Verb mit Stammwechsel
nt	neutrum	u→ue	Verb mit Stammwechsel
m/f	maskulin/feminin	#	unregelmäßiges Verb oder Verb mit Besonderheit
pl.	Plural		
sg.	Singular	<	Verweis auf die Herkunft, z. B. Wortfamilie

A

a in, zu; nach 2/I
a casa nach Haus(e) 2/I
a la derecha de rechts von 5/I
a la izquierda de links von 5/I
a la semana in der/pro Woche 6/I
a la vista anscheinend; *hier:* in Sicht 8/18
a mí mich, mir 6/8
a pie zu Fuß 5/I
¿A qué hora? Um wie viel Uhr? 2/I
¿a quién? wen?; wem? 10/5
a rayas gestreift 7/Ia
a veces manchmal 4/I
A ver, ... Lass(t) mal sehen, ... 3/Ib
abierto/-a geöffnet 10/12
abrazo *m* Umarmung *f* 11/10
abril *m* April *m* 11/I
abrir algo etw. aufmachen, öffnen 3/7
abuelo/-a *m/f* Großvater/Großmutter *m/f* 5/7
abuelos *m pl.* Großeltern *pl.* 11/I
aburrido/-a langweilig 2/I
accidente *m* Unfall *m*; Unglück *nt* 11/15
aceituna *f* Olive *f* 10/Ia
acostarse (o→ue) ins Bett gehen, sich hinlegen 9/10

actividad *f* Tätigkeit *f*; *hier:* Übung *f* E/I
acuario *m* Aquarium *nt*; Aquazoo *m* R3/6
de acuerdo einverstanden 5/I
además außerdem, ferner 10/Ib
¡Adiós! Auf Wiedersehen!, Tschüss! E/I
¿adónde? wohin? 5/10
aeropuerto *m* Flughafen *m* F/4
África *f* Afrika *nt* 8/14
afuera draußen 9/I
agosto *m* August *m* 11/8
agradable angenehm 2/I
agua *f* Wasser *nt* 6/I
ahí da, dort 7/Ib
ahora jetzt, nun 2/I
ahora mismo gleich, sofort 8/I
ajedrez *m* Schach *nt* 6/11
al final schließlich; am Ende 7/Ib
al lado de neben 5/I
alemán *m* Deutsch *(als Fach/Sprache) nt* 3/Ia
Alemania Deutschland *nt* 8/9
alfabeto *m* Alphabet *nt* E/2
algo etwas 3/Ib
alguno/-a irgendein(e); *Plural:* ein paar 11/I

alimentos *m pl.* Nahrung(smittel) *(f/nt)* 10/Ia
allí dort, da 3/Ib
alternativa *f* Alternative *f* F/4
alto/-a hoch; *hier:* groß 4/I
alto laut 3/Ib
alucinar en colores *(col.)* verrückt werden; *hier:* baff sein *(ugs.)* 11/I
alumno/-a *m/f* Schüler/in *m/f* 3/Ia
amarillo/-a gelb 7/Ia
amigo/-a *m/f* Freund/in *m/f* E/I
amor *m* Liebe *f* 8/18
añadir hinzufügen 10/16
animal *m* Tier *nt* 8/I
año *m* Jahr *nt* 1/I
cumplir ... años ... Jahre alt werden 11/I
¿Cuántos años tiene? Wie alt ist er/sie/es? 1/I
antes de vor *(temp.)* 9/13
antiguo/-a alt F/I
aprender algo etw. lernen 6/I
apuntar algo (sich) etw. aufschreiben, (sich) etw. notieren 10/Ib
aquarium *m* Aquarium *nt* 8/14
aquel/aquella *(adjetivo)* diese(r, s) (dort), jene(r, s) *(Adjektiv)* 7/6

ciento ochenta y siete **187**

Miniwörterbuch Spanisch – Deutsch

aquél/aquélla/aquello *(pronombre)* diese(r, s) (dort), jene(r, s) *(Pronomen)* 7/6
aquí hier(her), da 1/I
(por) aquí hier 5/I
árbol *m* Baum *m* 9/I
Argentina *f* Argentinien *nt* 11/9
armario *m* Schrank *m* 2/I
armonía *f* Harmonie *f* 8/18
arte *m* Kunst *f* F/I
artículo *m* Artikel *m* E/6
así so 8/1
Así, así. Einigermaßen. 2/😊
Así se dice. So sagt man., So heißt es. E/😊
asignatura *f* Fach *nt* 6/I
asomarse zeigen, erscheinen; *hier:* *(Kopf aus dem Zelt)* hinausstrecken 9/I
astilla *f* Splitter *m*; *hier:* Stange *f* 10/16
asunto *m* Angelegenheit *f*, Sache *f*; *hier:* Betreff *m* 6/I
¡Atención! Achtung! 1/I
atracción *f* Attraktion *f* F/I
atrás *hier:* zurück 6/19
Australia *f* Australien *nt* 8/16
autobús *m* Bus *m* 5/1
avión *m* Flugzeug *nt* 5/11
ay autsch, au 8/I
¡Ay! *hier:* Ach! 2/I
ayudar a alguien jdm. helfen, jdn. unterstützen 2/7
azúcar *m* Zucker *m* 10/16
azul blau 7/Ia

B

bailar tanzen 11/I
bajo *(preposición)* unter 9/15
bajo/-a *(adjetivo)* tief; niedrig; *hier:* klein 4/I
Todo está bajo control. Es ist alles unter Kontrolle. 9/I
balón *m* Ball *m* 11/I
baloncesto *m* Basketball *m* 6/I
banco *m* Bank *f* 10/12
bar *m* (Steh)café *nt*; Kneipe *f* 5/4
barbacoa *f* (Brat)rost *m*, Grill(fest) *m/nt* 10/Ib
barco *m* Schiff *nt* 5/11
barra de pan *f* Baguette, eine Stange Brot *nt* 10/Ib
barrio *m* (Stadt)viertel *nt*, Stadtteil *m* 5/I

bastante ziemlich 4/I
batería *f* Batterie *f* *(Technik, Elektronik)*; *hier:* Schlagzeug *nt* 6/I
beber algo etw. trinken 9/5
bebida *f* Getränk *nt* 10/Ia
beso *m* Kuss *m* 5/6
bici *(col.)* *f* Rad *nt* 5/11
bicicleta *f* Fahrrad *nt* 5/11
bien gut 1/I
¡Bienvenido/-a! Willkommen! 2/I
blanco/-a weiß 7/Ia
estar sin blanca *(col.)* keinen Cent mehr haben, blank sein *(ugs.)* 5/I
blog *m* Blog *m*, Blogpage *f* 11/I
blusa *f* Bluse *f* 7/Ia
bocadillo *m* belegtes Brötchen *nt* 4/I
boli *m* Kuli *m* 3/Ia
bolígrafo *m* Kugelschreiber *m* 3/Ia
bollo *m* Hefegebäck *nt* 10/1
bolsa *f* Beutel *m*, Sack *m*; Tüte *f* 10/Ib
bonito/-a hübsch, schön 7/Ib
bota *f* Stiefel *m* 7/Ia
botella *f* Flasche *f* 10/Ib
bueno/-a gut; schön 2/I
¡Buenas noches! Guten Abend!, Gute Nacht! E/😊
¡Buenas tardes! Guten Tag!, Guten Abend! E/😊
¡Buenas! *(col.)* Guten Tag!; Guten Abend! 10/Ib
¡Buenos días! Guten Morgen!, Guten Tag! E/1
burro *m* Esel *m* 8/2
buscar algo etw. suchen 2/8

C

caballo *m* Pferd *nt* 6/I
Cada oveja con su pareja. Gleich und gleich gesellt sich gern. F/1
cadena *f* Kette *f* 7/14
café *m* Kaffee *m*; Café *nt* E/I
cafetería *f* Café *nt*; *hier:* Cafeteria *f* 4/I
calculadora *f* Taschenrechner *m* 3/Ia
calcular algo etw. rechnen 1/5
caldereta *f* Fisch-, Fleischragout *nt* 8/I
calle *f* Straße *f* 5/I

calle comercial *f* Geschäftsstraße *f* 7/Ib
calor *m* Wärme *f* 9/15
Hace calor. Es ist warm/heiß. 9/15
cama *f* Bett *nt* 2/I
camisa *f* (Ober)hemd *nt* 7/Ia
camiseta *f* T-Shirt *nt* 7/Ia
campo *m* Land *nt*; Acker *m*, Feld *nt* 8/I
campo de fútbol *m* Fußballplatz *m* F/I
canario *m* Kanarienvogel *m* 8/2
canción *f* Lied *nt* 7/10
canela *f* Zimt *m* 10/16
canguro *m* Känguru *m* 8/13
cansado/-a müde 2/I
cantar singen 8/2
canto *m* Singen *nt*; Gesang *m* 7/9
cariño/-a *m/f* Liebling *m*, Liebes *nt* (in der Anrede) 11/6
Carnaval *m* Karneval *m*, Fasching *m* 11/14
carpeta *f* (Schreib)mappe *f* 3/Ia
carro de la compra *m* Einkaufswagen *m* 10/14
carta *f* Brief *m* 11/11; *hier:* Spielkarte *f* 9/I
casa *f* Haus *nt* 2/I
a casa nach Haus(e) 2/I
en casa zu Haus(e) 3/Ib
cáscara *f* Schale *f* 10/16
CD *m* CD *f* 4/8
cebolla *f* (Gemüse)zwiebel *f* 10/Ia
cebra *f* Zebra *nt* 8/13
celebrar algo etw. feiern 11/3
cenar zu Abend essen 9/I
céntimo *m* Cent *m* 10/9
centro *m* Zentrum *nt* 5/5
cerca de nahe bei; in der Nähe von 5/2
cerdo *m* Schwein *nt* 8/I
cerrado/-a geschlossen 10/12
cerrar (e→ie) schließen, zumachen 10/Ib
chaqueta *f* Jacke *f* 7/Ia
chaqueta vaquera *f* Jeansjacke *f* 7/Ia
charlar plaudern, sich unterhalten 6/I
chatear chatten 11/3
chévere *(col. Lat.)* erstklassig, dufte *(ugs.)* 5/I
chicle *m* Kaugummi *m* 3/Ib

188 ciento ochenta y ocho

Minidiccionario español – alemán

chico/-a *m/f* Kind *nt*, Junge/ Mädchen *m/f* E/I

chimpancé *m* Schimpanse *m* 8/13

chocolate *m* Schokolade *f* 10/Ia

chorizo *m* luftgetrocknete Paprikawurst *f* 10/Ia

cibercafé *m* Internetcafé *nt* 5/I

ciencias *f pl.* Naturwissenschaften *f pl.* 6/I

cine *m* Kino *nt* 2/I

cinturón *m* Gürtel *m* 7/Ia

ciruela *f* Pflaume *f* 10/Ia

ciudad *f* Stadt *f* E/3

claro klar, natürlich 2/I

clase *f hier:* Klasse *f*; Unterricht *m*, Klassenzimmer *nt* 3/Ia

clase de alemán *f* Deutschunterricht *m* 3/Ib

cliente/-a *m/f* Kunde/ -in *m/f* 10/9

coche *m* Auto *nt* 2/I

cocina *f* Küche *f* 11/I

coger (cojo #) festhalten, fassen; *hier:* nehmen, einpacken 10/Ib

cole *(col.)* (< colegio) *m* Schule *f* 6/I

Colombia *f* Kolumbien *nt* 4/I

color *m* Farbe *f* 7/2

¿De qué color es ...? Welche Farbe hat ...? 7/2

comedor *m* Esszimmer *nt* 11/I

comentario *m* Kommentar *m* 11/I

comer algo etw. essen E/I

comer *hier:* fressen 8/2

cómic *m* Comic *m* 7/Ib

comida *f* Essen *nt* 2/I

como wie 2/I

¿cómo? wie? E/1

¿Cómo? *hier:* Wie bitte? 3/Ib

¿Cómo es ...? Wie ist ...?; *hier:* Wie sieht ... aus? 1/I

¿Cómo estáis? Wie geht es euch? 2/I

¡Cómo mola! *(col.)* Wie cool! *(ugs.)* 9/I

¡Cómo no! Aber klar! 8/I

¿Cómo se dice? Wie sagt man es?, Wie heißt es? 3/Ib

¿Cómo se dice ... en ...? Wie sagt man/Wie heißt ... auf ...? 3/☺

¿Cómo se escribe ...? Wie schreibt man ...? E/4

compañero/-a *m/f hier:* Mitschüler/in *m/f* 4/I

compañero/-a de intercambio *m/f* Austauschschüler/in *m/f* R2/2

complemento *m* Ergänzung *f*; *hier:* Accessoire *nt* 7/9

completo/-a vollständig, komplett 1/I

compra *f* Kauf, Einkauf *m* 7/Ia

comprar algo etw. (ein)kaufen 2/7

ir de compras einen Einkaufsbummel machen, einkaufen gehen 7/Ia

comprender algo etw. verstehen, begreifen 3/14

comunidad autónoma *f* autonome Region *f* E/I

con mit 2/I

¿con quién? Mit wem? 6/1

concierto *m* Konzert *nt* 11/I

conejo *m* Kaninchen *nt* 8/I

confusión *f* Verwechslung *f*; *hier:* Durcheinander *nt* 4/1

contento/-a froh; zufrieden 6/I

contigo mit dir, bei dir 8/18

continuar (continúo #) *hier:* fortfahren, weitermachen 3/Ib

Todo está bajo control. Es ist alles unter Kontrolle. 9/I

controlar kontrollieren, überprüfen 8/18

coro *m* Chor *m* 3/Ib

correcto/-a richtig, korrekt 6/4

¿Es correcto? Ist das richtig? 1/1

correr rennen, laufen 9/I

cortar (durch)schneiden 10/16

El Corte Inglés *m große spanische Kaufhauskette f* 7/9

corto/-a kurz 4/I

cosa *f* Sache *f*, Gegenstand *m*, Ding *nt* 3/13

costa *f* Küste *f* 2/I

costar (o→ue) kosten 7/Ib

creer algo etw. glauben, denken 7/Ib

Creo que no. Ich glaube nicht. Ich denke nicht. 7/Ib

cuaderno *m* Heft *nt* 3/Ia

cuando wenn; als 11/I

¿cuándo? wann? 2/I

cuánto/-a wie viel(e) 5/I

¿Cuánto cuesta? Wie viel kostet er/sie/es? 7/Ib

¿Cuántos años tiene? Wie alt ist er/ sie/es? 1/I

cuarto *m* Viertel *nt* 2/I

cubito de hielo *m* Eiswürfel *m* 10/16

cubo *m* Eimer *m* 8/I

cucharadita *f* Teelöffel *m* 10/16

cuenta *f* Rechnung *f*; *hier:* Konto *nt* 6/I

¿Cuánto cuesta? Wie viel kostet er/sie/es? 7/Ib

cuidado *m* Sorgfalt *f*, Vorsicht *f* 8/I

cumple *(col.)* *m* Geburtstag *m* 11/3

cumpleaños *m* Geburtstag *m* 10/Ib

cumplir ... años ... Jahre alt werden 11/I

curso *m* Kurs *m*; *hier:* Schuljahr *nt* 6/I

D

dar (doy #) geben 8/I

dar de comer a un animal ein Tier füttern 8/I

de von, aus E/I

de acuerdo einverstanden 5/I

¿de dónde? woher? E/1

¿De dónde eres? Woher kommst du?, Woher bist du? E/1

de miedo *(col.)* sensationell, toll 9/I

de parte de ... seitens; von ... 11/I

¿de qué? worüber?; wovon? 7/18

¿De qué color es ...? Welche Farbe hat ...? 7/2

de una vez *hier:* endlich 9/9

debajo de unter 5/2

deberes *m pl.* Hausaufgaben *f pl.* 3/Ib

decir algo a alguien (digo #) jdm. etw. sagen 5/I

decorar dekorieren, schmücken 11/I

dejar lassen 9/I

delante de vor 5/I

delfín *m* Delfin *m* 8/13

delgado/-a dünn, schlank 4/I

demasiado (all)zu; zu viel 7/Ib

denim *m* Jeans *f* 7/9

departamento *m* Abteilung *f* 7/Ib

depender (de algo) abhängig sein (von etw.) 4/I

deporte *m* Sport *m* E/I

desayunar frühstücken 9/12

desayuno *m* Frühstück *nt* 9/I

descuento *m* Rabatt *m*, Nachlass *m* 7/Ib

desear algo a alguien jdm. etw. wünschen 11/6

deseo *m* Wunsch *m* 11/10

despacio langsam 3/Ib

ciento ochenta y nueve **189**

Miniwörterbuch Spanisch – Deutsch

despedida *f* Abschied *m*, Verabschiedung *f* F/4
despertador *m* Wecker *m* 9/I
despertarse (e→ie) aufwachen 9/11
después danach 3/Ib; nach,
nachher 5/I
después de nach *(zeitlich)* 5/I
detrás de hinter 5/2
día *m* Tag *m* 6/2
día festivo *m* Feiertag *m* 10/Ib
diálogo *m* Gespräch *nt*, Dialog *m*
E/9
dibujo *m* Zeichnung *f* 9/2
diciembre *m* Dezember *m* 11/8
difícil schwer, schwierig 3/Ib
¡Diga! (decir #) Ja, hallo! *(am
Telefon)* 11/I
dinero *m* Geld *nt* 5/I
director/a *m/f* Direktor/in *m/f*
11/17
discoteca *f* Diskothek *f* E/6
divertido/-a lustig 8/I
dividido entre geteilt durch 1/5
docena *f* Dutzend *nt* 10/9
domingo *m* Sonntag *m* 6/17
Don/Doña *m/f* in Verbindung mit
dem Vornamen gebrauchte
besonders höfliche spanische
Anredeform für Herr/Frau *m/f* 9/7
donde wo 8/I
¿dónde? wo? 1/I
dormir (o→ue) schlafen 9/I
dormir como un tronco wie ein
Stein schlafen 9/9
dormir la siesta eine Siesta machen
11/I
dormirse (o→ue) einschlafen 9/11
los dos beide 1/I
dulce *m* Süßspeise *f*; Süßigkeit *f*
10/1
durante während 9/1

E

e-mail *m* E-Mail *f* 6/I
echar werfen; *hier:* eingießen,
einschenken 10/16
educación física *f* Turnen *nt*,
Sportunterricht *m* 6/I
educación plástica y visual *f*
Kunstunterricht *m* 6/I
ejemplo *m* Beispiel *nt* E/1
ejercicio *m* Übung *f* 6/12
el der *(best. Artikel, sg.)* E/I
él er 1/12

elegante elegant 8/2
ella sie; ihr 1/12
ellos/ellas sie 8/3
emocionante rührend; *hier:*
spannend 9/I
empezar (e→ie) anfangen, beginnen 6/2
en in, auf, an E/I
en casa zu Haus(e) 3/Ib
en el campo auf dem Lande 8/I
en parejas paarweise, zu zweit 3/Ib
en seguida sofort 9/I
¿En serio? Wirklich? 11/3
encantar a alguien jdn. erfreuen;
begeistern 7/Ib
encender algo (e→ie) etw. anzünden; anmachen, anschalten 9/I
encima de auf 5/2
enero *m* Januar *m* 11/8
enfrente de gegenüber von 5/I
¡Enhorabuena! Herzlichen
Glückwunsch! 8/18
enorme enorm, gewaltig F/I
ensaladilla rusa *f* Kartoffelsalat mit
Erbsen, Karotten, gekochten Eiern,
Majonäse *m* 10/Ib
enseñar algo etw. zeigen;
(vor)führen 5/I
entonces dann 1/I
entrada *f* Eingang *m*;
Eintritt(skarte) *f* 8/14
entrar hineingehen, eintreten 3/Ib
entre zwischen 5/2
entrevista *f* Interview *nt* 4/9
enviar algo etw. schicken; absenden, versenden 6/I
enviar por e-mail mailen 11/I
equipo *m* Team *nt*, Arbeitsgruppe *f*
10/6
escenario *m* Bühne *f* 11/3
escribir algo etw. schreiben 3/9
escritorio *m* Schreibtisch *m* 2/I
escuchar algo/a alguien etw./jdm./
jdn. (zu)hören 6/6
ese/-a *(adjetivo)* diese(r, s), der/
die/das (da) *(Adjektiv)* 7/6
ése/ésa/eso *(pronombre)* diese(r, s),
der/die/das (da) *(Pronomen)*
7/Ib
1° ESO 1. Jahr der vierjährigen
Mittelstufe 6/I
¡Eso es! Das ist es! So ist es! 2/I
España *f* Spanien *nt* 5/11
español *m* Spanisch *nt* 3/😊

español/a *(adjetivo)* spanisch
(Adjektiv) 5/12
español/a *m/f* Spanier/in *m/f* 11/14
especial besonders, speziell 3/Ib
especialmente besonders 11/I
espectáculo *m* Show *f* F/I
esperar algo/a alguien (auf jd.)
warten; (etw./jd.) erwarten 5/I
estación *f* Bahnhof *m*; Station *f* 5/I
estantería *f* Regal *nt* 2/I
estar (estoy #) sein, sich befinden
2/I
estar en su punto gar sein; fertig
sein 8/I
estar sin blanca *(col.)* keinen Cent
mehr haben, blank sein *(ugs.)*
5/I
esta vez diesmal 5/I
este/-a *(adjetivo)* diese(r, s), der/
die/das (hier) *(Adjektiv)* 5/I
éste/ésta/ésto *(pronombre)* diese(r,
s), der/die/das (hier) *(Pronomen)* 7/Ib
Estoy bien. Mir geht es gut. 2/😊
estuche *m* Etui *nt*; *hier:* Federmäppchen *nt* 3/Ia
estudiar lernen 8/18
estudios *m pl.* (Hochschul)studium
nt 8/18
estupendo toll, prima 8/I
euro *m* Euro *m* 7/Ia
europeo/-a europäisch F/I
examen *m* Prüfung *f*, Test *m* 6/7
excursión *f* Ausflug *m* F/4
éxito *m* Erfolg *m* 11/I
extraño/-a fremd; *hier:* sonderbar,
merkwürdig 9/I

F

fácil leicht, einfach 3/Ib
falda *f* Rock *m* 7/Ia
falso/-a falsch 2/1
faltar fehlen 11/I
familia *f* Familie *f* 5/6
famoso/-a berühmt F/I
fantástico/-a *hier:* toll *(ugs.)* 4/6
fatal verhängnisvoll, unselig
11/17
febrero *m* Februar *m* 11/8
¡(Muchas) Felicidades! (Herzliche)
Glückwünsche! 11/10
felicitar a alguien jdn. beglückwünschen, jdm. gratulieren 11/I
feliz glücklich 11/6

190 ciento noventa

Minidiccionario español – alemán

M

¡**Feliz cumpleaños!** Alles Gute zum Geburtstag! 11/6
fenomenal *hier:* toll *(ugs.)* 2/I
feria *f* Messe *f*; *hier:* (Volks)fest *nt* 11/14
fiesta *f* Fest *nt*, Feier *f* E/I
fiesta sorpresa *f* Überraschungs-party *f* 11/12
fin de semana *m* Wochenende *nt* 7/17
al final schließlich; am Ende 7/Ib
forma *f* Form *f*, Gestalt *f* 8/18
fórmula *f* Formel *f* 7/9
frase *f* Satz *m* 1/9
fresa *f* Erdbeere *f* 10/Ia
frío *m* Kälte *f* 9/I
Hace frío. Es ist kalt. 9/I
frío/-a kalt 10/16
fruta *f* Frucht *f*; Obst *nt* 10/Ia
frutería *f* Obsthandlung *f* 10/Ib
fuerte stark 8/12
funcionar funktionieren 2/I
fútbol *m* Fußball *m* 6/I

G

gallina *f* Huhn *nt*, Henne *f* 8/I
tener ganas de algo *f* Lust auf etw. haben *f* 5/I
ganar gewinnen 9/I
ganso *m* Gans *f* 8/2
gato *m* Katze *f*; Kater *m* 5/2
Géminis *m* Zwillinge *(Sternzeichen)* *m pl.* 8/18
genial genial; *hier:* toll 2/I
gente *f* Leute *pl.* E/I
geografía *f* Geografie *f*, Erdkunde *f* 6/I
geográfico/-a geografisch F/I
gira *f* Ausflug *m*; *hier:* Tournee *f* 7/18
gordo/-a dick 4/7
gorra *f* Mütze *f* 7/Ia
gracias danke 1/I
grado *m* Grad *m* 9/15
Hace … grados. Es sind … Grad. 9/15
grande groß 4/I
grandes almacenes *m pl.* Kaufhaus *nt* F/I
granja *f* Bauernhof *m*, Farm *f* 8/I
granja escuela *f* Schulbauernhof *m* 8/I
grano *m* Korn *nt* 8/I
gris grau 7/Ia

grupo *m* Gruppe *f*; Musikgruppe *f* 6/I
guapo/-a gut aussehend E/I
¡Guay! *(col.)* Klasse! *(ugs.)* 1/I
gusanitos (< gusano) *m pl.* (Erdnuss)flips *m pl.* 10/Ia
gustar a alguien jdm. gefallen; schmecken 6/I
gusto *m* Geschmack(ssinn) *m* 10/16

H

haber (he #) haben; sein *(Hilfsverb in zusammengesetzten Zeiten)* 10/Ib
habitación *f* Zimmer *nt*; Wohnung *f* 2/I
hablar sprechen, reden 2/7
hacer algo (hago #) etw. machen, tun 6/I
hacer la maleta den Koffer packen 7/4
Hace … grados. Es sind … Grad. 9/15
Hace calor. Es ist warm/heiß. 9/15
Hace frío. Es ist kalt. 9/I
Hace sol. Es ist sonnig., Die Sonne scheint. 9/15
Hace viento. Es ist windig. 9/I
tener mucho que hacer viel zu tun haben 6/I
hambre *f* Hunger *m* 2/I
hasta bis (zu) 6/I
¡**Hasta luego!** Bis später! E/1
¡**Hasta mañana!** Bis morgen! E/1
¡Hasta pronto! Bis bald! F/4
hay (haber #) es gibt, ist/sind 2/I
heladería *f* Eiscafé *nt* 5/I
helado *m* (Speise)eis *nt* E/I
hermano/-a *m/f* Bruder/Schwester *m/f* E/I
hermanos *m pl.* Geschwister *pl.* 1/12
héroe *m* Held *m* 9/I
hierba *f* Gras *nt* 8/2
hijo/-a *m/f* Sohn/Tochter *m/f* 5/7
historia *f* Geschichte *f* 6/I
hoja de actividades *f* Übungsblatt *nt*, Arbeitsblatt *nt* 3/Ib
hola hallo E/I
¡**Hombre!** Mann!, Mensch! 3/Ib
hora *f* Stunde *f*; Uhr *f* 2/I
¿**Qué hora es?** Wie spät ist es? 2/12
¿**A qué hora?** Um wie viel Uhr? 2/I

horario *m* Stundenplan *m* 6/I; Öffnungszeiten *f pl.* 10/12
horario de servicio al público *m* Öffnungszeiten *f pl.* 11/12
horóscopo *m* Horoskop *nt* 8/18
horrible schrecklich 2/I
horror *m* Entsetzen *nt* 9/😊
hotel *m* Hotel *nt* E/6
hoy heute 2/I
huevo *m* Ei *nt* 10/Ia

I

idea *f* Idee *f* 4/8
Ni idea. Keine Ahnung. 5/😊
idioma *m* Sprache *f* E/6
igualmente danke, gleichfalls 5/6
importante bedeutend, wichtig 8/18
impulso *m* (An)stoß *m*; *hier:* Impuls *m* 8/18
inglés *m* Englisch *nt* 6/I
inicio *m* Beginn *m* 6/I
insti *(col.)* *m* Gymnasium *nt* 4/I
instituto *m* Gymnasium *nt* 3/Ia
instrumento *m* (Musik)instrument *nt* 7/10
inteligente intelligent 4/7
intercambio *m* Austausch *m* F/I
interesante interessant 8/12
internacional international F/I
internet *m/f* Internet *nt* 4/I
invierno *m* Winter *m* 10/12
invitar a alguien jdn. einladen 10/Ib
ir (voy #) gehen; fahren 5/9
ir a casa de alguien zu jdm. nach Hause gehen 6/17
ir a hacer algo etw. machen wollen; etw. machen werden 7/16
ir a pie zu Fuß gehen 5/I
ir de compras einen Einkaufsbum-mel machen, einkaufen gehen 7/Ia
ir en metro mit der U-Bahn fahren 5/I
irse (me voy #) (weg-, fort-)gehen 9/I

J

jabalí *m* Wildschwein *nt* 9/I
jamón *m* Schinken *m* 10/Ia
jamón serrano *m* luftgetrockneter Schinken *m* 10/Ib
jardín *m* Garten *m* 9/I
jersey *m* Pullover *m* 7/Ia

ciento noventa y uno **191**

Miniwörterbuch Spanisch – Deutsch

M

jirafa *f* Giraffe *f* 8/13
juego *m* Spiel *nt* 11/I
juego de ordenador *m* Computerspiel *nt* F/I
jueves *m* Donnerstag *m* 6/I
los jueves donnerstags 6/I
jugar a algo (u→ue) spielen *(Spiel, Sport)* 6/10
juguete *m* Spielzeug *nt* 2/I
julio *m* Juli *m* 11/8
junio *m* Juni *m* 11/1
junto/-a zusammen, miteinander, gemeinsam 11/I

K

kilo *m* Kilo *nt* 10/Ib
kilómetro *m* Kilometer *m* F/I
koala *m* Koala *m* 8/13

L

la sie; ihr 11/3
la die *(best. Artikel, sg.)* E/I
al lado de neben 5/I
lápiz *m* Bleistift *m* 3/Ia
largo/-a lang 4/7
las die *(best. Artikel, pl.)* E/I
lata *f* (Blech)dose *f*, Blechbüchse *f* 10/Ib
latoso/-a lästig 4/I
le ihn; ihm, ihr 7/11
leche *f* Milch *f* 10/Ia
lechuga *f* Blattsalat *m* 10/Ia
leer algo etw. lesen 3/8
lejos de weit (weg) von, weit (entfernt) von 5/I
lengua *f* Sprache *f* 6/I
les ihnen 7/11
levantarse aufstehen 9/10
Libra *f* Waage *f (Sternzeichen)* 8/18
libre frei 6/I
librería *f* Buchhandlung *f* 7/Ib
libro *m* Buch *nt* 3/Ia
libro de alemán *m* Deutschbuch *nt* 3/Ib
limón *m* Zitrone *f* 10/Ia
limonada *f* (Zitronen)limonade *f* E/7
lindo/-a hübsch, schön 5/I
línea *f* Linie *f* 7/9
linterna *f* Taschenlampe *f* 9/I
liso/-a glatt 4/7
lista de la compra *f* Einkaufszettel *m* 10/Ib

(estar #) **listo/-a** fertig, bereit (sein) 8/I
literatura *f* Literatur *f* 6/I
litro *m* Liter *m* 10/Ib
llamada telefónica *f* Anruf *m* 5/6
llamar (por teléfono) a alguien jdn. anrufen 5/I
llamarse heißen, sich nennen E/I
llegar eintreffen; ankommen 5/6
llevar algo etw. tragen 2/7
llover (o→ue) regnen 9/15
lluvia *f* Regen *m* 9/15
Lo siento. (sentir) (e→ie) Es tut mir leid. 5/I
lobo *m* Wolf *m* 9/I
loco/-a *m/f* Verrückte/r; Wahnsinnige/r *m/f* 7/9
loco/-a wahnsinnig, verrückt 8/4
los die *(best. Artikel, pl.)* E/I
los dos beide 1/I
lugar *m* Ort *m*, Platz *m* 9/I
lunes *m* Montag *m* 6/I
los lunes montags 6/I

M

macedonia *f* Obstsalat *m*, Fruchtsalat *m* 10/3
madre *f* Mutter *f* 2/I
¡Madre mía! (Ach) du meine Güte! 5/I
majo/-a *(col.) hier:* nett, sympathisch 5/6
mal schlecht 2/😊
maleta *f* Koffer *m* 2/I
hacer la maleta den Koffer packen 7/4
mamá *(col.) f* Mama *f*, Mutti *(ugs.) f* 2/I
mami *(col.) f* Mutti *f*, Mami *(ugs.) f* 9/I
mañana morgen 2/I
por la mañana morgens 6/I
mancha *f* Fleck *m* 7/Ib
manzana *f* Apfel *m* 10/Ia
mapa *m* (Land)karte *f* 3/Ia
mar *m* Meer *nt*, See *f* 6/😊
marimandón *m* herrschsüchtige Person *f* 3/16
marrón (kastanien)braun 7/Ia
martes *m* Dienstag *m* 6/I
los martes dienstags 6/I
marzo *m* März *m* 11/8
más mehr (als) 3/Ib
más und, plus 1/5

más alto lauter 3/Ib
más despacio langsamer 3/Ib
más grande größer 6/I
más tarde später 9/I
matemáticas *f pl.* Mathematik *f* 3/4
mayo *m* Mai *m* 11/I
mayor *f hier:* die Älteste *f* 4/I
mayor (< grande) größer; älter 4/I
me mich; mir 6/I
... y media halb … *(bei Uhrzeit)* 2/12
medio/-a halb 10/Ib
melocotón *m* Pfirsich *m* 10/Ia
menos weniger 6/I
menos minus 1/5
mensaje *m* Botschaft *f*, Mitteilung *f*, SMS *f* 6/19
mercadillo *m* Straßenmarkt *m*, Flohmarkt *m* F/I
mercado *m* Markt *m* 10/Ib
merendar (e→ie) vespern 10/1
merienda *f* Vesper *f*, leichte Mahlzeit am Nachmittag *f* 11/I
mes *m* Monat *m* 10/12
mesa *f* Tisch *m* 3/Ia
metro *m* U-Bahn *f* 5/I
ir en metro mit der U-Bahn fahren 5/I
mí mich, mir E/I
mi/mis mein/e 5/6
miedo *m* Angst *f*, Furcht *f* 9/I
tener miedo de algo/alguien vor etw./jdm. Angst haben, sich vor etw./jdm. fürchten 9/I
mientras tanto inzwischen, in der Zwischenzeit 11/I
miércoles *m* Mittwoch *m* 6/I
los miércoles mittwochs 6/I
minuto *m* Minute *f* 6/I
mirar algo etw. (an)sehen, (an)schauen 5/I
mismo/-a derselbe/dieselbe/dasselbe 5/I
mochila *f* Rucksack *m* 3/Ia
moda *f* Mode *f* 7/9
moderno/-a modern F/I
momento *m* Augenblick *m*, Moment *m* 1/I
montaña *f* Berg *m*; Gebirge *nt* E/I
montar (a caballo) reiten 6/I
montar algo steigen auf; *hier:* etw. aufbauen 9/I
morder a alguien (o→ue) jdn. beißen 8/19

192 ciento noventa y dos

Minidiccionario español – alemán

moreno/-a dunkelfarbig; *hier:* dunkelhaarig 4/I

morirse de hambre (o→ue) verhungern 8/I

móvil *m* Handy *nt* 8/I

mucho/-a *(adjetivo)* viel *(Adjektiv)* 4/1

mucho sehr, viel 6/I

¡Muchas gracias! Vielen Dank! 4/I

muchísimo/-a sehr viel 11/10

¡Me muero de hambre! (morirse) Ich sterbe vor Hunger! 8/I

museo *m* Museum *nt* 2/13

música *f* Musik *f* E/I

música pop *f* Popmusik *f* 6/8

muy sehr 2/I

N

nacional national; National- F/I

(no) ... nada nichts 3/Ib; überhaupt nicht, gar nicht 6/😣

nadar schwimmen 6/I

(no) ... nadie niemand 11/I

naranja *f* Orange *f*, Apfelsine *f* 10/Ia

naturalmente natürlich, selbstverständlich 3/Ib

Navidad *f* Weihnachten *nt* 11/14

necesitar algo etw. benötigen, brauchen 3/Ib

negro/-a schwarz 3/10

nevar (e→ie) schneien 9/15

Ni idea. Keine Ahnung. 5/😣

nieto/-a *m/f* Enkel/in *m/f* 5/7

nieve *f* Schnee *m* 9/15

ninguno/-a keine/r/s 5/I

niño/-a *m/f* Kind *nt*, Junge/Mädchen *m/f* 2/I

no nein; nicht, kein E/9

(no) ... nada nichts 3/Ib; überhaupt nicht, gar nicht 6/😣

(no) ... nunca nie 11/I

¡No importa! (Das) macht nichts! 9/I

No lo sé. (saber #) Ich weiß es nicht. 5/I

¡No pasa nada! Es ist nichts. 9/I

¡No te preocupes! Mach dir keine Sorgen! 9/I

noche *f* Abend *m*; Nacht *f* 9/I

por la noche nachts 9/15

Nochevieja *f* Silvester *nt* 11/14

nombre *m* Name *m* E/4

normal normal 2/I

normalmente normalerweise 4/8

nos uns 7/11

nosotros/-as wir 3/8

noviembre *m* November *m* 11/8

nublado/-a bewölkt 9/15

nuestro/-a unser/e 5/6

nuevo/-a neu 2/I

número *m* Zahl *f*; Nummer *f* 1/4

(no) ... nunca nie 11/I

O

o oder 1/12

obra *f* Werk *nt* F/I

octubre *m* Oktober *m* 11/8

oferta especial *f* Sonderangebot *nt* 10/9

oficina de correos *f* Postamt *nt* 10/12

¡Ojo! Achtung!, Vorsicht! 8/18

olvidar vergessen 10/Ib

opción *f* Wahl *f*; Option *f* 6/I

ordenador *m* Computer *m* 2/I

organizar algo etw. organisieren F/I

os euch 7/11

otro/-a ein anderer, eine andere 7/Ib; *hier:* noch eine(r, s), ein(e) zweite(r, s) 1/7

oveja *f* Schaf *nt* 3/10

oveja negra *f* schwarzes Schaf *nt* 3/10

¡Oye! (oír #) Hör mal! 1/I

P

padre *m* Vater *m* 2/I

padres *m pl.* Eltern *pl.* 4/9

pagar algo etw. bezahlen 5/I

página *f* Seite 3/Ib

país *m* Land *nt* E/I

palabra *f* Wort *nt* R1/1

pan *m* Brot *nt* 2/I

pantalón *m* Hose *f* 7/Ia

pantomima *f* Pantomime *f* 9/6

papá *(col.)* *m* Papa *(ugs.)* *m* E/I

papelera *f* Papierkorb *m* 3/Ia

papi *(col.)* *m* Papi *(ugs.)* *m* 9/I

paquete *m* Paket *nt* 2/15

para für E/I

para ti für dich E/9

para *(+ infinitivo)* um zu *(+ Infinitiv)* 8/I

¿Qué te parece? Was hältst du davon? 10/Ib

pared *f* Wand *f* 3/Ia

pareja *f* Paar *nt* 3/Ib

en parejas paarweise, zu zweit 3/Ib

parque *m* Park *m* 2/13

parque de atracciones *m* Vergnügungspark *m* F/I

de parte de ... seitens; von ... 11/I

partida *f* Abfahrt *f*; *hier:* Partie *f* 9/I

¿Qué pasa? Was ist los? E/I

No pasa nada. Es ist nichts. 9/I

pasar vorbeigehen, vorübergehen; *hier:* vergehen 4/I; *hier:* verbringen 6/I; *hier:* passieren 9/I

patata *f* Kartoffel *f* 10/Ia

patatas fritas *f pl.* Pommes Frites *pl.*; (Kartoffel)chips *m pl.* 10/Ia

patinar eislaufen; Schlittschuh laufen 8/16

patio de recreo *m* Schulhof *m*, Pausenhof *m* 6/I

pato *m* Ente *f* 8/2

patrón/patrona *m/f* Schutzheilige/r *m/f*, Schutzpatron/in *m/f* 11/I

pedido *m* Auftrag *m*, Bestellung *f* 10/13

pelar schälen 10/16

película *f* Film *m* 2/I

peligroso/-a gefährlich 8/I

pelirrojo/-a rothaarig 1/I

pelo *m* Haar *nt* 4/I

pensar (e→ie) denken 11/I

pepino *m* Gurke *f* 10/Ia

pequeño/-a klein 1/I

pera *f* Birne *f* 10/Ia

¡Perdón! Entschuldigung!, Verzeihung! 5/😣

perfecto/-a vollkommen, vollendet; perfekt 10/7

permanecer (permanezco #) (ver)bleiben 10/12

pero aber 2/I

perro *m* Hund *m* 8/I

persona *f* Person *f* 7/1

pesado/-a schwer; *hier:* aufdringlich, lästig 4/I

pescado *m* Fisch *(Ware, Gericht)* *m* 10/Ia

pesimista *m/f* Pessimist/in *m/f* 11/17

piano *m* Klavier *nt* 6/6

picar algo/a alguien etw./jdn. stechen; picken 8/I

picnic *m* Picknick *nt* F/4

pie *m* Fuß *m* 5/I

a pie zu Fuß 5/I

ir a pie zu Fuß gehen 5/I

ciento noventa y tres **193**

Miniwörterbuch Spanisch – Deutsch

pimiento *m* Paprika(schote) *m/f* 4/I
pintor/a *m/f* Maler/in *m/f* F/I
piscina *f* Schwimmbad *nt* 6/I
Piscis *m* Fische *(Sternzeichen) m pl.* 8/18
pizarra *f* Tafel *f* 3/Ia
pizza *f* Pizza *f* 1/1
plátano *m* Banane(nstaude) *f* 10/Ia
playa *f* Strand *m* E/I
plaza *f* Platz *m* F/I
pluma *f hier:* Füller *m* 3/Ia
plural *m* Plural *m*, Mehrzahl *f* E/8
poco/-a wenig, gering 4/I
poder algo (o→ue) etw. können; dürfen 8/7
polo *m* Pol *m; hier:* Polohemd *nt* 7/9
poner algo (pongo #) etw. stellen, legen; anmachen, einschalten 9/I
poner (pongo #) *hier:* geben 10/Ib
por durch; *hier:* für 7/Ib
por mal 1/5
por aquí hier (entlang) 5/😊
por ejemplo zum Beispiel 4/I
por eso deshalb 9/I
por favor bitte 1/I
por la mañana morgens 6/I
por la noche nachts 9/15
por la tarde am Nachmittag; am Abend 6/I
¿por qué? warum 2/I
¿Por qué no te pruebas …? Warum probierst du nicht … an? 7/Ib
por suerte zum Glück, glücklicherweise 4/I
por último schließlich, zu guter Letzt 10/Ib
¡Porfa! *(col.)* Bitte! 9/I
porque weil, da 7/Ib
póster *m* Poster *nt* 2/I
postre *m* Nachtisch *m* 8/I
preferido/-a bevorzugt, Lieblings- 5/I
pregunta *f* Frage *f* 3/Ib
preguntar algo/a alguien etw./jdn. fragen 4/2
preguntar por fragen nach 5/12
¡No te preocupes! Mach dir keine Sorgen! 9/I
preparar algo etw. vorbereiten; zubereiten 2/7
presentador/a *m/f* Moderator/in *m/f* 11/I

presentar zeigen, vorstellen 10/Ib
primero zuerst, zunächst 3/Ib
primo/-a *m/f* Cousin/Cousine *m/f* E/I
probarse algo (o→ue) etw. anprobieren 7/Ib
¿Por qué no te pruebas …? Warum probierst du nicht … an? 7/Ib
problema *m* Problem *nt*, Schwierigkeit *f* 5/I
profe *(col.) m/f* Lehrer/in *m/f* 3/Ia
profesor/a *m/f* Lehrer/in *m/f* 3/Ia
profesor/a de alemán *m/f* Deutschlehrer/in *m/f* 3/Ib
programa *m* Programm *nt* F/I
pronto prompt, schnell; *hier:* früh 9/I
pronunciación *f* Aussprache *f* 3/11
proponer (propongo #) vorschlagen 10/Ib
próximo/-a nächste(r, s) 5/I
publicar algo etw. veröffentlichen 7/10
pueblo *m* Dorf *nt* 1/I
pues dann, also 2/I
pues sí ja, doch 8/I

Q

que *(pronombre relativo)* der/die/das *(Relativpronomen)* 8/I
que *hier:* als 6/I; *hier:* wie *(zur Verstärkung)* 8/I
¿qué? was?; welche(r, s)? E/9
¡Qué …! Wie …!, Was für ein(e) …! 1/I
¡Qué bien estoy en …! Wie wohl ich mich fühle in …! 2/I
¿Qué día? An welchem Tag? 6/2
¿Qué hora es? Wie spät ist es? 2/12
¡Qué horror! Wie schrecklich! 9/😊
¿Qué pasa? Was ist los? E/I
¡Qué rollo! *(col.)* Wie blöd! *(ugs.)* 4/I
¿Qué tal? Wie geht's? 1/I
¿Qué tal …? *hier:* Wie war es …?, Wie waren …? 2/I
¿Qué te parece? Was hältst du davon? 10/Ib
¿Qué tiempo hace? Was für ein Wetter haben wir? 9/15
quedar bleiben; *hier:* sich verabreden 2/I
quedar a alguien *hier:* jdm. passen; stehen 7/Ib

Me queda/n … Mir steht/stehen … 7/Ib
Te queda guay. *(col.)* Das steht dir super. *(ugs.)* 7/Ib
querer algo/a alguien (e→ie) etw./jdn. wollen; gern haben, mögen 8/6
¡Querido/-a …! Liebe/r …! *(Briefanrede)* F/4
queso *m* Käse *m* 10/Ia
queso manchego *m typischer Käse aus La Mancha m* 10/Ib
¿quién? wer? 4/I
quiosco *m* Kiosk *m* 1/11

R

radio *f* Radio *nt* 11/I
rallar reiben, raspeln 10/16
rally *m* Rallye *f* F/4
rápido/-a schnell 4/I
rato *m* Weile *f* 9/I
raya *f* Strich *m*, Linie *f*; Streifen *m* 7/Ia
rayo *m* Strahl *m*; Blitz *m* 8/I
realmente wirklich; tatsächlich 11/I
receta *f* Rezept *nt* 10/16
recreo *m* (Schul)pause *f* 4/I
red *f* Netz *nt* 4/4
regalar schenken 11/I
regalo *m* Geschenk *nt* 11/I
región *f* Gegend *f*, Gebiet *nt* 9/15
regular *hier:* mittelmäßig 2/😊
religión *f* Religion *f* 6/I
reloj *m* Uhr *f* 11/I
reloj acuático Wasseruhr *f* 11/I
¡Repite! (repetir) (e→i) Wiederhole! 3/Ib
reposar (aus)ruhen 10/16
restaurante *m* Restaurant *nt* E/I
resto *m* Rest *m* 10/Ib
resumen *m* Zusammenfassung *f*; Resümee *nt* 10/6
resumir zusammenfassen 10/6
Reyes Magos *m pl. die Heiligen Drei Könige m pl.* 11/14
rico/-a reich; *hier:* lecker 1/I
riquísimo/-a sehr, äußerst lecker 11/3
rizado/-a lockig, gelockt 4/7
robot *m* Roboter *m* 3/16
rodaja *f* Scheibe *f* 10/16
rojo/-a rot 7/Ia
romance *m* Romanze *f* 8/18

194 ciento noventa y cuatro

Minidiccionario español – alemán

ropa *f* Wäsche *f*; Kleidung *f* 5/I
rosa rosa(farben) 7/Ib
rubio/-a blond 4/I
ruido *m* Geräusch *nt*; Lärm *m* 8/2

S

sábado *m* Samstag *m*, Sonnabend *m* 6/I
los sábados samstags, sonnabends 6/I
saber algo (sé #) etw. wissen; können 5/I
sala *f* Saal *m*, Raum *m* 4/I
salir (salgo #) abfahren, abreisen 9/I
salón *m* Wohnzimmer *nt* 9/I
salud *f* Gesundheit *f* 8/18
sangría *f* Sangria *(spanische Rotweinbowle)* *f* 10/Ib
sardina *f* Sardine *f* 10/Ib
semana *f* Woche *f* 6/I
a la semana in der / pro Woche 6/I
Semana Santa *f* Karwoche *f* 11/14
sentarse (e→ie) sich setzen 9/10
septiembre *m* September *m* 11/8
ser (soy #) sein E/1
ser verdad wahr sein, stimmen 7/Ib
¿En serio? Wirklich? 11/3
servir (sirvo #) nützen; *hier:* servieren 10/16
sí ja 1/6
si wenn, falls 5/I
si ob E/5; *hier:* doch 7/Ib
siempre immer 2/I
Lo siento. (sentir) (e→ie) Es tut mir leid. 5/I
significar bedeuten 5/7
silla *f* Stuhl *m* 3/Ia
simpático/-a sympathisch 4/I
sin ohne 5/I
situación *f* Lage *f*, Situation *f* 8/11
sobre todo vor allem 11/3
socorrismo *m* Rettungsdienst *m* 1/I
socorrista *m/f* Rettungsschwimmer / in *m/f*, Bademeister / in *m/f* 1/I
¡Socorro! Hilfe! 8/I
sol *m* Sonne *f* E/I
Hace sol. Es ist sonnig., Die Sonne scheint. 9/15
solamente nur, lediglich F/I
sólo nur, lediglich 4/I
solo/-a allein 4/I
sonar (o→ue) klingeln, läuten 11/I

sorpresa *f* Überraschung *f* 11/I
su/sus sein / e; ihr / e 5/6
sudadera *f* Sweatshirt *nt* 7/Ia
suelo *m hier:* (Fuß)boden *m* 3/Ia
suerte *f* Glück *nt* 5/I
por suerte zum Glück, glücklicherweise 4/I
suficiente genügend, ausreichend, genug 10/16
super *(col.) hier:* sehr, super- *(ugs.)* 5/6
superfiesta *(col.)* *f* Superparty *(ugs.)* *f* 11/I
supermercado *m* Supermarkt *m* 5/I
susto *m* Schreck(en) *m* 9/I
¡Qué susto! Was für ein Schreck! 9/I

T

tabú *m* Tabu *(Gesellschaftsspiel)* *nt* 11/I
talla *f* (Konfektions)größe *f* 7/Ib
también auch 1/I
tampoco auch nicht 6/8
tan ... como so ... wie 8/I
tapa *f* Häppchen *(kleine Gerichte, die in spanischen Bars gereicht werden)* *nt* 10/Ib
tarde *f* Nachmittag *m*; Abend *m* 6/I
por la tarde am Nachmittag; am Abend 6/I
tarde spät 9/I
tarifa *f* Tarif *m*, Gebühr *f* 8/14
tarta *f* Torte *f* 10/Ia
te dich; dir 9/10
tecnología *f* Technologie *f*; Technik *f* 6/I
tele *f* Fernsehen *nt* 6/6
telediario *m* Nachrichten *(im Fernsehen)* *f pl.* 11/I
telefónico/-a telefonisch 10/13
teléfono *m* Telefon *nt* 1/6
televisión *f* Fernsehen *nt*; Fernseher *m* 11/I
temperatura *f* Temperatur *f* 9/15
temprano früh, zeitig 9/I
tener algo (tengo #) etw. haben 1/6
tener cuidado aufpassen 8/I
¡Ten cuidado! (tener #) Pass auf! 8/😊
tener ganas de algo Lust auf etw. haben 5/I

tener miedo de algo/alguien vor etw. / jdm. Angst haben, sich vor etw. / jdm. fürchten 9/I
tener mucho que hacer viel zu tun haben 6/I
tener que hacer algo etw. machen müssen 8/6
tener tiempo Zeit haben 5/I
a la tercera vez beim dritten Mal R3/2
terminación *f hier:* (Wort)endung *f* 3/7
terminar enden; abschließen, fertig stellen 6/I
terraza *f* Terrasse *f* 10/Ib
texto *m* Text *m* 3/Ib
ti dich E/9
para ti für dich E/9
tiburón *m* Hai(fisch) *m* R3/6
tiempo *m* Zeit *f* 5/I; *hier:* Wetter *nt* 9/15
tener tiempo Zeit haben 5/I
¿Qué tiempo hace? Was für ein Wetter haben wir? 9/15
tiempo libre *m* Freizeit *f* 6/I
tienda *f* Geschäft *nt*, Laden *m* 5/I
tienda de campaña *f* Zelt *nt* 9/I
tigre *m* Tiger *m* 8/13
tío/-a *m/f* Onkel / Tante *m/f* 5/7
típico/-a typisch 11/I
tirar algo etw. (weg)werfen 3/Ib
tiza *f* Kreide *f* 3/Ia
tocar algo *hier:* (Instrument) spielen 6/I
toda la tarde der ganze Abend; den ganzen Abend 11/3
todavía noch 8/I
todavía no noch nicht 6/I
todo alles 9/I
Todo está bajo control. Es ist alles unter Kontrolle. 9/I
Es todo. Das ist alles. 10/Ib
todo un éxito ein voller Erfolg 11/I
todo/-a ganz; jede(r, s); alle 11/I
todos los años jedes Jahr 11/3
todos los días jeden Tag 11/I
todos/-as *pl.* alle 8/I
tomar algo etw. nehmen; zu sich nehmen; trinken 2/8
tomate *m* Tomate *f* 10/Ia
tómbola *f* Tombola *f* 11/I
tontería *f* Dummheit *f; hier:* Lappalie *f* 2/I
tonto/-a dumm 8/I

ciento noventa y cinco **195**

Miniwörterbuch Spanisch – Deutsch

toro *m* Stier *m*, Bulle *m* 8/2
torre *f* Turm *m* 1/I
tortilla *f* Tortilla *f*, Omelett(e) *nt* 4/I
tortilla de patata *f* Kartoffel-
  omelett(e) *nt* 10/Ib
en total insgesamt 8/14
trabajar arbeiten 8/I
trabajo *m* Arbeit *f* 8/8
trabalenguas *m* Zungenbrecher *m*
  6/11
traducir (traduzco #) übersetzen
  10/15
traer (traigo #) bringen 11/I
tranquilo/-a ruhig 1/I
¡Tranquilo/-a! Beruhige dich! 9/I
tren *m* Zug *m* 5/11
tronco *m* Stamm *m* 9/9
dormir como un tronco wie ein
  Stein schlafen 9/9
tú du E/1
tu/tus dein/e 5/6
tutoría *f* Sprechstunde *f* 6/I

U

último/-a *m/f* Letzte(r, s) *m/f/nt*
  10/Ib
por último schließlich, zu guter
  Letzt 10/Ib
un poco ein bisschen 4/I
un/una ein/e *(unbest. Artikel, sg.)*
  E/I
unidad *f* Einheit *f; hier:* Lektion *f* 1/I
uno/-a ... y el/la otro/-a eine(r, s)
  und der/die andere 8/2
uno/-a *hier: (als Verstärkung)*
  ziemlich; wirklich 4/I
usted/es Sie 10/7
uva *f* Traube *f* 10/Ia

V

vaca *f* Kuh *f* 8/I
vacaciones *f pl.* Urlaub *m*; Ferien *pl.*
  E/I
¡Vale! In Ordnung! 2/I
valiente tapfer, kühn; *hier:* mutig
  9/I
¡Vamos! (ir #) Los! Auf! Gehen wir!
  2/I
vaqueros *m pl.* Jeans *f pl.* 7/Ia
variado/-a verschieden, unterschiedlich 10/Ib
varias veces mehrmals 11/I
vecino/-a *m/f* Nachbar/in *m/f* 8/8
vendedor/a *m/f* Verkäufer/in *m/f*
  10/Ib
¡Venga! (venir #) Los! Komm! 8/I
venir (vengo #) kommen 8/I
ventana *f* Fenster *nt* 3/Ia
ver algo/a alguien (veo #) etw./jdn.
  sehen 6/I
verano *m* Sommer *m* 2/I
verbena *f* Kirmes *f*, Jahrmarkt *m*,
  Fest *nt* 10/Ib
verbo *m* Verb *nt* 2/7
verdad *f* Wahrheit *f* 7/Ib
ser verdad wahr sein, stimmen 7/Ib
¿Verdad? Stimmt's?, Nicht wahr?
  2/I
verde grün 7/Ia
verdura *f* Gemüse *nt* 10/Ia
vez (pl.: veces) *f* Mal *nt* 5/I
esta vez diesmal 5/I
de una vez *hier:* endlich 9/9
a veces manchmal 4/I
varias veces mehrmals 11/I
viaje *m* Reise *f* 2/I
vida *f* Leben *nt* 9/13

videoteca *f* Videothek *f* 5/I
viento *m* Wind *m* 9/I
Hace viento. Es ist windig. 9/I
viernes *m* Freitag *m* 6/I
Virgo *m* Jungfrau *(Sternzeichen) f*
  8/18
visita *m/f* Besucher/in *m/f*; Besuch
  m F/I
visitador/a *m/f* Besucher/in *m/f*
  11/I
visitar a alguien jdn. besuchen 8/9
vivir leben, wohnen 4/I
voleibol *m* Volleyball *m* R3/6
volver (o→ue) wenden, umdrehen;
  zurückkehren 9/I
vosotros/-as ihr 2/I
voz *f* Stimme *f* 11/I
vuelta *f* (Um)drehung *f; hier:*
  Rückkehr *f* 2/I
vuestro/-a euer/eu(e)re 5/6

Y

y und E/I
ya schon, bereits 1/13
yo ich E/I

Z

zanahoria *f* Mohrrübe *f*, Karotte *f*,
  Möhre *f* 10/Ia
zapatilla *f* Hausschuh *m*; Turnschuh *m* 7/Ia
zapato *m* Schuh *m* 7/Ia
zoo *m* Zoo *m* 8/13
zorro *m* Fuchs *m* 9/I
zumo *m* Saft *m* 10/Ia

Minidiccionario alemán – español

A

Abend *m* noche *f* 9/I
am Abend por la tarde 6/I
zu Abend essen cenar 9/I
Guten Abend! ¡Buenas! *(col.)* 10/Ib
Guten Abend! ¡Buenas tardes! E/😊,
   ¡Buenas noches! E/😊
der ganze Abend; den ganzen
   Abend toda la tarde 11/3
aber pero 2/I
Aber klar! ¡Cómo no! 8/I
abfahren salir (salgo #) 9/I
abhängig sein (von etw.) depender
   (de algo) 4/I
abreisen salir (salgo #) 9/I
Abschied *m* despedida *f* F/4
etw. absenden enviar algo 6/I
Abteilung *f* departamento *m* 7/Ib
Accessoire *nt* complemento *m* 7/9
Ach! ¡Ay! 2/I
(Ach) du meine Güte! ¡Madre mía!
   5/I
Achtung! ¡Atención! 1/I
Achtung! ¡Ojo! 8/18
Afrika *nt* África *f* 8/14
Keine Ahnung. Ni idea. 5/😊
(all)zu demasiado 7/Ib
alle todos/-as *pl.* 5/6, todo/-a 11/I
allein solo/-a 4/I
alles todo 9/I
Das ist alles. Es todo. 10/Ib
Alles Gute zum Geburtstag!
   ¡Feliz cumpleaños! 11/6
Alphabet *nt* alfabeto *m* E/2
als cuando 11/I
als que 6/I
also pues 2/I
alt antiguo/-a F/I
Wie alt ist er/sie/es? ¿Cuántos
   años tiene? 1/I
… Jahre alt werden cumplir … años
   11/I
älter mayor (< grande) 4/I
Alternative *f* alternativa *f* F/4
die Älteste *f* mayor *f* 4/I
am Abend por la tarde 6/I
am Ende al final 7/Ib
am Nachmittag por la tarde 6/I
an en 2/I
etw. (an)schauen mirar algo 5/I
etw. (an)sehen mirar algo 5/I
ein anderer, eine andere otro/-a
   7/Ib
anfangen empezar (e→ie) 6/2

angenehm agradable 2/I
Angst *f* miedo *m* 9/I
vor etw./jdm. Angst haben tener
   miedo de algo/alguien 9/I
ankommen llegar 5/6
etw. anmachen encender algo
   (e→ie) 9/I
etw. anprobieren probarse algo
   (o→ue) 7/Ib
Anruf *m* llamada telefónica *f* 5/6
jdn. anrufen llamar (por teléfono) a
   alguien 5/I
etw. anschalten encender algo
   (e→ie) 9/I
etw. anzünden encender algo
   (e→ie) 9/I
Apfel *m* manzana *f* 10/Ia
Apfelsine *f* naranja *f* 10/Ia
April *m* abril *m* 11/I
Aquarium *nt* acuario *m* R3/6
Aquazoo *m* acuario *m* R3/6;
   aquarium *m* 8/14
Arbeit *f* trabajo *m* 8/8
arbeiten trabajar 8/I
Arbeitsblatt *nt* hoja de actividades *f*
   3/Ib
Argentinien *nt* Argentina *f* 11/9
Artikel *m* artículo *m* E/6
Attraktion *f* atracción *f* F/I
auch también 1/I
auch nicht tampoco 6/8
auf en E/I, encima de 5/2
auf dem Lande en el campo 8/I
Auf Wiedersehen! ¡Adiós! E/1
etw. aufbauen montar algo 9/I
aufdringlich pesado/-a 4/I
etw. aufmachen abrir algo 3/7
aufpassen tener cuidado 8/I
(sich) etw. aufschreiben apuntar
   algo 10/Ib
aufstehen levantarse 9/10
Auftrag *m* pedido *m* 10/13
aufwachen despertarse (e→ie)
   9/11
Augenblick *m* momento *m* 1/I
August *m* agosto *m* 11/8
aus de E/I
Ausflug *m* excursión *f* F/4
ausreichend suficiente 10/16
(aus)ruhen reposar 10/16
außerdem además 10/Ib
äußerst lecker riquísimo/-a 11/3
Aussprache *f* pronunciación *f* 3/11
Austausch *m* intercambio *m* F/I

Austauschschüler/in *m/f*
   compañero/-a de intercambio *m/f*
   R2/3
Australien *nt* Australia *f* 8/16
Auto *nt* coche *m* 2/I
autonome Region *f* comunidad
   autónoma *f* E/I
autsch, au ay 8/I

B

baff sein *(ugs.)* alucinar en colores
   (col.) 11/I
Baguette *nt* barra de pan *f* 10/Ib
Bahnhof *m* estación *f* 5/I
Ball *m* balón *m* 11/I
Banane(nstaude) *f* plátano *m* 10/Ia
Bank *f* banco *m* 10/12
Basketball *f* baloncesto *m* 6/I
Bauernhof *m* granja *f* 8/I
Baum *m* árbol *m* 9/I
bedeuten significar 5/7
bedeutend importante 8/18
sich befinden estar (estoy #) 2/I
jdn. begeistern encantar a alguien
   7/Ib
Beginn *m* inicio *m* 6/I
beginnen empezar (e→ie) 6/2
jdn. beglückwünschen felicitar a
   alguien 11/I
etw. begreifen comprender algo
   3/14
beide los dos 1/I
Beispiel *nt* ejemplo *m* E/1
zum Beispiel por ejemplo 4/I
jdn. beißen morder a alguien
   (o→ue) 8/19
belegtes Brötchen *nt* bocadillo *m*
   4/I
etw. benötigen necesitar algo 3/Ib
bereit (sein) (estar #) listo/-a 8/I
bereits ya 1/13
Berg *m* montaña *f* E/I
Beruhige dich! ¡Tranquilo/-a! 9/I
berühmt famoso/-a F/I
besonders especial *(adjetivo)* 3/Ib
besonders especialmente *(adverbio)*
   11/I
Bestellung *f* pedido *m* 10/13
Besuch *m* visita *m/f* F/I
jdn. besuchen visitar a alguien 8/9
Besucher/in *m/f* visita *m/f* F/I;
   visitador/a *m/f* 11/I
Betreff *m* asunto *m* 6/I
Bett *nt* cama *f* 2/I

ciento noventa y siete **197**

Miniwörterbuch Deutsch – Spanisch

ins Bett gehen acostarse (o→ue) 9/10
bevorzugt preferido/-a 5/I
bewölkt nublado/-a 9/15
etw. **bezahlen** pagar algo 5/I
Birne f pera f 10/Ia
bis (zu) hasta 6/I
Bis bald! ¡Hasta pronto! F/4
Bis morgen! ¡Hasta mañana! E/1
Bis später! ¡Hasta luego! E/1
ein bisschen un poco 4/I
bitte por favor 1/I
Bitte! ¡Porfa! (col.) 9/I
Wie bitte? ¿Cómo? 3/Ib
blank sein (ugs.) estar sin blanca (col.) 5/I
Blattsalat m lechuga f 10/Ia
blau azul 7/Ia
Blechbüchse f, **(Blech)dose** f lata f 10/Ib
bleiben permanecer (permanezco #) 10/12
Bleistift m lápiz m 3/Ia
Blitz m rayo m 8/I
Wie blöd! (ugs.) ¡Qué rollo! (col.) 4/I
Blog m, Blogpage f blog m 11/I
blond rubio/-a 4/I
Bluse f blusa f 7/Ia
(Fuß)boden m suelo m 3/Ia
Botschaft f mensaje m 6/19
(Brat)rost m barbacoa f 10/Ib
etw. **brauchen** necesitar algo 3/Ib
(kastanien)braun marrón 7/Ia
Brief m carta f 9/I
bringen traer (traigo #) 11/I
Brot nt pan m 2/I
Stange Brot f barra de pan f 10/Ib
belegtes Brötchen nt bocadillo m 4/I
Bruder m hermano m E/I
Buch nt libro m 3/Ia
Buchhandlung f librería f 7/Ib
Bühne nt escenario m 11/3
Bulle m toro m 8/2
Bus m autobús m 5/1

C

(Steh)café nt bar m 5/4
Café nt café m E/I
Cafeteria f cafetería f 4/I
CD f CD m 4/8
Cent m céntimo m 10/9
keinen Cent mehr haben estar sin blanca (col.) 5/I

chatten chatear 11/3
(Kartoffel)chips m pl. patatas fritas f pl. 10/Ia
Chor m coro m 3/Ib
Comic m cómic m 7/Ib
Computer m ordenador m 2/I
Computerspiel nt juego de ordenador m F/I
Wie cool! (ugs.) ¡Cómo mola! (col.) 9/I
Cousin/Cousine m/f primo/-a m/f E/I

D

da aquí 1/I, allí 3/Ib, ahí 7/Ib, porque 7/Ib
danach después 3/Ib
Vielen Dank! ¡Muchas gracias! 4/I
danke gracias 1/I
danke, gleichfalls igualmente 5/6
dann entonces 1/I; pues 2/I
das lo 5/5
Das ist es! ¡Eso es! 2/I
(Das) macht nichts! ¡No importa! 9/I
dein/e tu/tus 5/6
dekorieren decorar 11/I
Delfin m delfín m 8/13
denken pensar (e→ie) 11/I
etw. **denken** creer algo 7/Ib
Ich denke nicht. Creo que no. 7/Ib
der el (best. Artikel, sg.) E/I
der/die/das (Relativpronomen) que (pronombre relativo) 8/I
der/die/das (da) ese/-a (adjetivo) 5/I, ése/ésa/eso (pronombre) 7/Ib
der/die/das (hier) este/-a (adjetivo) 7/6, éste/ésta/esto (pronombre) 7/Ib
derselbe/dieselbe/dasselbe mismo/-a 5/I
deshalb por eso 9/I
Deutsch (als Fach/Sprache) nt alemán m 3/Ia
Deutschbuch nt libro de alemán m 3/Ib
Deutschland nt Alemania 8/9
Deutschlehrer/in m/f profesor/a de alemán m/f 3/Ib
Deutschunterricht m clase de alemán f 3/Ib
Dezember m diciembre m 11/8
Dialog m diálogo m E/9
dich ti E/9

dich te 9/10
für dich para ti E/9
dick gordo/-a 1/I
die (best. Artikel, pl.) los/las E/I
die (best. Artikel, sg.) la E/I
Dienstag m martes m 6/I
dienstags los martes 6/I
diese(r, s) ese/-a (adjetivo) 7/6, ése/ésa/eso (pronombre) 7/Ib, este/-a (adjetivo) 5/I, éste/ésta/esto (pronombre) 7/Ib
diese(r, s) (dort) aquel/aquella (adjetivo) 7/6, aquél/aquélla/aquello (pronombre) 7/6
diesmal esta vez 5/I
Ding nt cosa f 3/13
dir te 9/10
Direktor/in m/f director/a m/f 11/17
Diskothek f discoteca f E/6
doch si 7/Ib
doch pues sí 8/I
Donnerstag m jueves m 6/I
donnerstags los jueves 6/I
Dorf nt pueblo m 1/I
dort allí 3/Ib, ahí 7/Ib
draußen afuera 9/I
beim dritten Mal a la tercera vez R3/2
du tú E/1
(Ach) du meine Güte! ¡Madre mía! 5/I
dufte (ugs.) chévere (col. Lat.) 5/I
dumm tonto/-a 8/I
dunkelhaarig moreno/-a 4/I
dünn delgado/-a 4/I
durch por 7/Ib
Durcheinander nt confusión f 4/1
(durch)schneiden cortar 10/16
etw. **dürfen** poder algo (o→ue) 8/7
Dutzend nt docena f 10/9

E

E-Mail f e-mail m 6/I
Ei nt huevo m 10/Ia
Eimer m cubo m 8/I
ein bisschen un poco 4/I
ein paar alguno/-a 11/I
etw. **(ein)kaufen** comprar algo 2/7
ein/e (unbest. Artikel, sg.) un/a E/I
eine(r, s) ... und der/die andere uno/-a ... y el/la otro/-a 8/2
einfach fácil 3/Ib
Eingang m entrada f 8/14

198 | ciento noventa y ocho

Minidiccionario alemán – español

M

eingießen echar 10/16
Einigermaßen. Así, así. 2/😊
Einkauf *m* compra *f* 7/Ia
einkaufen gehen ir de compras 7/Ia
einen Einkaufsbummel machen ir de compras 7/Ia
Einkaufswagen *m* carro de la compra *m* 10/14
Einkaufszettel *m* lista de la compra *f* 10/Ib
jdn. einladen invitar a alguien 10/Ib
einpacken coger (cojo #) 10/Ib
etw. einschalten poner algo (pongo #) 9/I
einschenken echar 10/16
einschlafen dormirse (o→ue) 9/11
eintreffen llegar 5/6
eintreten entrar 3/Ib
Eintritt(skarte) *f* entrada *f* 8/14
einverstanden de acuerdo 5/I
(Speise)eis *nt* helado *m* E/I
Eiscafé *nt* heladería *f* 5/I
eislaufen patinar 8/16
Eiswürfel *m* cubito de hielo *m* 10/16
elegant elegante 8/2
Eltern *pl.* padres *m pl.* 4/9
am Ende al final 7/Ib
enden terminar 6/I
endlich de una vez 9/9
(Wort)endung *f* terminación *f* 3/7
Englisch *nt* inglés *m* 6/I
Enkel/in *m/f* nieto/-a *m/f* 5/7
enorm enorme F/I
Ente *f* pato *m* 8/2
Entschuldigung! ¡Perdón! 5/😊
Entsetzen *nt* horror *m* 9/😊
er él 1/12
Erdbeere *f* fresa *f* 10/Ia
Erdkunde *f* geografía *f* 6/I
(Erdnuss)flips *m pl.* gusanitos (< gusano) *m pl.* 10/Ia
Erfolg *m* éxito *m* 11/I
jdn. erfreuen encantar a alguien 7/Ib
erstklassig chévere (*col. in Lat.*) 5/I
(etw./jd.) erwarten esperar (algo/a alguien) 5/I
Es ist kalt. Hace frío. 9/I
Es ist sonnig. Hace sol. 9/15
Es ist warm/heiß. Hace calor. 9/15
Es ist windig. Hace viento. 9/I

Es sind … Grad. Hace … grados. 9/15
Es tut mir leid. Lo siento. (sentir) (e→ie) 5/I
Esel *m* burro *m* 8/2
Essen *nt* comida *f* 2/I
etw. essen comer algo E/I
zu Abend essen cenar 9/I
Esszimmer *nt* comedor *m* 11/I
etwas algo 3/Ib
euch os 7/11
euer/eu(e)re vuestro/-a 5/6
Euro *m* euro *m* 7/Ia
europäisch europeo/-a F/I

F

Fach *nt* asignatura *f* 6/I
fahren ir (#) 5/9
mit der U-Bahn fahren ir en metro 5/I
Fahrrad *nt* bicicleta *f* 5/11
falls si 5/I
falsch falso/-a 2/1
Familie *f* familia *f* 5/6
Farbe *f* color *m* 7/2
Fasching *m* Carnaval *m* 11/14
Februar *m* febrero *m* 11/8
Federmäppchen *nt* estuche *m* 3/Ia
fehlen faltar 11/I
Feier *f* fiesta *f* E/I
etw. feiern celebrar algo 11/3
Feiertag *m* día festivo *m* 10/Ib
Fenster *nt* ventana *f* 3/Ia
Ferien *pl.* vacaciones *f pl.* E/I
ferner además 10/Ib
Fernsehen *nt* tele *f* 6/6
Fernsehen *nt;* **Fernseher** *m* televisión *f* 11/I
fertig (sein) (estar #) listo/-a 8/I
fertig stellen terminar 6/I
Fest *nt* fiesta *f* E/I, verbena *f* 10/Ib
Film *m* película *f* 2/I
Fisch (*Ware, Gericht*) *m* pescado *m* 10/Ia
Flasche *f* botella *f* 10/Ib
Fleck *m* mancha *f* 7/Ib
(Erdnuss)flips *m pl.* gusanitos (< gusano) *m pl.* 10/Ia
Flohmarkt *m* mercadillo *m* F/I
Flughafen *m* aeropuerto *m* F/4
Flugzeug *nt* avión *m* 5/11
Form *f* forma *f* 8/18
Formel *f* fórmula *f* 7/9
(fort)gehen irse (me voy #) 9/I

fortfahren continuar (continúo #) 3/Ib
Frage *f* pregunta *f* 3/Ib
etw./jdn. fragen preguntar algo/a alguien 4/2
fragen nach preguntar por 5/12
frei libre 6/I
Freitag *m* viernes *m* 6/I
Freizeit *f* tiempo libre *m* 6/I
fressen comer 8/2
Freund/in *m/f* amigo/-a *m* E/I
froh contento/-a 6/I
Frucht *f* fruta *f* 10/Ia
früh temprano 9/I, pronto 9/I
Frühstück *nt* desayuno *m* 9/I
frühstücken desayunar 9/12
Fuchs *m* zorro *m* 9/I
etw. (vor)führen enseñar algo 5/I
Füller *m* pluma *f* 3/Ia
funktionieren funcionar 2/I
für para E/I, por 7/Ib
für dich para ti E/9
Furcht *f* miedo *m* 9/I
sich vor etw./jdm. fürchten tener miedo de algo/alguien 9/I
Fuß *m* pie *m* 5/I
zu Fuß a pie 5/I
Fußball *m* fútbol *m* 6/I
Fußballplatz *m* campo de fútbol *m* F/I
(Fuß)boden *m* suelo *m* 3/Ia
ein Tier füttern dar de comer a un animal 8/I

G

Gans *f* ganso *m* 8/2
ganz todo/-a 11/I
der ganze Abend; den ganzen Abend toda la tarde 11/3
gar sein estar en su punto 8/I
Garten *m* jardín *m* 9/I
geben dar (doy #) 8/I; poner (pongo #) 10/Ib
Gebiet *nt* región *f* 9/15
Gebirge *nt* montaña *f* E/I
Gebühr *f* tarifa *f* 8/14
Geburtstag *m* cumpleaños *m* 10/Ib
Geburtstag *m* cumple (*col.*) *m* 11/3
Alles Gute zum Geburtstag! ¡Feliz cumpleaños! 11/6
gefährlich peligroso/-a 8/I
jdm. gefallen gustar a alguien 6/I
Gegend *f* región *f* 9/15
Gegenstand *m* cosa *f* 3/13

ciento noventa y nueve **199**

Miniwörterbuch Deutsch – Spanisch

gegenüber von enfrente de 5/I
gehen ir (voy #) 5/9
(weg-, fort-)gehen irse (me voy #) 9/I
Wie geht es euch? ¿Cómo estáis? 2/I
Mir geht es gut. Estoy bien. 2/😊
gelb amarillo/-a 7/Ia
Geld *nt* dinero *m* 5/I
gelockt rizado/-a 4/7
gemeinsam junto/-a 11/I
Gemüse *nt* verdura *f* 10/Ia
(Gemüse)zwiebel *f* cebolla *f* 10/Ia
genug, genügend suficiente 10/16
geöffnet abierto/-a 10/12
Geografie *f* geografía *f* 6/I
geografisch geográfico/-a F/I
Geräusch *nt* ruido *m* 8/2
gering poco/-a 4/I
etw./jdn. gern haben querer algo/a alguien (e→ie) 8/6
Geschäft *nt* tienda *f* 5/I
Geschäftsstraße *f* calle comercial *f* 7/Ib
Geschäftszeiten *f pl.* horario *m* 10/12
Geschenk *nt* regalo *m* 11/I
Geschichte *f* historia *f* 6/I
geschlossen cerrado/-a 10/12
Geschmack(ssinn) *m* gusto *m* 10/16
Geschwister *pl.* hermanos *pl.* 1/12
Gespräch *nt* diálogo *m* E/9
gestreift a rayas 7/Ia
Gesundheit *f* salud *f* 8/18
geteilt durch dividido entre 1/5
Getränk *nt* bebida *f* 10/Ia
gewaltig enorme F/I
gewinnen ganar 9/I
es gibt hay (haber #) 2/I
Giraffe *f* jirafa *f* 8/13
glatt liso/-a 4/7
etw. glauben creer algo 7/Ib
Ich glaube nicht. Creo que no. 7/Ib
gleich ahora mismo 8/I
Gleich und gleich gesellt sich gern. Cada oveja con su pareja. F/1
gleichfalls igualmente 5/6
Glück *nt* suerte *f* 5/I
zum Glück por suerte 4/I
glücklich feliz 11/6
glücklicherweise por suerte 4/I

Herzlichen Glückwunsch! ¡Enhorabuena! 8/18
(Herzliche) Glückwünsche! ¡(Muchas) Felicidades! 11/10
Grad *m* grado *m* 9/15
Es sind … Grad. Hace … grados. 9/15
Gras *nt* hierba *f* 8/2
jdm. gratulieren felicitar a alguien 11/I
grau gris 7/Ia
Grill *m*, Grillfest *nt* barbacoa *f* 10/Ib
groß grande 4/I, alto/-a 4/I
(Konfektions)größe *f* talla *f* 7/Ib
Großeltern *pl.* abuelos *m pl.* 11/I
größer mayor (< grande) 4/I, más grande 6/I
Großmutter *f* abuela *f* 5/7
Großvater *m* abuelo *m* 5/7
grün verde 7/Ia
Gruppe *f* grupo *m* 6/I
Gurke *f* pepino *m* 10/Ia
Gürtel *m* cinturón *m* 7/Ia
gut bien *(adverbio)* 1/I, bueno/-a *(adjetivo)* 2/I
gut aussehend guapo/-a E/I
Mir geht es gut. Estoy bien. 2/😊
Gute Nacht! ¡Buenas noches! E/😊
Alles Gute zum Geburtstag! ¡Feliz cumpleaños! 11/6
(Ach) du meine Güte! ¡Madre mía! 5/I
Guten Abend! ¡Buenas noches! E/😊, ¡Buenas tardes! E/😊
Guten Abend! ¡Buenas! *(col.)* 10/Ib
Guten Morgen! ¡Buenos días! E/1
Guten Tag! ¡Buenos días! E/1, ¡Buenas tardes! E/😊
Guten Tag! ¡Buenas! *(col.)* 10/Ib
Gymnasium *nt* instituto *m* 3/Ia, insti *(col.)* *m* 4/I

H

Haar *nt* pelo *m* 4/I
etw. haben tener algo (tengo #) 1/6
haben *(Hilfsverb)* haber (he #) 10/Ib
Lust auf etw. haben tener ganas de algo 5/I
Zeit haben tener tiempo 5/I
Hai(fisch) *m* tiburón *m* R3/6
halb medio/-a 10/Ib
halb … … y media *(bei Uhrzeit)* 2/12
hallo hola E/I

Ja, hallo! *(am Telefon)* ¡Diga! *(decir #)* 11/I
Handy *nt* móvil *m* 8/I
Häppchen *nt* tapa *(kleine Gerichte, die in spanischen Bars gereicht werden)* *f* 10/Ib
Harmonie *f* armonía *f* 8/18
Haus *nt* casa *f* 2/I
nach Haus(e) a casa 2/I
zu Haus(e) en casa 3/Ib
Hausaufgaben *f pl.* deberes *m pl.* 3/Ib
Hefegebäck bollo 10/1
Heft *nt* cuaderno *m* 3/Ia
die Heiligen Drei Könige *m pl.* Reyes Magos *m pl.* 11/14
Es ist heiß. Hace calor. 9/15
heißen llamarse E/I
Held *m* héroe *m* 9/I
jdm. helfen ayudar a alguien 2/7
(Ober)hemd *nt* camisa *f* 7/Ia
Henne *f* gallina *f* 8/2
herrschsüchtige Person *f* marimandón *m* 3/16
(Herzliche) Glückwünsche! ¡(Muchas) Felicidades! 11/10
Herzlichen Glückwunsch! ¡Enhorabuena! 8/18
heute hoy 2/I
hier (por) aquí 5/I
hier (entlang) por aquí 5/😊
hier(her) aquí 1/I
Hilfe! *f* ¡Socorro! 8/I
hineingehen entrar 3/Ib
sich hinlegen acostarse (o→ue) 9/10
hinter detrás de 5/2
hinzufügen añadir 10/16
(Hochschul)studium *nt* estudios *m pl.* 8/18
etw./jdm./jdn. (zu)hören escuchar algo/a alguien 6/6
Horoskop *nt* horóscopo *m* 8/18
Hose *f* pantalón *m* 7/Ia
Hotel *nt* hotel *m* E/6
hübsch lindo/-a 5/I, bonito/-a 7/Ib
Huhn *nt* gallina *f* 8/I
Hund *m* perro *m* 8/I
Hunger *m* hambre *f* 2/I
Ich sterbe vor Hunger! ¡Me muero de hambre! *(morirse)* 8/I

Minidiccionario alemán – español

M

I

ich yo E/I
Idee f idea f 4/8
ihm le 7/11
ihn le 7/11
ihnen les 7/11
ihr ella 1/12, la 11/3, le 7/11, vosotros/-as 2/I
ihr/e su/sus 5/6
immer siempre 2/I
Impuls m impulso m 8/18
in en E/I, a 2/Ia
in der Nähe von cerca de 5/2
in der Woche a la semana 6/I
in der Zwischenzeit mientras tanto 11/I
In Ordnung! ¡Vale! 2/I
in Sicht a la vista 8/18
ins Bett gehen acostarse (o→ue) 9/10
insgesamt en total 8/14
(Musik)instrument nt instrumento m 7/10
intelligent inteligente 4/7
interessant interesante 8/12
international internacional F/I
Internet nt internet m/f 4/I
Internetcafé nt cibercafé m 5/I
Interview nt entrevista f 4/9
inzwischen mientras tanto 11/I
irgendein(e) alguno/-a 11/I
es ist/sind hay (haber #) 2/I

J

ja sí 1/6
ja pues sí 8/I
Ja, hallo! (am Telefon) ¡Diga! (decir #) 11/I
Jacke f chaqueta f 7/Ia
Jahr nt año m 1/I
… Jahre alt werden cumplir ... años 11/I
Er/Sie ist … Jahre alt. Tiene ... años. 1/I
Januar m enero m 11/8
Jeans f vaqueros m pl. 7/Ia
Jeansjacke f chaqueta vaquera f 7/Ia
jede(r, s) todo/-a 11/I
jeden Tag todos los días 11/I
jedes Jahr todos los años 11/3
jene(r, s) aquel/aquella (adjetivo) 7/6; aquél/aquélla/aquello (pronombre) 7/6

jetzt ahora 2/I
Juli m julio m 11/8
Junge chico m E/I, niño m 2/I
Juni m junio m 11/I

K

kalt frío/-a 10/16
Es ist kalt. Hace frío. 9/I
Kälte f frío m 9/I
Kanarienvogel m canario m 8/2
Känguru nt canguro m 8/13
Kaninchen nt conejo m 8/I
Karneval m carnaval m 11/14
Karotte f zanahoria f 10/Ia
(Land)karte f mapa m 3/Ia
Kartoffel f patata f 10/Ia
(Kartoffel)chips m pl. patatas fritas f pl. 10/Ia
Kartoffelomelett(e) nt tortilla de patata f 10/Ib
Karwoche f Semana Santa f 11/14
Käse m queso m 10/Ia
(kastanien)braun marrón 7/Ia
Kater m gato m 5/2
Katze f gato/-a m/f 5/2
Kauf m compra f 7/Ia
etw. (ein)kaufen comprar algo 2/7
Kaufhaus nt grandes almacenes m pl. F/I
Kaugummi m chicle m 3/Ib
kein no E/9
Keine Ahnung. Ni idea. 5/😕
keine/r/s ninguno/-a 5/I
keinen Cent mehr haben estar sin blanca (col.) 5/I
Kette f cadena f 7/14
Kilo nt kilo m 10/Ib
Kilometer m kilómetro m F/I
Kind nt chico/-a m/f E/I, niño/-a m/ f 2/I
Kino nt cine m 2/I
Kiosk m quiosco m 1/11
klar claro 2/I
Aber klar! ¡Cómo no! 8/I
Klasse f clase f 3/Ia
Klasse! (ugs.) ¡Guay! (col.) 1/I
Klassenzimmer nt clase f 3/Ia
Klavier nt piano m 6/6
Kleidung f ropa f 5/I
klein pequeño/-a 1/I, bajo/-a 4/I
klingeln sonar (o→ue) 11/I
Kneipe f bar m 5/4
Koala m koala m 8/13
Koffer m maleta f 2/I

den Koffer packen hacer la maleta 7/4
Kolumbien nt Colombia f 4/I
kommen venir (vengo #) 8/I
komplett completo/-a 1/I
(Konfektions)größe f talla f 7/Ib
die Heiligen Drei Könige m pl. Reyes Magos m pl. 11/14
etw. können poder algo (o→ue) 8/7
etw. können saber algo (sé #) 5/I
Es ist alles unter Kontrolle. Todo está bajo control. 9/I
kontrollieren controlar 8/18
Konzert nt concierto m 11/I
Korn nt grano m 8/I
korrekt correcto/-a 6/4
kosten costar (o→ue) 7/Ib
Wie viel kostet er/sie/es? ¿Cuánto cuesta? 7/Ib
Kreide f tiza f 3/Ia
Küche f cocina f 11/I
Kugelschreiber m bolígrafo m 3/Ia
Kuh f vaca f 8/I
Kuli (ugs.) m boli (col.) m 3/Ia
Kunde/-in m/f cliente/-a m/f 10/9
Kunst f arte m F/I
Kunstunterricht m educación plástica y visual f 6/I
kurz corto/-a 4/I
Kuss m beso m 5/6
Küste f costa f 2/I

L

Laden m tienda f 5/I
Land nt país m E/I, campo m 8/I
(Land)karte f mapa m 3/Ia
lang largo/-a 4/7
langsam despacio 3/Ib
langsamer más despacio 3/Ib
langweilig aburrido/-a 2/I
Lappalie f tontería f 2/I
Lärm m ruido m 8/2
lassen dejar 9/I
lästig latoso/-a 4/I, pesado/-a 4/I
laufen correr 9/I
laut alto 3/Ib
läuten sonar (o→ue) 11/I
lauter más alto 3/Ib
Leben nt vida f 9/13
leben vivir 4/I
lecker rico/-a 1/I
sehr, äußerst lecker riquísimo/-a 11/3
lediglich solamente F/I

doscientos uno **201**

Miniwörterbuch Deutsch – Spanisch

etw. legen poner algo (pongo #) 9/I
Lehrer/in *m/f* profesor/a *m/f* 3/Ia,
profe *(col.)* *m/f* 3/Ia
leicht fácil 3/Ib
Es tut mir leid. Lo siento. (sentir)
(u→ue) 5/I
Lektion *f* unidad *f* 1/I
etw. lernen aprender algo 6/I
lernen estudiar 8/18
etw. lesen leer algo 3/8
zu guter Letzt por último 10/Ib
Letzte(r, s) *m/f/nt* último/-a *m/f*
10/Ib
Leute gente *f* E/I
Liebe *f* amor *m* 8/18
Liebling, Liebes *(in der Anrede)*
m/nt cariño *m* 11/6
Lieblings- preferido/-a 5/I
Lied *nt* canción *f* 7/10
(Zitronen)limonade *f* limonada *f*
E/7
links von a la izquierda de 5/I
Liter *m* litro *m* 10/Ib
Literatur *f* literatura *f* 6/I
live en vivo 8/14
lockig rizado/-a 4/7
Was ist los? ¿Qué pasa? E/I
Lust auf etw. haben tener ganas
de algo 5/I
lustig divertido/-a 8/I

M

etw. machen hacer algo (hago #) 6/I
etw. machen werden ir a hacer
algo 7/16
Mach dir keine Sorgen! ¡No te
preocupes! 9/I
Mädchen *f* chica *f* E/I, niña *f* 2/I
leichte Mahlzeit am Nachmittag
f merienda *f* 11/I
Mai *m* mayo *m* 11/I
mailen enviar por e-mail 11/I
Mal *nt* vez *(pl.:* veces) *f* 5/I
mal por 1/5
Maler/in *m/f* pintor/a *m/f* F/I
Mama *f* mamá *f* 2/I
Mami *f* mami *(col.)* *f* 9/I
manchmal a veces 4/I
Mann! ¡Hombre! 3/Ib
(Schreib)mappe *f* carpeta *f* 3/Ia
Markt *m* mercado *m* 10/Ib
März *m* marzo *m* 11/8
Mathematik *f* matemáticas *f pl.* 3/4
Meer *nt* mar *m* 6/☺

mehr (als) más 3/Ib
mehrmals varias veces 11/I
Mehrzahl *f* plural *m* E/8
mein(e) mi 5/6
meine mis 5/6
Mensch! ¡Hombre! 3/I
merkwürdig extraño/-a 9/I
mich mí E/I, me 6/I
Milch *f* leche *f* 10/Ia
minus menos 1/5
Minute *f* minuto *m* 6/I
mir mí E/I, me 6/I, a mí 6/8
mit con 2/I
mit en 5/I
mit dir contigo 8/18
Mit wem? ¿con quién? 6/1
miteinander junto/-a 11/I
Mitschüler/in *m/f* compañero/-a
m/f 4/I
Mitteilung *f* mensaje *m* 6/19
mittelmäßig regular 2/☺
Mittwoch *m* miércoles *m* 6/I
mittwochs los miércoles 6/I
Mode *f* moda *f* 7/9
Moderator/in *m/f* presentador/a
m/f 11/I
modern moderno/-a F/I
etw./jdn. mögen querer algo/a
alguien (e→ie) 8/6
Möhre, Mohrrübe *f* zanahoria *f*
10/Ia
Moment *m* momento *m* 1/I
Monat *m* mes *m* 10/12
Montag *m* lunes *m* 6/I
montags los lunes 6/I
morgen mañana 2/I
Guten Morgen! ¡Buenos días! E/1
morgens por la mañana 6/I
müde cansado/-a 2/I
Museum *nt* museo *m* 2/13
Musik *f* música *f* E/I
(Musik)instrument *nt* instrumento
m 7/10
Musikgruppe *f* grupo *m* 6/I
etw. machen müssen tener que
hacer algo 8/6
mutig valiente 9/I
Mutter *f* madre *f* 2/I
Mutti *(ugs.)* *f* mamá *(col.)* *f* 2/I
Mutti *(ugs.)* *f* mami *(col.)* *f* 9/I
Mütze *f* gorra *f* 7/Ia

N

nach a 2/I, después de *(zeitlich)* 5/I

nach Haus(e) a casa 2/I
zu jdm. nach Hause gehen ir a
casa de alguien 6/17
Nachbar/in *m/f* vecino/-a *m/f* 8/8
nachher después de 5/I
Nachlass *(beim Einkaufen)* *m*
descuento *m* 7/Ib
Nachmittag *m* tarde *f* 6/I
am Nachmittag por la tarde 6/I
Nachrichten *(im Fernsehen)* *f pl.*
telediario *m* 11/I
nächste(r, s) próximo/-a 5/I
Nacht *f* noche *f* 9/I
Gute Nacht! ¡Buenas noches! E/☺
Nachtisch *m* postre *m* 8/I
nachts por la noche 9/15
nahe bei cerca de 5/2
in der Nähe von cerca de 5/2
Nahrung(smittel) *nt* alimentos
m pl. 10/Ia
Name *m* nombre *m* E/4
national; National- nacional F/I
natürlich claro 2/I
natürlich naturalmente 3/Ib
Naturwissenschaften *f pl.* ciencias
f pl. 6/I
neben al lado de 5/I
etw. nehmen tomar algo 2/8, coger
(cojo #) 10/Ib
nein no E/9
nett majo/-a *(col.)* 5/6
Netz *nt* red *f* 4/4
neu nuevo/-a 2/I
nicht no E/9
auch nicht tampoco 6/8
gar nicht (no) ... nada 6/☺
noch nicht todavía no 6/I
überhaupt nicht (no) ... nada 6/☺
Nicht wahr? ¿Verdad? 2/I
nichts (no) ... nada 3/Ib
Es ist nichts. No pasa nada. 9/I
(Das) macht nichts! ¡No importa! 9/I
nie (no) ... nunca 11/I
niedrig bajo/-a 4/I
niemand (no) ... nadie 11/I
noch todavía 8/I
noch nicht todavía no 6/I
normal normal 2/I
normalerweise normalmente 4/8
(sich) etw. notieren apuntar algo
10/Ib
November *m* noviembre *m* 11/8
Nummer *f* número *m* 1/4
nun ahora 2/I

202 doscientos dos

Minidiccionario alemán – español

nur sólo 4/I
nur solamente F/I

O

ob si 5/I
(Ober)hemd *nt* camisa *f* 7/Ia
Obst *nt* fruta *f* 10/Ia
Obsthandlung *f* frutería *f* 10/Ib
Obstsalat *m* macedonia *f* 10/3
oder o 1/12
etw. öffnen abrir algo 3/7
Öffnungszeiten *f pl.* horario *m* 10/12
ohne sin 5/I
Oktober *m* octubre *m* 11/8
Olive *f* aceituna *f* 10/Ia
Omelett(e) *nt* tortilla *f* 4/I
Onkel *m* tío *m* 5/7
Orange *f* naranja *f* 10/Ia
In Ordnung! ¡Vale! 2/I
etw. organisieren organizar algo F/I
Ort *m* lugar *m* 9/I

P

Paar *nt* pareja *f* 3/Ib
ein paar alguno/a 11/I
paarweise en parejas 3/Ib
den Koffer packen hacer la maleta 7/4
Paket *nt* paquete *m* 2/15
Pantomime *f* pantomima *f* 9/6
Papa *(ugs.) m* papá *(col.) m* E/I
Papi *m* papi *(col.) m* 9/I
Papierkorb *m* papelera *f* 3/Ia
Paprika(schote) *m/f* pimiento *m* 4/I
luftgetrocknete Paprikawurst *f* chorizo *m* 10/Ia
Park *m* parque *m* 2/13
Partie *f* partida *f* 9/I
passieren pasar 9/I
(Schul)pause *f* recreo *m* 4/I
Pausenhof *m* patio de recreo *m* 6/I
perfekt perfecto/-a 10/7
Person *f* persona *f* 7/1
Pessimist/in *m/f* pesimista *m/f* 11/17
Pferd *nt* caballo *m* 6/I
Pfirsich *m* melocotón *m* 10/Ia
Pflaume *f* ciruela *f* 10/Ia
etw. picken picar algo 8/I
Picknick *nt* picnic *m* F/4
Pizza *f* pizza *f* 1/1
Platz *m* lugar *m* 9/I
Platz *m* plaza *f* F/I

plaudern charlar 6/I
Plural *m* plural *m* E/8
plus más 1/5
Polohemd *nt* polo *m* 7/9
Pommes Frites *pl.* patatas fritas *f pl.* 10/Ia
Popmusik *f* música pop *f* 6/8
Postamt *nt* oficina de correos *f* 10/12
Poster *nt* póster *m* 2/I
prima estupendo 8/I
Warum probierst du nicht … an? ¿Por qué no te pruebas …? 7/Ib
pro Woche a la semana 6/I
Problem *nt* problema *m* 5/I
Programm *nt* programa *m* F/I
Prüfung *f* examen *m* 6/7
Pullover *m* jersey *m* 7/Ia

R

Rabatt *m* descuento *m* 7/Ib
Rad *nt* bici *(col.) f* 5/11
Radio *nt* radio *f* 11/I
Rallye *f* rally *m* F/4
raspeln rallar 10/16
Raum *m* sala *f* 4/I
etw. rechnen calcular algo 1/5
rechts von a la derecha de 5/I
reden hablar 2/7
Regal *nt* estantería *f* 2/I
Regen *m* lluvia *f* 9/15
regnen llover (o→ue) 9/15
reiben rallar 10/16
Reise *f* viaje *m* 2/I
reiten montar (a caballo) 6/I
Religion *f* religión *f* 6/I
rennen correr 9/I
Rest *m* resto *m* 10/Ib
Restaurant *nt* restaurante *m* E/I
Rettungsdienst *m* socorrismo *m* 1/I
Rettungsschwimmer/in *m/f* socorrista *m/f* 1/I
Rezept *nt* receta *f* 10/16
richtig correcto/-a 6/4
Ist das richtig? ¿Es correcto? 1/1
Roboter *m* robot *m* 3/16
Rock *m* falda *f* 7/Ia
Romanze *f* romance *m* 8/18
rosa(farben) rosa 7/Ib
(Brat)rost *m* barbacoa *f* 10/Ib
rot rojo/-a 7/Ia
rothaarig pelirrojo/-a 1/I
Rückkehr *f* vuelta *f* 2/I
Rucksack *m* mochila *f* 3/Ia

(aus)ruhen reposar 10/16
ruhig tranquilo/-a 1/I

S

Saal *m* sala *f* 4/I
Sache *f* cosa *f* 3/13
Saft *m* zumo *m* 10/Ia
jdm. etw. sagen decir algo a alguien (digo #) 5/I
Samstag *m* sábado *m* 6/I
samstags los sábados 6/I
Sardine *f* sardina *f* 10/Ib
Satz *m* frase *f* 1/9
Schaf *nt* oveja *f* 3/10
schwarzes Schaf *nt* oveja negra *f* 3/10
Schale *f* cáscara *f* 10/16
schälen pelar 10/16
etw. (an)schauen mirar algo 5/I
Scheibe *f* rodaja *f* 10/16
Die Sonne scheint. Hace sol. 9/15
schenken regalar 11/I
etw. schicken enviar algo 6/I
Schiff *nt* barco *m* 5/11
Schimpanse *m* chimpancé *m* 8/13
Schinken *m* jamón *m* 10/Ia
luftgetrockneter Schinken *m* jamón serrano *m* 10/Ib
schlafen dormir (o→ue) 9/I
Schlagzeug *nt* batería *f* 6/I
schlank delgado/-a 4/I
schlecht mal 2/😐
schließen cerrar (e→ie) 10/Ib
schließlich al final 7/Ib, por último 10/Ib
Schlittschuh laufen patinar 8/16
schmücken decorar 11/I
Schnee *m* nieve *f* 9/15
(durch)schneiden cortar 10/16
schneien nevar (e→ie) 9/15
schnell rápido/-a *(adjetivo)* 4/I
Schokolade *f* chocolate *m* 10/Ia
schon ya 1/13
schön bueno/-a 2/I, bonito/-a 7/Ib
schön lindo/-a 5/I
Schrank *m* armario *m* 2/I
Schreck(en) *m* susto *m* 9/I
Was für ein Schreck! ¡Qué susto! 9/I
schrecklich horrible 2/I
Wie schrecklich! ¡Qué horror! 9/😟
(Schreib)mappe *f* carpeta *f* 3/Ia
etw. schreiben escribir algo 3/9
Schreibtisch *m* escritorio *m* 2/I

doscientos tres **203**

Miniwörterbuch Deutsch – Spanisch

Schuh *m* zapato *m* 7/Ia
(Schul)pause *f* recreo *m* 4/I
Schule *f* cole *(col.)* (< colegio) *m* 6/I
Schüler/in *m/f* alumno/-a *m/f* 3/Ia
Schulhof *m* patio de recreo *m* 6/I
Schuljahr *nt* curso *m* 6/I
Schutzheilige/r *m/f*; **Schutzpat-ron/in** *m/f* patrón/patrona *m/f* 11/I
schwarz negro/-a 3/10
schwarzes Schaf *nt* oveja negra *f* 3/10
Schwein *nt* cerdo *m* 8/I
schwer difícil 3/Ib
Schwester *f* hermana *f* E/I
schwierig difícil 3/Ib
Schwierigkeit *f* problema *m* 5/I
Schwimmbad *nt* piscina *f* 6/I
schwimmen nadar 6/I
etw./jdn. sehen ver algo/a alguien (veo #) 6/I
etw. (an)sehen mirar algo 5/I
sehr muy 2/I, mucho 6/I
sehr super *(col.)* 5/6
sehr lecker riquísimo/-a 11/3
sehr viel muchísimo/-a 11/10
sein ser (soy #) E/1, haber (he #) 10/Ib, estar (estoy #) 2/1
sein/e su/sus 5/6
Seite *f* página *f* 3/Ib
seitens de parte de … 11/I
selbstverständlich naturalmente 3/Ib
sensationell de miedo *(col.)* 9/I
September *m* septiembre *m* 11/8
servieren servir (sirvo #) 10/16
Show *f* espectáculo *m* F/I
sich setzen sentarse (e→ie) 9/I
Sie usted/es 10/7
sie ella 1/12, ellos/ellas 8/3, la 11/3
eine Siesta machen dormir la siesta (o→ue) 11/I
Silvester *nt* Nochevieja *f* 11/14
singen cantar 8/2
Situation *f* situación *f* 8/11
SMS mensaje corto 6/19
so así 8/1
So ist es. ¡Eso es! 2/1
so … wie tan … como 8/I
So sagt man., So heißt es. Así se dice. E/😊
sofort ahora mismo 8/I, en seguida 9/I
Sohn *m* hijo *m* 5/7

Sommer *m* verano *m* 2/I
Sonderangebot *nt* oferta especial *f* 10/9
sonderbar extraño/-a 9/I
Sonnabend *m* sábado *m* 6/I
sonnabends los sábados 6/I
Sonne *f* sol *m* E/I
Die Sonne scheint. Hace sol. 9/15
Es ist sonnig. Hace sol. 9/15
Sonntag *m* domingo *m* 6/17
Mach dir keine Sorgen! ¡No te preocupes! 9/I
Spanien *nt* España *f* 5/11
Spanier/in *m/f* español/a *m/f* 11/14
Spanisch *nt* español *m* 3/😊
spanisch *(Adjektiv)* español/a *(adjetivo)* 5/12
spannend emocionante 9/I
spät tarde 9/I
Wie spät ist es? ¿Qué hora es? 2/12
später más tarde 9/I
Bis später! ¡Hasta luego! E/1
(Speise)eis *nt* helado *m* E/I
speziell especial *(adjetivo)* 3/Ib
Spiel *nt* juego *m* 11/I
etw. spielen *(Instrument)* tocar algo 6/I; *(Spiel, Sport)* jugar a algo (u→ue) 6/10
Spielkarte *f* carta *f* 9/I
Spielzeug *nt* juguete *m* 2/I
Sport *m* deporte *m* E/I
Sportunterricht *m* educación física *f* 6/I
Sprache *f* idioma *m* E/6, lengua *f* 6/I
sprechen hablar 2/7
Stadt *f* ciudad *f* E/3
(Stadt)viertel *nt* barrio *m* 5/I
Stadtteil *m* barrio *m* 5/I
Stange *f* astilla *f* 10/16
stark fuerte 8/12
Station *f* estación *f* 5/I
(Steh)café *nt* bar *m* 5/4
jdm. stehen *(bei Kleidung)* quedar a alguien 7/Ib
Mir steht/stehen … Me queda/n … 7/Ib
Das steht dir super. *(ugs.)* Te queda guay. *(col.)* 7/Ib
wie ein Stein schlafen dormir como un tronco 9/9
etw. stellen poner algo (pongo #) 9/I
Stiefel *m* bota *f* 7/Ia
Stier *m* toro *m* 8/2

Stimme *f* voz *f* 11/I
stimmen ser verdad 7/Ib
Stimmt's? ¿Verdad? 2/I
Strand *m* playa *f* E/I
Straße *f* calle *f* 5/I
Straßenmarkt *m* mercadillo *m* F/I
Streifen *m*, **Strich** *m* raya *f* 7/Ia
(Hochschul)studium *nt* estudios *m* pl. 8/18
Stuhl *m* silla *f* 3/Ia
Stunde *f* hora *f* 2/I
Stundenplan *m* horario *m* 6/I
etw. suchen buscar algo 2/8
Supermarkt *m* supermercado *m* 5/I
Superparty *(ugs.)* *f* superfiesta *(col.)* *f* 11/I
Süßigkeit *f* dulce *m* 10/1
Süßspeise *f* dulce *m* 10/1
Sweatshirt *nt* sudadera *f* 7/Ia
sympathisch simpático/-a 4/I

T

T-Shirt *nt* camiseta *f* 7/Ia
Tafel *f* pizarra *f* 3/Ia
Tag *m* día *m* 6/2
Guten Tag! ¡Buenos días! E/1, ¡Buenas tardes! E/😊
Guten Tag! ¡Buenas! *(col.)* 10/Ib
Tante *f* tía *f* 5/7
tanzen bailar E/5
Tarif *m* tarifa *f* 8/14
Taschenlampe *f* linterna *f* 9/I
Taschenrechner *m* calculadora *f* 3/Ia
Tätigkeit *f* actividad *f* E/I
tatsächlich realmente 11/I
Team *nt* equipo *m* 10/6
Technik *f* tecnología *f* 6/I
Technologie *f* tecnología *f* 6/I
Teelöffel *m* cucharadita *f* 10/16
Telefon *nt* teléfono *m* 1/6
telefonisch telefónico/-a 10/13
Temperatur *f* temperatura *f* 9/15
Terrasse *f* terraza *f* 10/Ib
Test *m* examen *m* 6/7
Text *m* texto *m* 3/Ib
tief bajo/-a *(preposición)* 9/I
Tier *nt* animal *m* 8/I
Tiger *m* tigre *m* 8/13
Tisch *m* mesa *f* 3/Ia
Tochter *f* hija *f* 5/7
toll fantástico/-a 4/6, estupendo 8/I, de miedo *(col.)* 9/I, fenomenal *(col.)* 2/I, genial 2/I

204 doscientos cuatro

Minidiccionario alemán – español

M

Tomate *f* tomate *m* 10/Ia
Tombola *f* tómbola *f* 11/I
Torte *f* tarta *f* 10/Ia
Tortilla *f* tortilla *f* 4/I
etw. **tragen** llevar algo 2/7
Traube *f* uva *f* 10/Ia
etw. **trinken** tomar algo 2/8, beber algo 9/5
Tschüss! ¡Adiós! E/1
etw. **tun** hacer algo (hago #) 6/I
viel zu **tun** haben tener mucho que hacer 6/I
Turm *m* torre *f* 1/I
Turnschuh *m* zapatilla *f* 7/Ia
Tüte *f* bolsa *f* 10/Ib
typisch típico/-a 11/I

U

U-Bahn *f* metro *m* 5/I
mit der **U-Bahn** fahren ir en metro 5/I
überhaupt nicht (no) ... nada 6/☺
überprüfen controlar 8/18
Überraschung *f* sorpresa *f* 11/I
Überraschungsparty *f* fiesta sorpresa *f* 11/12
übersetzen traducir (traduzco #) 10/15
Übung *f* actividad *f* E/I, ejercicio *m* 6/12
Übungsblatt *nt* hoja de actividades *f* 3/Ib
Uhr *f* hora 2/I; reloj *m* 11/I
Um wie viel Uhr? ¿A qué hora? 2/I
um zu para (+ *infinitivo*) 8/I
Umarmung *f* abrazo *m* 11/10
umdrehen volver (o→ue) 9/I
und y E/I
und más 1/5
Unfall *m* accidente *m* 11/15
uns nos 7/11
unser/e nuestro/-a 5/6
unter debajo de 5/2, bajo 9/15
sich **unterhalten** charlar 6/I
Unterricht *m* clase *f* 3/Ia
unterschiedlich variado/-a 10/Ib
jdn. **unterstützen** ayudar a alguien 2/7
Urlaub *m* vacaciones *f pl.* E/I

V

Vater *m* padre *m* 2/I
(ver)bleiben permanecer 10/12
sich **verabreden** quedar 2/I

Verabschiedung *f* despedida *f* F/4
Verb *nt* verbo *m* 2/7
verbringen pasar 6/I
vergehen pasar 4/I
vergessen olvidar 10/Ib
Vergnügungspark *m* parque de atracciones *m* F/I
verhängnisvoll fatal 11/17
verhungern morirse de hambre (o→ue) 8/I
Verkäufer/in *m/f* vendedor/a *m/f* 10/Ib
etw. **veröffentlichen** publicar algo 7/10
verrückt loco/-a 8/4
etw. **versenden** enviar algo 6/I
etw. **verstehen** comprender algo 3/14
Verzeihung! ¡Perdón! 5/☺
Vesper *f* merienda *f* 11/I
vespern merendar (e→ie) 10/1
Videothek *f* videoteca *f* 5/I
viel mucho/-a *(adjetivo)* 4/I, mucho *(adverbio)* 6/I
sehr **viel** muchísimo/-a 11/10
viel zu tun haben tener mucho que hacer 6/I
Vielen Dank! ¡Muchas gracias! 4/I
Viertel *nt* cuarto *m* 2/I
(Stadt)viertel *nt* barrio *m* 5/I
Volksfest *nt* feria *f* 11/14
Volleyball *m* voleibol *m* R3/6
vollkommen perfecto/-a 10/7
vollständig completo/-a 1/I
von de E/I
von ... de parte de ... 11/I
vor *(örtlich)* delante de 5/I; *(zeitlich)* antes de 9/13
vor allem sobre todo 11/3
vorbeigehen pasar 4/I
etw. **vorbereiten** preparar algo 2/7
vorschlagen proponer (propongo #) 10/Ib
Vorsicht *f* cuidado *m* 8/I
Vorsicht! ¡Ojo! 8/18
vorstellen presentar 10/Ib
vorübergehen pasar 4/I

W

wahnsinnig loco/-a 8/4
wahr sein ser verdad 7/Ib
Nicht wahr? ¿Verdad? 2/I
während durante 9/1

Wahrheit *f* verdad *f* 7/Ib
Wand *f* pared *f* 3/Ia
wann? ¿cuándo? 2/I
Es ist warm. Hace calor. 9/15
Wärme *f* calor *m* 9/15
(auf jdn.) warten esperar (algo/a alguien) 5/I
warum? ¿por qué? 2/I
Warum probierst du nicht ... an? ¿Por qué no te pruebas ...? 7/Ib
was? ¿qué? E/9
Was für ein(e) ...! ¡Qué ...! 1/I
Was hältst du davon? ¿Qué te parece? 10/Ib
Was ist los? ¿Qué pasa? E/I
Wasser *nt* agua *f* 6/I
Wasseruhr *f* reloj acuático 11/I
Wecker *m* despertador *m* 9/I
(weg)gehen irse (me voy #) 9/I
etw. **(weg)werfen** tirar algo 3/Ib
Weihnachten *nt* Navidad *f* 11/14
weil porque 7/Ib
Weile *f* rato *m* 9/I
weiß blanco/-a 7/Ia
Ich weiß es nicht. No lo sé. (saber #) 5/I
weit (entfernt) von, weit (weg) von lejos de 5/I
weitermachen continuar (continúo #) 3/Ib
Welche Farbe hat ...? ¿De qué color es ...? 7/2
welche(r, s)? ¿qué? E/9
An **welchem** Tag? ¿Qué día? 6/2
Wem?, Wen? ¿a quién? 10/5
wenig poco/-a 4/I
weniger menos 6/I
wenn si 5/I; cuando 11/I
wer? ¿quién? 4/I
etw. **(weg)werfen** tirar algo 3/Ib
Werk *nt* obra *f* F/I
Wetter *nt* tiempo *m* 9/15
Was für ein Wetter haben wir? ¿Qué tiempo hace? 9/15
wichtig importante 8/18
wie como 2/I
wie? ¿cómo? E/1
wie *(zur Verstärkung)* que 8/I
Wie ...! ¡Qué ...! 1/I
Wie alt ist er/sie/es? ¿Cuántos años tiene? 1/I
Wie bitte? ¿Cómo? 3/Ib
Wie blöd! *(ugs.)* ¡Qué rollo! *(col.)* *m* 4/I

doscientos cinco **205**

Miniwörterbuch Deutsch – Spanisch

Wie cool! (ugs.) ¡Cómo mola! (col.) 9/I

Wie geht es euch? ¿Cómo estáis? 2/I

Wie geht's? ¿Qué tal? 1/I

Wie ist …? ¿Cómo es …? 1/I

Wie sagt man … auf …? ¿Cómo se dice … en …? 3/😊

Wie sagt man es? ¿Cómo se dice? 3/Ib

Wie schrecklich! ¡Qué horror! 9/😊

Wie schreibt man …? ¿Cómo se escribe …? E/4

Wie sieht … aus? ¿Cómo es …? 1/I

Wie spät ist es? ¿Qué hora es? 2/12

Um wie viel Uhr? ¿A qué hora? 2/I

wie viel(e) cuánto/-a 5/I

Wie viel kostet er/sie/es? ¿Cuánto cuesta? 7/Ib

Wie war es …?, Wie waren …? ¿Qué tal …? 2/I

Auf Wiedersehen! ¡Adiós! E/1

Wildschwein nt jabalí m 9/I

Willkommen! ¡Bienvenido/-a! 2/I

Wind m viento m 9/I

Es ist windig. Hace viento. 9/I

Winter m invierno m 10/12

wir nosotros/-as 3/8

wirklich realmente 11/I

Wirklich? ¿En serio? 11/3

etw. wissen saber algo (sé #) 5/I

wo donde 8/I

wo? ¿dónde? 1/I

Woche f semana f 6/I

Wochenende nt fin de semana m 7/17

woher? ¿de dónde? E/1

wohin? ¿adónde? 5/10

wohnen vivir 4/I

Wohnzimmer nt salón m 9/I

Wolf m lobo m 9/I

etw. wollen querer algo (e→ie) 8/6

Wort nt palabra f R1/1

worüber? ¿de qué? 7/18

wovon? ¿de qué? 7/18

Wunsch m deseo m 11/10

jdm. etw. wünschen desear algo a alguien 11/6

Z

Zahl f número m 1/4

Zebra nt cebra f 8/13

Zeichnung f dibujo m 9/2

zeigen presentar 10/Ib

etw. zeigen enseñar algo 5/I

Zeit f tiempo m 5/I

Zeit haben tener tiempo 5/I

Zelt nt tienda de campaña f 9/I

Zentrum nt centro m 5/5

ziemlich bastante 4/I

Zimmer nt habitación f 2/I

Zimt m canela f 10/16

Zitrone f limón m 10/Ia

(Zitronen)limonade f limonada f E/7

Zoo m zoo m 8/13

zu a 2/I

(all)zu demasiado 7/Ib

zu Abend essen cenar 9/I

zu Fuß a pie 5/I

zu guter Letzt por último 10/Ib

zu Haus(e) en casa 3/Ib

etw. zu sich nehmen tomar algo 2/8

zu viel demasiado 7/Ib

zu zweit en parejas 3/Ib

etw./jdm./jdn. (zu)hören escuchar algo/a alguien 6/6

etw. zubereiten preparar algo 2/7

Zucker m azúcar m 10/16

zuerst primero 3/Ib

zufrieden contento/-a 6/I

Zug m tren m 5/11

zum Beispiel por ejemplo 4/I

zum Glück por suerte 4/I

zumachen cerrar (e→ie) 10/Ib

zunächst primero 3/Ib

Zungenbrecher m trabalenguas m 6/11

zurück atrás 6/19

zurückkehren volver (o→ue) 9/I

zusammen junto/-a 11/I

zusammenfassen resumir 10/6

Zusammenfassung f resumen m 10/6

zu zweit en parejas 3/Ib

(Gemüse)zwiebel f cebolla f 10/Ia

zwischen entre 5/2

in der Zwischenzeit mientras tanto 11/I

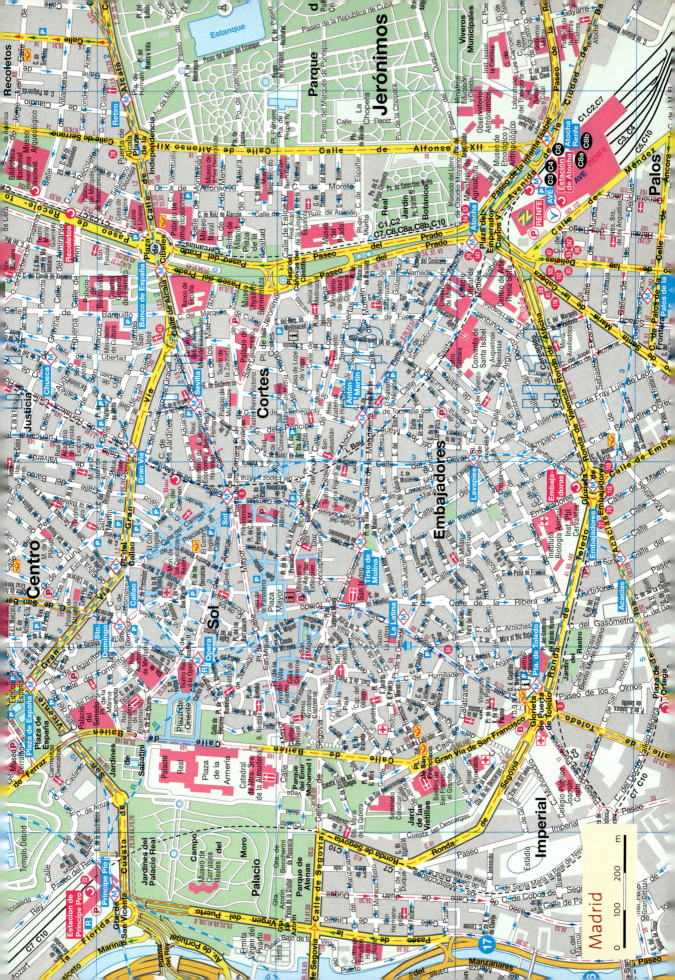